西村高等法務研究所　理論と実務の架橋シリーズ

BEPSと
グローバル経済活動

BEPS and Global Business Activities

中里　実
太田　洋
伊藤剛志
［編著］

有斐閣

は し が き

　西村高等法務研究所は，実務と学問との融合拠点となることを目指し，落合誠一・中央大学法科大学院教授（当時）・東京大学名誉教授を所長として，2007年4月に設立された西村あさひ法律事務所の研究部門である。同研究所は，2017年1月より中山信弘・東京大学名誉教授を所長に迎え，実務・理論において重要と思われるテーマを選び，セミナー・講演会の開催，研究書の出版等の活動を続けている。

　同研究所においては，租税法研究者及び租税法実務家による研究会を組織し，その研究成果を，「西村高等法務研究所　理論と実務の架橋シリーズ」として継続的に刊行してきた。本書『BEPSとグローバル経済活動』は，『移転価格税制のフロンティア』(2011年)，『タックス・ヘイブン対策税制のフロンティア』(2013年)，『クロスボーダー取引課税のフロンティア』(2014年)に続く，同シリーズの租税法分野における第四弾として刊行するものである。

　著名な多国籍企業が各国の税制の差異を利用した節税策に奔走して国際的な批判が高まる中，OECDは2012年6月からBEPS（Base Erosion and Profit Shifting：税源浸食と利益移転）プロジェクトに着手した。OECDは翌2013年7月に15項目からなるBEPS行動計画を公表し，かかるBEPS行動計画に沿って，国際的に協調してBEPSに有効に対処するための対応策を議論し，2015年10月に最終報告書を公表した。

　このようなBEPSプロジェクトの進展を踏まえ，西村高等法務研究所は，研究者・弁護士・税理士から構成されるBEPS研究会を組織し，2015年2月から2016年5月まで，12回にわたって研究会を開催し，検討を重ねてきた。同研究会のメンバーの氏名は，本はしがき末尾に記載したとおりである。

　最終報告書の公表を受け，BEPSプロジェクトは，各国にてBEPSへの対応策を実施すべきステージに入った。我が国では，最終報告書の公表前から，平

i

成27年度税制改正における国外転出時課税制度の導入，外国子会社の損金算入配当に係る配当益金不算入制限の導入など，BEPSプロジェクトによる議論を反映した税制改正がされてきたが，最終報告書の公表後も，平成28年度税制改正にて，BEPSプロジェクトの最終報告書を踏まえた移転価格文書化制度の改正がされ，平成29年度税制改正では，外国子会社合算税制（タックスヘイブン対策税制）の大幅な見直しがされた。また，我が国政府は，2017年6月にBEPS防止措置実施条約に署名しており，今後，同条約の批准書等の寄託に必要な国会承認の手続きが行われるであろう。さらに，政府税制調査会が2016年11月14日に公表した「『BEPSプロジェクト』の勧告を踏まえた国際課税のあり方に関する論点整理」は，今後の国際課税改革に当たっての基本的視点とともに，個別の制度設計に当たっての留意点を示しており，既に大幅な見直しが行われた外国子会社合算税制（タックスヘイブン対策税制）のほか，タックス・プランニングの義務的開示制度・移転価格税制・過大支払利子税制を取り上げている。OECDのBEPSプロジェクトの最終報告書は，我が国の租税制度及び租税実務に具体的な影響を与えており，今後も，最終報告書に沿った租税法令や租税条約の改正が生じることが予想される。

　本書は，BEPSプロジェクトの最終報告書と若干のBEPS対応税制を検討した研究会の成果を論文集としてまとめたものであり，研究者及び実務家による共同の議論の成果を広く学界及び実務界と共有するものとして，価値あるものと信ずる。

　なお，本書に記載されている見解はそれぞれの執筆者の個人的な見解であり，西村高等法務研究所，ないし各執筆者が現在所属し又は過去に所属していた組織の見解を示すものではない。

　本書の編集に当たっては，原稿の整理・校正，索引の作成等につき，西村あさひ法律事務所の多数の弁護士及びスタッフの有能な助力を得た。ここで全員の氏名を記すことは不可能であるが，特に次の者についてはここに氏名を記して謝意を述べたい（敬称略）。【吉田乃武子，西田歩美，】。

はしがき

　最後に，本プロジェクトの意義を御理解頂き，本書の出版を引き受けて頂いた有斐閣には心より深謝の意を表したい。また，有斐閣法律編集局の高橋均氏，青山ふみえ氏には，本書の編集につき多大な御支援を頂いた。ここに特に記して厚く御礼申し上げたい。

　　　2017 年 10 月吉日

中　里　　　実
太　田　　　洋
伊　藤　剛　志

「西村高等法務研究所　BEPS 研究会」（敬称略）

（メンバー）　中里　実，渕　圭吾，藤谷武史，吉村政穂，太田　洋，弘中聡浩，伊藤剛志，野田昌毅，水島　淳，園浦　卓，中村真由子，飯永大地，小田嶋清治，中村慈美，加藤俊行

目　次

はしがき

1　一般的租税回避否認規定とナチスドイツ……………中里　実…1

前　置　き　1

I　はじめに　1

II　租税回避の定義は変わったのか　2

　1　租税回避の定義（2）　2　法における濫用について（3）

III　権利濫用と租税回避否認　6

　1　濫用の本来の意味（6）　2　「濫用という言葉」の濫用？（7）

IV　ドイツにおける苦い経験　8

　1　歴史（8）　2　Seiler の議論の紹介（9）　3　租税回避と
　憲法の関係についてのドイツの有力な議論（13）

V　日本の課税実務における実質主義への憧憬　15

　1　「実質課税論」とその理論的限界（15）　2　個別事案に即し
　た機能的検討の必要性（16）

VI　法人税の欠陥と立法的解決　16

VII　まとめ　BEPS の先に──課税逃れからソブリンリスクへ　17

　1　裁判を前提とした理論構成（17）　2　課税問題の私法的・
　司法的コントロール（18）　3　over-inclusion の問題点（18）
　4　より広い視点の設定（21）

2　企業結合型インバージョンと米国新インバージョン規制
……………………………………………………………太田　洋…22

I　はじめに　22

II　単独型インバージョンと企業結合型インバージョン　24

　1　単独型インバージョン（24）　2　2014 年規制の導入までの
　企業結合型インバージョン（26）

III　2014 年規制　30

　1　概要（30）　2　2014 年規制導入後におけるインバージョン
　の動向（41）

Ⅳ 2015 年規制 42

1 IRS Notice 2015-79（42） 2 「80％インバージョン」規制
及び「60％インバージョン」規制の強化（44） 3 インバー
ジョンによる利益の削減措置（46） 4 その他（47）

Ⅴ 2016 年規制 48

1 新たな財務省規則（48） 2 Prior Acquisition Rule（先行
買収ルール）（49） 3 スキニーダウン配当規制の一部修正
（51） 4 「第三国ルール」の一部修正（52）

Ⅵ 米国新インバージョン規制のわが国税制への示唆 53

1 米国の連邦所得税制の下におけるインバージョンへの誘因
（53） 2 米国新インバージョン規制のわが国税制への示唆
（55）

Ⅶ 2016 年規制導入後のインバージョンの動向と日本企業にとって
の留意点 56

1 2016 年規制導入後の企業結合型インバージョンの動向とトラ
ンプ政権下の新インバージョン規制（56） 2 米国企業との間
で国際的 M&A 取引を行う日本企業への影響（57） 3 日本企
業と英国（ないしアイルランド）企業との経営統合型インバージョ
ンの可能性（58）

3 富裕層の海外移住と国外転出時課税制度の創設

……………………………………………………太田　洋＝飯永大地…67

Ⅰ 国外転出時課税制度の概要と国外資産の取得に関する相続税・贈
与税制度との関係 67

1 海外移住者が保有する国外資産及び国内資産に関する課税の
概要（67） 2 国外転出時課税制度の創設とその概要
（70） 3 納税猶予期間の延長（74） 4 納税猶予期間中に
おける本制度対象資産の価値の下落（75） 5 国外転出先で本
制度対象資産について課税を受けた場合の調整（76） 6 贈与
等による本制度対象資産の非居住者への移転（76）

Ⅱ 本制度創設の影響 80

4 行動2：ハイブリッド・ミスマッチ・アレンジメントの無効化
……………………………………………………伊藤剛志… 82

Ⅰ　は じ め に　82

Ⅱ　国内法に係る勧告　83

　　1　ハイブリッド・ミスマッチの類型（83）　　2　勧告1──ハ
　　イブリッド金融商品ルール（85）　　3　勧告2──金融商品の租
　　税上の取扱いについての個別勧告（93）　　4　勧告3──無視さ
　　れるハイブリッド支払いを無効化するルール（93）　　5　勧告4
　　──リバース・ハイブリッド・ルール（96）　　6　勧告5──リ
　　バース・ハイブリッドの課税上の取扱いに係る個別勧告
　　（98）　　7　勧告6──損金算入可能なハイブリッド支払いを無
　　効化するルール（99）　　8　勧告7──二重居住者による支払い
　　（102）　　9　勧告8──輸入されたミスマッチを無効化するルー
　　ル（104）　　10　勧告9から勧告12について（107）

Ⅲ　租税条約上の問題に関する勧告　109

　　1　二重居住者（Dual-resident entities）（109）　　2　透明な事業
　　体に関する租税条約の規定（109）　　3　国内法改正の勧告と租
　　税条約の関係（110）

Ⅳ　考　　　察　111

　　1　税率に対して中立（111）　　2　支払者側の国における源泉徴
　　収（112）　　3　コンプライアンス・コストの懸念（113）

Ⅴ　お わ り に　114

5 行動3（有効なCFC税制の構築）最終報告書……藤谷武史… 116

Ⅰ　は じ め に　116

Ⅱ　背景と経緯　117

　　1　OECDとCFC税制（117）　　2　CFC税制をめぐる国際的状
　　況──BEPSプロジェクト以前（118）

Ⅲ　最終報告書の概要　120

　　1　全体像（120）　　2　CFC税制をめぐる租税政策上の論点（第
　　1章）（121）　　3　CFCの定義（第2章）（124）　　4　CFC税制
　　適用の閾値要件（第3章）（127）　　5　CFC所得の定義（第4
　　章）（128）　　6　CFC所得計算の方法（第5章）・所得帰属（合
　　算）の方法（第6章）（131）　　7　二重課税の防止・排除（第7

目　次

章）（132）

　　Ⅳ　最終報告書に対する反応，および若干の検討　　134

　　Ⅴ　平成 29 年度税制改正後の外国子会社合算税制　　136

6 **行動 5：有害な税制への対抗**………………………渕　圭吾… 140

　　Ⅰ　は じ め に　　140

　　Ⅱ　BEPS プロジェクトに至るまでの検討の経緯　　141

　　　　1　1998 年報告書と本報告書の関係（141）　　2　1998 年報告書
　　　　以後の検討状況（142）　　3　1998 年報告書における判断枠組み
　　　　（143）

　　Ⅲ　有害税制に関する「実質的活動要件」　　145

　　　　1　序論（145）　　2　知的財産権に関する租税優遇措置（145）
　　　　3　知的財産権以外に関する租税優遇措置（150）

　　Ⅳ　ルーリングに関する透明性向上のための枠組み　　150

　　　　1　序論（150）　　2　自動的交換が適用されるルーリングの種類
　　　　（152）　　3　情報を受領する国（154）　　4　本枠組みが適用され
　　　　るルーリング（154）　　5　交換の対象となる情報（154）

　　Ⅴ　各国の租税優遇措置へのあてはめ・その他　　154

　　Ⅵ　若干の検討　　155

　　　　1　「有害税制」が意味することの変化（155）　　2　「租税」と切
　　　　り離された「租税優遇措置」の審査（155）　　3　租税をめぐる
　　　　「市場」：国家間競争に対する競争法の出現？（156）　　4　ルー
　　　　リングの位置づけについて（157）

　　Ⅶ　補論：EU における国家補助の観点からの税制への規律　　158

7 **行動 6：不適切な状況での租税条約の特典の付与の防止**
　　………………………………………………………………園浦　卓… 162

　　Ⅰ　は じ め に　　162

　　　　1　セクション A の概要（163）　　2　セクション B の概要（166）
　　　　3　セクション C の概要（166）　　4　さらなる検討が必要な分野
　　　　（166）

　　Ⅱ　セクション A：不適切な状況での租税条約の特典の付与を防止
　　　するためのモデル条約の規定と国内ルール　　167

vii

1　租税条約上の制限を回避しようとする場合（168）　　2　租税
　　　条約の特典を利用して国内税法上の規定を濫用しようとする場合
　　　（210）

Ⅲ　セクションＢ：租税条約は二重非課税を生じさせるために用いら
　　れることは意図されていないことの明確化　　216

Ⅳ　セクションＣ：各国が租税条約を締結する前に一般に考慮すべき
　　租税政策上の検討事項　　218

8　行動 7：人為的な PE 回避の防止 ………………………野田昌毅…226

Ⅰ　は じ め に　　226

Ⅱ　コミッショネア等を用いた PE 潜脱の防止について　　227

　　　1　コミッショネア等による PE 回避（227）　　2　OECD モデル
　　　租税条約 5 条 5 項関連についての修正提案（229）　　3　OECD
　　　モデル租税条約 5 条 6 項関連についての修正提案（239）

Ⅲ　準備的又は補助的活動等の濫用による PE 潜脱防止について
　　242

　　　1　現行の OECD モデル租税条約 5 条 4 項及びその修正提案につ
　　　いて（242）　　2　OECD モデル租税条約 5 条 4 項に関するコメ
　　　ンタリーの修正提案（245）

9　行動 8-10：移転価格の帰結と価値創造との整合
　　…………………………………………………水島　淳…253

Ⅰ　概　　要　　253

　　　1　行動計画 8-10（253）　　2　独立企業原則に関する指針の改
　　　訂（254）　　3　報告書の要諦（256）

Ⅱ　独立企業原則の適用指針に関する移転価格ガイドラインの改訂
　　257

　　　1　概要（257）　　2　移転価格ルール適用に際しての当事者間の
　　　商業上又は財務上の関係の特定（259）　　3　分析の上適切に描
　　　写された取引の認識（263）

Ⅲ　コモディティ取引　　265

Ⅳ　取引単位利益分割法　　266

　　　1　概要（266）　　2　現在のガイドラインにおける取扱い（268）

目　次

　　　3　改訂ガイドラインの範囲（268）

　Ⅴ　無 形 資 産　269

　　　1　概要（269）　2　無形資産の概念（271）　3　無形資産の
　　所有権と利益の帰属（273）　4　無形資産に関する取引への独
　　立企業原則の適用（274）　5　無形資産関連取引における独立
　　当事者間条件決定のための補足指針（275）

　Ⅵ　低付加価値グループ内役務提供　283

　　　1　概要（283）　2　低付加価値グループ内役務提供の定義
　　（284）　3　低付加価値グループ内役務提供の場合の簡易化され
　　た独立当事者間価格算定（286）

　Ⅶ　費用分担契約　287

　　　1　概要（287）　2　費用分担契約の定義（287）　3　独立企
　　業原則の適用（288）　4　費用分担契約への参加，脱退及び解
　　消（290）　5　費用分担契約の設計及び文書化における推奨事
　　項（291）

　Ⅷ　む　す　び　292

10　行動 13：移転価格文書化……………………………中村真由子…293

　Ⅰ　は じ め に　293

　Ⅱ　最終報告書の概要　294

　　　1　移転価格文書化の枠組み（294）　2　移転価格文書化及び国
　　別報告書の実施に関する指針（301）

　Ⅲ　日本における移転価格税制に係る文書化制度　306

　　　1　これまでの日本における移転価格文書化制度（306）　2　平
　　成 28 年度税制改正（306）

　Ⅳ　結　　　語　319

編著者紹介
事 項 索 引

ix

本書のコピー，スキャン，デジタル化等の無断複製は著作権法上での例外を除き禁じられています。本書を代行業者等の第三者に依頼してスキャンやデジタル化することは，たとえ個人や家庭内での利用でも著作権法違反です。

1 一般的租税回避否認規定とナチスドイツ

中里　実

前　置　き

「史記，貨殖列伝」の最初のところで，司馬遷は，昔から人々は欲望に素直に行動してきた（太史公曰：夫神農以前，吾不知已。至若詩書所述虞夏以來，耳目欲極聲色之好，口欲窮芻豢之味，身安逸樂，而心誇矜勢能之榮。使俗之漸民久矣，雖戸說以眇論，終不能化。）として，それに続いて，以下のような，現代にも通じるなかなか含蓄の深い言葉を述べている。

「……だから，いちばんよいことは，民衆の傾向のままに従うこと，その次によいことは，利益を餌にして民衆を方向づけること，それができなければ説教すること，さらに下策は統制経済，いちばんいけないのは，民衆と経済的にはりあうことだ（故善者因之，其次利道之，其次教誨之，其次整齊之，最下者與之爭）。」[1]

I　は じ め に

研究者が理論的な観点から何らかの提言を行う際に，常に念頭におかなければならないのは，理論的一貫性の貫徹にあたっての現場についての考慮なのではなかろうか。法律学という，裁判実務を念頭においた学問は，それがどれほど理論的に精緻なものであったとしても，裁判実務が円滑に動くということの重要性を無視してはおそらく立ち行かないであろう。

最近，私が現場の重要性について再認識したのは，アメリカ大統領選挙であった。私は，2015 年の年末に 10 日間ほど，アメリカのウィスコンシン州で

---

1)　日本語訳，貝塚茂樹責任編集『司馬遷』（中央公論社〔世界の名著 11〕，1978 年）508 頁。

調査を行い，中流階級のホワイトカラーや中小企業経営者の人達が東部エリートのきれいごとの発言に嫌悪感をもっていることを強く感じ，帰国後（2016年の1月から11月初めまで）のいくつかの講演で，トランプ氏が当選するのではないかという点を指摘し，その背景について歴史的要因を分析した。そのような講演の筆記録として，2016年5月30日の日本租税研究協会の定時総会における報告の講演筆記，中里実「税制改革とアメリカ大統領選挙」[2]を発表した。これは，ベルリンの壁崩壊以降の市場経済参加国の増大による競争の激化の結果としての先進諸国における世界的な中間層の剥落が，底流として，イギリスのEU離脱に関する国民投票や，アメリカ大統領選挙等に対して大きな影響を及ぼしているという内容のものであったが，その分析の際に経験したのが，経済の実情や人々の本音を正確に理解することの重要性であった。結局，財政問題や経済問題の理解のためには，現場に出向いて経済の実情や人々の本音を探り，そのような実情や本音の生まれる理由について歴史を振り返ることにより説明することが必須といえよう。

　租税法における法律論についても，歴史を振り返りつつ，裁判の実態を踏まえた，現場に即した議論を行うことが必要であり，そのような議論をここで少し試みてみたい。

II　租税回避の定義は変わったのか

1　租税回避の定義

　租税回避の定義に関しては，金子宏名誉教授の説が通説であり，そこでは，租税回避とは私法上の法形式の選択可能性の濫用により租税負担の軽減をはかる行為とされている。すなわち，それは権利濫用の一種とされているわけである。

　これに対して，最近，租税回避を，（金子説とは異なる）租税制度の濫用ととらえる考え方が主張されることがあるが，これは何かの誤解なのではないかと思われる。このような根本的な点に関して，法的定義がそう簡単に変容すると

---

2)　租税研究802号（2016年）4〜18頁。

は考えられない。そこで，この点について若干の整理をしておきたい。

　租税回避を租税制度の濫用と捉える考え方の背後に存在するのは，外国税額控除事件における最高裁判決ではないかと思われる。すなわち，最判平成 17 年 12 月 19 日民集 59 巻 10 号 2964 頁は，以下のように判示している。

　　　「本件取引は，全体としてみれば，本来は外国法人が負担すべき外国法人税について我が国の銀行である X 社が対価を得て引き受け，その負担を自己の外国税額控除の余裕枠を利用して国内で納付すべき法人税額を減らすことによって免れ，最終的に利益を得ようとするものであるということができる。これは，我が国の<u>外国税額控除制度をその本来の趣旨目的から著しく逸脱する態様で利用して納税を免れ，</u>我が国において納付されるべき法人税額を減少させた上，この免れた税額を原資とする利益を取引関係者が享受するために，取引自体によっては外国法人税を負担すれば損失が生ずるだけであるという<u>本件取引をあえて行う</u>というものであって，我が国ひいては我が国の納税者の負担の下に取引関係者の利益を図るものというほかない。そうすると，本件取引に基づいて生じた所得に対する外国法人税を法人税法 69 条の定める外国税額控除の対象とすることは，<u>外国税額控除制度を濫用するもの</u>であり，さらには，税負担の公平を著しく害するものとして許されないというべきである。」（下線，筆者）

　この判決は，確かに，「外国税額控除制度を濫用する」と述べているが，同時に，「外国税額控除制度をその本来の趣旨目的から著しく逸脱する態様で利用」して，「本件取引をあえて行う」とあることからわかるように，外国税額控除制度を利用できるようなかたちで不自然な私法上の取引を構築した点を，外国税額控除制度の濫用であるといっているのである。すなわち，これは私法上の法形式の形成可能性の濫用そのものであるといってよいのではないか。そもそも，私法上の法形式の形成可能性の濫用なしに，租税制度自体を濫用することは基本的に考えられないのではなかろうか。

2　法における濫用について

　濫用とは，権利や権限や地位を有する者が，その権利や権限や地位を本来の目的とは異なる目的で用いることである[3]。特に，民法上の権利濫用の法理や，行政法における行政権の濫用（Le détournement de pouvoir en droit administratif français）の法理が重要である[4]。

　現実には，様々な場合に，「濫用」という語が用いられるので，以下，いくつかの実例をあげて，それらの場合における「濫用」の意味について見てみよう。

①　同じ発明について繰り返し分割出願するという，特許出願における分割出願の濫用については，分割出願できる権利ないし地位の濫用であるから，通常の用語例である。

②　公務員がその職権を濫用して，人に義務のないことを行わせ，または権利の行使を妨害する，公務員職権濫用罪（刑法 193 条）は，刑事法の話であるが，これも職権や地位の濫用であるから，通常の用語例である。

③　金融機関の優越的地位の濫用も，同様である。

④　法人格濫用は，法人格という私法上の法形式の濫用であり，またそれを使うことのできる地位の濫用ということで，これも通常の用語例である。

　これに対して，次のように，制度の濫用という表現がストレートに用いられる場合があるが，実際は，これも，地位・権限・権利の濫用であると考えられる。

⑤　例えば，難民認定制度の濫用において問題となっているのは，濫用的申請であるが，これも，難民認定の申請をすることのできる権利，権限ないし地位の濫用ということで，通常の用語例といえよう。

　他方，義務の濫用という概念も語られるが，以下のように，そのようなものは存在しないのではないかと思われる。

⑥　精神障害者の保護者[5]による保護義務の濫用

　　「保護者は，精神障害者（第 22 条の 4 第 2 項に規定する任意入院者及び病院又は診療所に入院しないで行われる精神障害の医療を継続して受けて

---

3)　「この憲法が国民に保障する自由及び権利は，国民の不断の努力によって，これを保持しなければならない。又，国民はこれを濫用してはならないのであって，常に公共の福祉のためにこれを利用する責任を負ふ」と定める，憲法 12 条参照。

4)　交告尚史「権限濫用の法理について」東京大学法科大学院ローレビュー 4 巻（2009 年）162〜171 頁参照。

5)　平成 25 年 6 月 19 日法律第 47 号改正前の，精神保健福祉法旧 20 条。

いる者を除く。以下この項及び第3項において同じ。）に治療を受けさせ，及び精神障害者の財産上の利益を保護しなければならない」と定めていた，平成25年改正前の精神保健福祉法旧22条1項について，「保護者制度の見直しについての論点」[6]と題する文書は，「この規定は，一見利益を保護しているような規定であるが，①保護者による保護義務の濫用防止のための仕組みが設けられていないこと（成年後見制度には，そのような役割を果たすものとして，家庭裁判所による監督及び成年後見監督人等の仕組みがある），②判断能力の程度など対象者がどのような人か明確ではないこと，③保護者が負う義務の程度や範囲も書かれていないことから，権利擁護のための規定としては不十分な規定ではないか，といった点を踏まえれば，保護者の義務規定として，存置する必要はないのではないか」と述べているが，ここにいう「保護義務の濫用」は，保護義務を負う者が，その地位を濫用することを指しているものと思われる。すなわち，それは義務自体の濫用では決してないのである。

⑦　また，株券等の大量保有制度において，同時提出義務の濫用が語られることがある。すなわち，「変更報告書の提出日の24時間前，前日までに新たな提出事由が生じた場合には，その新たな提出事由に係る変更報告書を出さなければいけないところ，その変更報告書は，当初の提出事由に係る大量保有報告書や変更報告書と同時に提出しなければならない」とされていた（平成26年改正前の金融商品取引法旧27条の25）。この同時提出義務は，「大量保有者は提出日の前日には，共同保有者の分を含め……保有状況を確認して同時提出しなければいけない」というものであるが，実際にはその履行が困難であり，金融審議会「新規・成長企業へのリスクマネーの供給のあり方等に関するワーキング・グループ」（第8回〔2013年〕）において，その廃止をめぐる議論が行われた[7]。その際，上柳敏郎委員が，「この制度を乱用して，実際には増減を完了しているのに，増加なり減少のほうだ

---

6)　厚生労働省　新たな地域精神保健医療体制の構築に向けた検討チーム第15回資料（2011年）《http://www.mhlw.go.jp/stf/shingi/2r98520000013d0a-att/2r98520000013d4w.pdf》。

7)　《http://www.fsa.go.jp/singi/singi_kinyu/risk_money/gijiroku/20131120.html》に，同会議の議事録が掲載されている。

けが世の中に大きく出るというようなおそれはないでしょうか。内部者の方はその後さらに変動があったことを知っていて，何か詐欺的に使われるんじゃないかと心配をしているんです」と述べておられる。これも，大量保有者という地位にある者に対して同時提出義務が課されているという状況の下における，その地位の濫用であると理解することができよう。

⑧　支配株主の支配権の濫用を抑制するための信認義務について，その信認義務の濫用[8]の危険は締め出し合併では大きいとされるが，これは，支配権の濫用との関連で議論されるものである。

⑨　何もせずに相手方から情報を得るという，民事訴訟法における事案解明義務[9]の濫用的な利用が議論されているが，これも，訴訟当事者の地位の濫用であると考えられる。

　これらを要するに，結局，権利・権限・地位の濫用がすべてなのではないかと思われる。したがって，租税回避についても，租税制度の濫用という今までとは異なる新たなカテゴリーが設けられ，それにより，私法上の法形式の選択可能性の濫用により租税負担の軽減をはかる行為という，租税回避の定義が変更を受けたと考える必要性はないといえよう。

Ⅲ　権利濫用と租税回避否認

1　濫用の本来の意味

　上に述べたように，濫用とは，権利・権限・地位の濫用のことであるから，そこで妥当するのは基本的に権利濫用の法理である。これを租税法に則していえば，私法上の法形式の選択可能性の濫用により租税負担の軽減をはかる行為が租税回避であるということになる。前掲・外国税額控除事件最高裁判決に関して，「制度の濫用」がいわれるが，それは，結局，私法上の法形式の選択可

---

8)　三枝一雄「支配株主と信認義務——支配権濫用抑制のための一つの理論」明治大学法律論叢 44 巻 2・3 号（1970 年）137〜180 頁。

9)　安井英俊「事案の解明と証明負担軽減についての一考察」福岡大学法学論叢 60 巻 4 号（2016 年）683〜728 頁。

能性を用いて不自然な法形式を構築することにより租税制度（外国税額控除制度）を利用できる地位の濫用でしかないといえよう。

また，課税庁による課税権の濫用はあり得ても，まさか，租税制度に関して，納税義務者に優越的地位等があるとは考えにくいから，納税義務者による納税義務の濫用を語る人はいないのではなかろうか。

すなわち，租税回避においては，繰越欠損金制度や外国税額控除制度の濫用が問題なのではなく，それらを利用するための私法上の法形式の選択可能性の濫用が本質なのである[10]。

2 「濫用という言葉」の濫用？

最近の租税法における議論で顕著であるが，筆者の誤解でなければ，租税回避の正確な定義をふまえないままに，「濫用という言葉」の濫用が行われているかのような印象がある。

租税「制度の濫用」といっていても，上に述べたように，実際には，租税制度の濫用ではない。もちろん，論者は，租税制度を利用する権利・地位の濫用を，租税制度の濫用と考えるという趣旨なのかもしれないが，それは，結局は，私法上の法形式の選択可能性を用いて不自然な法形式を構築することにより租税制度を利用する権利・地位の濫用であるから，伝統的な租税回避の定義そのものである。

また，納税義務者は租税に関しては第一義的に権利者ではなく義務を負う者なのであるから，課税につき，納税義務の主体に租税制度の濫用はなく，あるとすれば私法の濫用（私法上の法形式の選択可能性の濫用を通じた租税制度の利用）であると考えるべきであろう。繰越欠損金や外国税額控除は税額算定のステップでしかなく本来の意味の「権利」（相手方に義務を生じさせるもの）ではないからである。

むしろ，課税する権利は国にある（納税の義務は納税者にある）から，万が一，濫用があるとすれば，以下のⅣでドイツについて述べるように，国側においては課税する権利の濫用ということがありうるかもしれない。納税者についてい

---

10)　金子宏「租税法〔第22版〕」（弘文堂，2017年）126〜127頁，参照。

えば，租税法律に定められた様々な制度を利用できることは当然であり，ただ，それが私法上の法形式の選択可能性の濫用によって行われる場合に，租税回避となるだけのことである。むしろ，国側が「租税制度の濫用」と述べるとすれば，そのこと自体が，課税権の濫用になりかねないのではなかろうか[11]。

Ⅳ　ドイツにおける苦い経験[12]

1　歴　　史

　Seiler の書物によると，ドイツにおける 20 世紀初頭の租税法解釈に関する考え方の変遷の概略は，以下のようなものであった[13]。すなわち，ドイツにおける租税法の解釈に関する伝統的なアプローチは，本来，20 世紀初頭に始まる形式的文言解釈が基本であったが，第一次世界大戦終了後，そのようなアプローチは大変革を遂げて経済的実質主義の時代に突入し[14]，Enno Becker[15]

---

11)　ただし，納税者の手続的権利の濫用はありうるという点には留意しなければならない。今般の平成 29 年度国税犯則制度改正は，そのような点を考慮したものといえよう。

12)　なお，ドイツには，司法裁判所の他に，財政裁判所や行政裁判所が存在するので，その点をどう考慮するかという点は別途考えなければならないかもしれないが，それは今後の課題としたい。

13)　この部分は，Markus Seiler, *GAARs and Judicial Anti-Avoidance in Germany, the UK and the EU* (*Schriftenreihe zum Internationalen Steuerrecht*, Band 98), pp. 12-13, 2016 による。

14)　なお，同時期にフランスにおいても同様の傾向が見られ，Louis Trotabas による租税法の独自性（l'autonomie du droit fiscal）を強調する議論が行われた（Louis Trotabas, *Essai sur le droit fiscal*, Revue de science et de la législation financière, tm. 26, p. 201, 1928）。この傾向については，cf. Jean-Pierre Winandy, *Les impôts sur le revenu et sur la fortune*, pp. 53-55, 2002.

15)　Enno Becker については，vgl. Alfons Pausch, *Im Gedenken an Kurt Ball : mit einem unbekannten Brief von Enno Becker zur Verselbständigung des Steuerrechts aus dem Jahre 1924*, Steuer und Wirtschaft : StuW 53.1976, 4, 387-388 ; Armin Spitaler, *Enno Becker und die gegenwärtige Steuerrechtswissenschaft*, Steuer und Wirtschaft : StuW 37.1960, 1, 21-28 ; Rolf Grabower, *Enno Becker und die Betriebsprüfung*, Steuer und Wirtschaft : StuW 37.1960, 1, 39-64 ; Ludwig Hessdörfer, *Enno Becker und der Rechtsstaat*, Steuer und Wirtschaft : StuW 37.1960, 1, 3-8 ; Georg Gast, *Enno Becker zum Thema "Gewerbesteuer und Finanzausgleich"*, Steuer und Wirtschaft : StuW 37.1960, 1, 91-100.

の主導による 1919 年 12 月 13 日のライヒ租税通則法（Reichsabgabenordnung）[16]
の制定時に，経済的観察法（wirtschaftliche Betrachtungsweise）に基づく考え方
が法律に導入された。すなわち，私法形式から離れ，租税法律をより柔軟に解
釈する経済的解釈の方法が，1919 年のライヒ租税通則法に結実したのである。
この背景には，第一次世界大戦後の深刻な経済的混乱に対処するために，租税
負担の増大が必要だったという事情が存在する。実は，課税関係に関して取引
を規律する包括的な経済的所得概念に基づく所得税法・法人税法が導入された
のも，この時期なのである。

　また，民法に関しても，1933 年に，Hedemann の，「一般条項への逃避」と
いう論文[17]が出て，ソビエト・ロシアにおける一般条項の多用が危険である
としてそれに対する徹底的な批判がなされた。しかし，その直後にナチスが政
権をとると，彼は立場を 180 度変えて，一般条項を賛美し始めた[18]。そして，
租税法においても，1919 年に制定された一般的否認規定に基づき，以下の 2
で述べるように，いくつもの危険な判決が出ることになる。

2　Seiler の議論の紹介

　ここでは，前掲の Seiler の書物[19]を，抄訳のかたちでやや詳細に紹介しな
がら，1919 年から第二次世界大戦後に至る時期のドイツにおける一般的否認
規定をめぐる議論について振り返ってみよう[20]。

　　1919 年に成立したライヒ租税通則法（RAO, Reichsabgabenordnung）4 条は，
　租税法規を解釈する際には，その目的とその経済的趣旨を考慮しなければならな
　い[21]とする経済的観察法（wirtschaftliche Betrachtungsweise）を定め，租税回避

---

16)　R.G.Bl. 1919, S. 1993.

17)　Justus Wilhelm Hedemann, *Die Flucht in die Generalklauseln : Eine Gefahr für Recht und Staat*, 1933.

18)　William J. Dickman, *An Outline of Nazi Civil Law*, 15 Mississippi Law Journal 127, 1942-1943.

19)　Seiler, *supra* note 13.

20)　以下は，Seiler, *supra* note 13, pp. 14-15, 19-22 の抄訳のかたちの詳しい紹介である。

21)　§4　Bei Auslegung der Steuergesetze sind ihr Zweck, ihre wirtschaftliche Bedeutung und die Entwicklung der Verhältnisse zu berücksichtigen.

撲滅をめざした[22]。この租税通則法制定を主導した Enno Becker は，租税回避は法解釈で対応すべき問題であり，一般的租税回避否認規定は必ずしも必要ではないという考えであった[23]が，結局，政治的理由から，RAO の 5 条に，一般的否認規定が導入されるに至った。すなわち，その 1 項は，租税法規が，私法の形成可能性の濫用により回避される場合には，通常の私法上の法形式が用いられた場合にもたらされるであろう経済的状況が実現されたかのように課税がなされる旨[24]，定める。2 項は，1 項にいう濫用についての定義である。ここまでは，租税法の技術的な観点から，財政需要をまかなうための租税回避防止の動きであったといってよかろう。

　しかし，その後，1933 年に，ナチスが政権を掌握した結果，租税法も無傷ではなく，むしろ重大な影響を被った[25]。特に，1934 年 10 月 16 日の租税調整法（Steueranpassungsgesetz)[26]の制定により，租税制度に大きな修正が加えられた点が重要である。すなわち，同法の 1 条 1 項は，租税法規が，国家社会主義（ナチス）の世界観に従って解釈されるべきであると定めていたのである[27]。これは，実質的に，租税法規の解釈の際に裁量を認める趣旨であるといえよう。その結果，租税法は私法からますます乖離するかたちで，解釈・適用されていくのである。

　この租税調整法の 1 条 1 項こそが，租税法規の無制限ともいえる柔軟な解釈の根拠であった[28]。その結果，行き過ぎとも思える判決がライヒ財政裁判所（RFH）により下されることになる。例えば，納税者が多大な課税上の便益を受けるというだけの理由で一般的租税回避否認規定を適用した事例[29]や，RFH が条文を文言に従ってではなく，その目的に従って解釈すべきであると判示した事例[30]等，いく

---

22) Seiler, *supra* note 13, pp. 14-15.

23) Seiler は，Enno Becker, StuW 1924, 154 ; Becker, StuW 1924, 441 を引用している。

24) §5 の 1 項の実際の文言は，"Durch Missbrauch von Formen und Gestaltungsmöglichkeiten des bürgerlichen Rechtes kann die Steuerpflicht nicht umgangen oder gemindert werden." である。

25) Seiler, *supra* note 13, p. 19. また，この時期のドイツの税制改革について，cf. Paul Haenzel, *The German Tax Reform of* 1934-35, 13 The Tax Magazine, 705-759, 1935.

26) R.G.Bl. 1934, I, S. 925.

27) Reiner Sahm, *Von der Aufruhrsteuer bis zum Zehnten : Fiskalische Raffinessen aus* 5000 *Jahren*, S. 23, 2014 によれば，同法 §1 は，以下のような定めであった。
  (1) Die Steuergesetze sind nach nationalsozialistischer Wertanschauung auszulegen.
  (2) Dabei sind die Volksanschauung, der Zweck und die wirtschaftliche Bedeutung der Steuergesetze und die Entwicklung der Verhältnisse zu berücksichtigen.
  (3) Entsprechende gilt für die Beurteilung von Tatbeständen.

28) 以下は，Seiler, *supra* note 13, p. 20 による。

29) 138 RFH 21. 10. 1936, VI A 30/36, RFHE 40, 290.

30) 139 RFH 7. 19. 1937, III A 70/37, RFHE 42, 162.

つもの恣意的な判決が下された。この中で特に注目すべきは，1935年5月22日の
Pfennig事件[31]である。これは，課税標準を低い累進税率段階に引き下げるために，
従業員が雇用者と合意して，月給を500RMからわざわざ1ペニッヒ少ない
499.99RMにしたという事実関係において，裁判所が，租税調整法1条にいう国家
社会主義（ナチス）の世界観に合致しないものとしてこれを否認して高い累進税率
による課税を認めた事案である[32]。

　ナチス時代のもう一つの変化としてあげられるのは，立法者が1919年のRAO 5
条の一般的否認規定の適用要件が厳格すぎると考えた点である[33]。その結果，こ
の一般的否認規定は，1934年に，より柔軟な租税調整法6条へと変化を遂げるこ
とになる[34]。もっとも，実際には，租税回避は基本的に租税調整法1条に基づい
て否認されたために，この新しい租税調整法6条の一般的否認規定はほとんど適用
されなかった[35]。いずれにせよ，租税調整法6条制定後，経済的観察法に依拠し
たライヒ財政裁判所の判決は続き，法解釈も事実認定も経済的実質によるという傾
向が存在した。

　そして，ボン基本法（Grundgesetz）の公布にもかかわらず，第二次世界大戦以
降も，経済的視点が重視され続けた。さすがにナチスの世界観の尊重を定めた租税
調整法1条1項は連合国により削除されたのに対して，租税調整法自体は廃止され
ず継続し，国民思想を考慮するとする同条2項[36]は生きながらえた。もっとも，
少なくとも戦後初期の連邦財政裁判所の態度は，比較的抑制されたものであった。

　すなわち，1960年代ころまでは，租税法において用いられた概念は，立法者が
私法から乖離することが明白であると定めた場合を除いては，私法におけると同様

---

31) RFHE 38, 44=RStBl. 1935, 899.

32) この判決については，Susanne Sieker, *Umgehungsgeschäfte : typische Strukturen und Mechanismen ihrer Bekämpfung*, S. 81f., 2001 参照。また，vgl. Enno Becker, StuW 1935, Sp. 907, 922ff. ; Wacke, StuW 1936, 833, Sp. 838, 867ff.

33) 以下は，Seiler, *supra* note 13, p. 21 による。

34) 租税調整法6条1項は，私法により提供される法形式や選択可能性を濫用することにより，納税義務を回避したり減少させたりすることはできないと定め，また，同条2項は，濫用の場合には，行われた経済活動，事実，措置に相応する法形式に従って課税がなされる，と定めていた。

35) Georg Crezelius, *Steuerrechtliche Rechtsanwendung und allgemeine Rechtsordnung: Grundlagen für eine liberale Grundlagen für eine liberale Besteuerungspraxis*, 75, 1983.

36) Seiler, *supra* note 13, p. 20. 前掲（注27）であげたが，租税調整法1条2項は，"Dabei sind die Volksanschauung, der Zweck und die wirtschaftliche Bedeutung der Steuergesetze und die Entwicklung der Verhältnisse zu berücksichtigen." （金子宏『租税法〔第22版〕』（弘文堂，2017年）117頁における訳によれば，「租税法律の解釈にあたっては，国民思想，租税法律の目的及び経済的意義，ならびに諸関係の発展を考慮しなければならない」）と定めていた。

の意味に解されていた[37]のである。第二 Pfennig 判決[38]は，この間の状況を物語るものである。前掲の第一事件判決と類似の事実関係において，今度は，納税者が，累進税率の段階を引き下げるために，10 ペニッヒだけ給与を引き下げたという事案において，裁判所は，第一事件の判例に依拠せず，納税者は，租税調整法の 5 条と 6 条の定める制限を尊重する限りにおいて租税負担を減少させるように取引をアレンジする権利があると判示した。すなわち，納税者は法律により定められた恩典を利用しただけだとされて，私法上の法形式が認められたのである[39]。

　しかし，その後，租税法と私法の関係に関する対立が，戦後の租税裁判において激化した。そして，戦後初期の私法尊重の流れからの逆行が 1965 年くらいから始まった[40]。このような経済的実質の尊重は連邦憲法裁判所の影響であると思われる[41]。その背後には，租税法以外の分野の他の法律における経済的実質の尊重と，法解釈論の変化がある[42]。

　以上が，Seiler の議論の大まかな紹介であるが，その後，1976 年 12 月 31 日をもって租税調整法は廃止され，1977 年 1 月 1 日より，租税通則法（Abgabenordnung）にとってかわられた。しかし，一般的否認規定は，租税通則法 42 条 1 項の，「租税法律は，法の形成可能性の乱用によって回避することはできない。乱用が存する場合には，租税請求権は，経済事象に適合した法的形成（einer den wirtschaftlichen Vorgängen angemessenen rechtlichern Gestaltung）の場合に成立するのと同じく成立する」[43]という定めに引き継がれた。同条は，さらに，2007 年に，以下のように改正された[44]。

---

37)　以下は，Seiler, *supra* note 13, p. 21 による。

38)　OFH 9.3.1948, III 26/47, RFHE 54, 231.

39)　Vgl. Kirchhof, *StuW* 1983, 174.

40)　Vgl. Beisse, *StuW* 1981, 5.

41)　Seiler は，ここで Beisse, *StuW* 1981, 5 を引用するとともに，判決として，BVerfG 11.11.1964, 1 BvR 488/62, 1 BvR 562/63, 1 BvR 216/64, BVerfGE 18, 224 ; BVerfG 14.1.1969, 1 BvR 136/62, BVerGE 25,28 ; BVerfG 15.7.1969, 1 BvR 457/66, BVerfGE 26,327 ; BVerfG 22.7.1970, 1 BvR 285/66, BVerfGE 29, 104 を掲げている。

42)　Beisse, *StuW* 1981, 6.

43)　金子・前掲（注 *36*）128 頁の訳。

44)　Cf. Wolfgang Schön, *Statutory Avoidance and Disclosure Rules in Germany*, in, Judith Freedman ed., *Beyond Boundaries, Developing Approaches to Tax Avoidance and Tax Risk Management*, 47-55（ch. 6）, 2008.

「1項　租税法律は，法の形成可能性の乱用によって回避することはできない。租税回避の防止のために個別租税法律の規定の要件が充足される場合には，当該規定によって法効果が決定される。それ以外の場合において，第2項に規定する乱用が存在するときは，租税請求権は，経済事象に適合する法的形成をした場合に成立するのと同じく成立する。

　2項　乱用は，不相当な法的形成が選択され，相当な形成と比較して，納税義務者または第三者に法律上想定されていない租税利益〔税負担の軽減ないし排除〕がもたらされる場合に，納税義務者が，その選択した当該法的形成について状況の全体像から見て租税外の相当な理由があることを証明した場合には，存在しないものとする。」[45]

3　租税回避と憲法の関係についてのドイツの有力な議論

　しかし，ナチス時代の判決からもわかるように，一般的否認規定の安易な適用はきわめて危険であり，それはあくまでも伝家の宝刀にとどめておくべきであるという意見は，ドイツにおいて有力である。ここでは，そのような議論の代表的な論者として，前の連邦憲法裁判所長官の Hans-Jürgen Papier の見解[46]を詳しく紹介しておこう[47]。

　「まず，租税調整法6条（新法42条）は，民法の形式及び形成可能性の濫用（なお，新法42条は，「法の形成可能性の濫用」と規定する）により納税義務を回避することはできない，と規定する。同条が，裁判所あるいは課税行政庁が租税法律の文言のわくから解放され，その内在的な意味と目的にのみ拘束されるということを意味するとすれば，同条は，公的侵害法における類推を含む他の規定同様，違憲である。しかし，同条は，行政権及び司法権による侵害可能性の限界を定めている。すなわち，第一に，同条は，民法の『形式と形成可能性（Formen und Gestaltungsmöglichkeiten）』の濫用による租税回避にのみ関連する。したがって，事実的あるいは経済的行為による租税回避は同条の射程範囲の外にある。第二に，同条は，同法2条で詳しく規定された形式と形成可能性の『濫用（Mißbrauch）』に対しての

---

45)　金子・前掲（注36）128～129頁の訳。

46)　Hans-Jürgen Papier, *Der finanzrechtliche Gesetzesvorbehalt und das grundgesetzliche Demokratieprinzip*, 1973.

47)　以下は，Papier の書物の書評である，中里実「パピーア『財政法上の法律留保とボン基本法の民主主義原則』」国家学会雑誌93巻3＝4号（1980年）260～277頁からの引用である。

み類推による侵害を許す。このように，租税調整法6条における類推は内容的に制限されているから，同条は，法治国的要請に反しない。

　次に，租税調整法1条2項（新法には，これに対応する規定はない）であるが，同項が，租税法律が私法上用いられていない『経済概念（Wirtschaftsbegriff）』を使用している場合にはその解釈について経済的観察法に拠るべきことを述べているにすぎないとすれば，それは，目的的法律解釈の自明な要求である。したがって，同項の如き規定は不必要ということになる。しかし，課税要件の中に用いられている概念は，文理上その意味が明らかである場合にも，『いまだ私法上とり入れられていない租税法上の経済概念の単なる言い換え（bloße Umschreibungen noch nicht eingebürgerer steuerrechtlicher Wirtschaftsbegriffe）であり，徴憑的（sympto-matisch-indiziell）な意味を持つにすぎないと考えること，及び，法律の文言にかかわらず法律の内在的目的を考慮すること，を同項が要求しているとすれば，同項は，課税要件の法治国的保護機能を犯し類推禁止に反する。

　第三に，同法1条3項（要件事実の認定（Sachverhalts-beurteilung）についての経済的観察法……なお，新法にはこれに対応する規定はない）であるが，課税要件が経済概念を用いて構成されている場合に，それに包摂が可能なように要件事実の認定が行われなければならない，ということを同項が要求しているのならば，同項は，法解釈の一般原則を述べるだけであるから不必要である。しかし，判例及び学説は，同項に独立の意味・内容を与えている。すなわち，判例及び学説は，ある課税要件に包摂しえない要件事実Aが，それに包摂しうる別の要件事実Bと経済的に等置しうるような場合には，要件事実Bの存在が擬制（Fiktion）される，ということを述べるものとして同項を解する。偽制が，内容的に制限されており，法治国的な確定性の要請を満たすならば，それは，公的侵害法においても許される。しかし，1条3項はこの要請を満たさない。したがって，同項が規定しているとされる経済的観察法は，類推同様，納税義務を発生させあるいは強化する限りにおいて，市民の信頼保護という法治国的要請に反し違憲である。」[48]（下線・2017年本稿執筆時に筆者）

　これは，連邦憲法裁判所の長官を務めたドイツを代表する公法学者の言葉だけに，含蓄が深く，理論的にも精緻で，きわめて穏当な考え方であり，日本における租税回避否認について考えていく際に，大いに参考になるのではないかと思われる。

---

48)　中里・前掲（注47）273〜274頁。

V　日本の課税実務における実質主義への憧憬

1　「実質課税論」とその理論的限界

　最近の日本においては，ここでは逐一列挙しないが，実質課税論の復権とも思える一般的租税回避否認規定導入論が主張されつつある。しかし，そのような議論においては，上で詳しく紹介したようなナチス時代のドイツにおける深刻な状況に関する検討がほとんど行われていないのは残念なことである。

　確かに，課税庁にとっては，一般的否認規定は一見したところ魅力的なものに見えるのであろう。しかし，そのような議論は，法律の解釈権限が（課税庁にではなく）最終的に裁判所に属することを無視しているのではなかろうか。裁判官の立場に立ってみれば，一般規定は実質的に何も定めておらず，裁判の基準とする際にきわめて不便なものであるように思われる。すなわち，一般的否認規定のあいまいさが，裁判所にあたかも立法を行わせるような過重負担をかけるのではなかろうか。課税庁にとっては便利でも，裁判所にとってはやっかいな存在が，一般的否認規定であるといえよう。

　単に「不当に減少」といった文言に基づいて課税ができるというような定めでは，課税要件が不明確であり，憲法上の租税法律主義との関係を議論する以前の問題として，裁判の基準とはならず，裁判所は困惑するであろう。そのような一般規定の立法は，いわば立法権の放棄に近いものであり，議会は，やはり具体的な指針を可能な限り示すべきなのではなかろうか。

　そもそも，中世身分制議会の課税承認権以来，あるいは，名誉革命以降，歴史的に長い年月を経て形成されてきた租税法律主義の原則の存在という租税法の歴史的特殊性を考慮するならば，議会は可能な限り明確なかたちで課税要件を示すべきであり，それでも租税回避を防げない場合も，新たな立法により対応すべきであるといえよう。

　また，私達は，法律論において経済的実質を持ち出すこと自体が，論理的矛盾である点を念頭におくべきであろう。経済的実質を私法上の概念から離れてそれ自体として法的に定義するということは，少し考えてみると論理的に不可能であることがわかる。実質課税の原則や，一般的否認規定の唱道者が経済的

実質を持ち出す場合，例えば，ある取引が私法上は売買であるが，「経済的実質は交換である」というのは，経済的実質を単に別の私法上の概念で記述しているだけである。「交換」は私法上の概念であるから，そのような「経済的実質は交換である」といういい方は，論者の捉える経済的実質なるものを私法概念で読み替えているだけで，何ら経済的実質そのものについて述べておらず，論理的に破綻した議論としかいいようのないものであろう。

2 個別事案に即した機能的検討の必要性

　上で詳しく紹介したナチス時代の一般的否認規定の「濫用」の歴史を考えるならば，納税者による私法上の法形式の濫用を防止するために，課税庁による課税権の「濫用」が行われることのないようにしなければならない。国には立法権があるのであるから，租税回避に対しては，一般的否認規定を用いるよりも，租税回避否認規定と憲法との関係に留意しながら，立法による対応という王道をいくべきであろう。結局は，それが，無意味な法的紛争を避け，法的安定性を確保するための道なのではなかろうか。

VI　法人税の欠陥と立法的解決

　ここで想起しなければならないのは，法人所得税は，他の租税と比べた場合に，法技術を駆使した課税逃れが比較的容易であるという特質を有しているという点である。事実，国際的な課税逃れは，多くの場合に，法人所得税に関して生じている。したがって，このような法人所得税の欠点を放置して，一般的否認規定の導入に走っても，問題の根本的な解決からは程遠いのではないか[49]。

　過去を振り返ってみると，1990年代の終わりのころ，国家間の税率引き下げ競争について，「有害な税の競争」ということでこれを見直そうという方向の詳細な報告書がOECDから出された[50]が，その背後には，タックス・ヘイ

---

[49]　以下は，中里実「わが国の国際課税の現状と課題──国内法」税研173号（2014年）28〜33頁による。

[50]　OECD, Harmful Tax Competition : An Emerging Global Issue, 1998《http://www.

ブンの存在とともに，多国籍企業による国際的課税逃れの横行があったと考えられる。すなわち，先進国の企業が国外に移転して国際的な課税逃れが横行しているという事態の下で，企業の国外移転を押しとどめるために国家は税率引き下げ競争を行ったのである。

この点は，当時の，The Economist 誌に掲載された二つの記事[51]からも明らかであろう。そして，そこにおいては，逃れやすい租税として法人所得税が，また，逃れにくい租税として，固定資産税，国際的に移動しにくい労働者に対する賃金所得税，及び，必需品に対する消費税があげられている。

そのような法人所得税の欠陥をそのままにして，課税逃れに対抗しようとする措置が OECD の BEPS プロジェクトなのであるが，それが本当に成功するか否かはまだわからない段階である。現代中国には，「上に政策あれば，下に対策あり」（上有政策，下有対策）という言葉が存在するというが，課税逃れ取引は，まさにその言葉がそのまま当てはまる世界のものなのである。

Ⅶ　まとめ
BEPS の先に──課税逃れからソブリンリスクへ

1　裁判を前提とした理論構成

裁判においては，抽象的な一般規定の適用（演繹）それ自体よりも，個別事案における事実の積み重ね（帰納）こそが重要であり，その上で納税者の行為を不当と裁判官が考える場合に，否認がなされる。すなわち，具体的な事実関係の積み重ねの上にはじめて裁判官により「不当に減少」の認定がなされることとなる。仮に一般的否認規定が存在する場合であっても，それは，そのような事実関係に関する判断がなされた後に形式的に「適用」されるにすぎないものである。一般的否認規定から演繹的に一定の行為が租税回避であるとされ，否認がなされるわけではなかろう。すなわち，仮に一般的否認規定が存在する

---

oecd.org/tax/transparency/44430243.pdf》.

51)　The disappearing taxpayer, May 29, 1997《http://www.economist.com/node/150080》; The mystery of the vanishing taxpayer, Jan 27, 2000《http://www.economist.com/node/276945》.

としても，それがあるからそれを適用すればいいというような安易なものでは
決してないのである。

2　課税問題の私法的・司法的コントロール

　租税債権が，法定の債権ではあるものの，基本的には金銭債権の一種であり，
私債権と多くの共通性を有するところから，租税法と私法とは不可避的に密接
不可分の関係に立つ。その，「租税法と私法」の問題については，従来の学説
において，

　　・借用概念に関する統一説
　　・私法上の法形式の尊重（租税回避否認の制限）
の二つの問題が議論されてきたが，この他に，

　　・課税問題のコントロールを私法を重視して司法的に行う
という第三の軸が必要なのではないかと，筆者は現在考えている。租税回避に
対して，いきなり否認規定の適用を考える前に，納税者のコンプライアンスの
問題を考えるべき時期が来ているように思われるからである。この問題につい
ては別稿を参照されたい[52]。

3　over-inclusion の問題点

　否認規定の内包する法的問題点のうち最大のものは，その形式的適用がなさ
れ，本来租税回避でないものが租税回避にされてしまうという over-inclusion
の危険性が生ずるという点である。

　その際，一定の事例について国側にとって有利なことが，場合によっては，
別の事例について国側には不利になってしまうという点に特に留意しなければ
ならない。例えば，租税回避否認規定の適用に関する事案そのものではないが，
デラウェア州法に基づいて設立された LPS が日本の法人税法上「法人」に該
当するか否かが争われた事案[53]について考えてみよう。この事案においては，
富裕な個人がデラウェア州の LPS に投資し，当該 LPS が得ていた不動産投資

---

52)　中里実「アグレッシブな租税回避と会社法——Tax Compliance の視点からの研究ノー
　　ト」法学新報 123 巻 11 = 12 号（2017 年）221〜244 頁（玉國文敏先生古稀記念論文集）参照。
53)　最判平成 27 年 7 月 17 日民集 69 巻 5 号 1253 頁。

からの所得の計算上，投資の初期の段階では減価償却費等が収益よりも多いために，課税の繰り延べを通じたいわゆる課税逃れ商品となっていた。これに対処するために，課税当局が，当該 LPS は法人である（したがって，その所得計算上のマイナスを個人投資家に配ることは認められない）と強く主張した。しかし，現場感覚を重視して状況を観察すると，現実には，デラウェア州の LPS に投資していたのは，そのような「節税」目的の個人だけではなかったのである。ここで詳しく論ずる余裕はないが，多数の日本の年金基金が，デラウェア州の LPS を通じてアメリカの株式に（節税目的の個人とは比較にならないほど多額の金額を）投資していて，その受け取る配当について，アメリカで源泉徴収を免除されていたのが，この最高裁 LPS 判決以降，日米租税条約の適用の結果として，年金基金へ配当が配られる際に源泉徴収が行われるようになってしまったのである。この混乱について[54]課税当局を責めるのは酷であるとしても，一部の取引について課税庁が否認をした結果として，本来否認すべきでない取引までが課税されるようになって実務が混乱してしまうようなことは，できる限

---

54)　年金基金は，最判平成 27 年 7 月 17 日以前は，投資対象米国法人がデラウェア州 LPS を通じて受益者である日本の年金基金に対して（LPS を通じて）支払う配当について，日米租税条約に定められた米国源泉税免除（日米租税条約 10 条 3 項（b））の特典を享受していた。しかし，この最判直後からデラウェア州 LPS は日本の租税法上は法人とされることが，アメリカで次第に明らかとなったのである。その結果，日米租税条約 4 条 6 項（e）により，デラウェア州 LPS は，「他方の締約国の租税に関する法令に基づき当該団体の所得として取り扱われるもの」となってしまい，米国法人が日本の年金基金に対して支払う配当には租税条約の特典は適用されず，30％の米国源泉税が課されるようになってしまうのではないかという懸念が生じた。すなわち，4 条 6 項（e）は，本来，LLC について源泉税を課すための規定であったと思われるが，それが，LPS にも適用されてしまう事態が招来されたのである。さらに，LPS が日本法上法人であるならば，過去に遡ってデラウェア州 LPS は法人であると取り扱うべきであったことになるから，デラウェア州 LPS を通じて米国株式に投資していた日本の年金基金は，米国で内国歳入庁から過去に遡って租税条約の特典の適用を否認され，過去に受け取った米国株式の配当についても 30％の米国源泉税＋ペナルティを課されるリスクを負うという深刻な事態となった。これに対して，当局は，2017 年 2 月に，"The tax treatment under Japanese law of items of income derived through a U.S. Limited Partnership by Japanese resident partners" と題する文書で，LPS を通じてアメリカ株式に投資する日本の年金基金に対して配当を支払うアメリカ法人は源泉徴収義務を負わないという解釈を，英語のホームページに提示した（http://www.nta.go.jp/foreign_language/tax_information.pdf）。これは，経済取引の現場の感覚から乖離した課税の典型的な例といえよう。

り避けなければならない。なお，年金基金がLPSを利用してアメリカ株式に投資しているというような事実は裁判所の知る由もないことなのであるから，裁判所には本件に関する責任は一切ない点を強調しておきたい。むしろ，最高裁の判決は，バランスのとれた，論理的に見事なものであった。

　また，来料加工については，日本法人の香港子会社はいわゆる製造問屋であり，日本標準産業分類においては卸売業に該当するとされていたにもかかわらず，課税当局は，当該香港子会社は製造業であり，それが中国において製造を行わせていた点を指摘して，所在地国基準が満たされていないからとして，タックス・ヘイブン対策税制を適用した。しかし，製造問屋が日本標準産業分類において卸売業に該当することが明らかであり，業種の分類について日本標準産業分類を援用する[55]タックス・ヘイブン対策税制は本来そのような来料加工までをターゲットとするものではないために，平成29年度税制改正において，来料加工はタックス・ヘイブン対策税制の対象から除外されることが確認されることになっている。これを確認規定と考えるか創設規定と考えるかは別として，これは，否認規定のover-inclusionをあえて行った課税当局に対して国会が立法により是正する例といえよう。

　さらに，法人税法132条の2についても，同様のことがいえるのではなかろうか。すなわち，合併時に欠損金を取り込むことは当然に組織再編税制の立法時に予想されていたことである。それにもかかわらず，それに対する個別的規定は設けられなかったのみならず，立法担当者が，合併の際に赤字を持ち込むことを許容する発言をしていたともいわれている。それにもかかわらず，そのような赤字持ち込みをいまさら132条の2で否認するのは，妥当といえるのであろうか。132条の2は，立法時に予見されていないような行為を対象としていたはずである。

　このように考えていくと，重要なのは，明確な立法であることがよくわかる。その点で，合法的なタックス・シェルターは確かに倫理に反するが，結局のと

---

[55]　租税特別措置法通達66の6-17は，「特定外国子会社等の営む事業が措置法第66条の6第3項第1号又は措置法令第39条の17第15項第1号若しくは第2号に掲げる事業のいずれに該当するかどうかは，原則として日本標準産業分類（総務省）の分類を基準として判定する」と定めている。

ころは合法的なものである限りにおいて，それに対する批判には限界がある，しかし，合法的なタックス・シェルターについても専門家はそれが100パーセント否認されないものであるという確信を有しているわけではなく，そこには不明確さが存在する，それ故に，タックス・シェルターの利用を倫理的に非難するよりは，法を明確にする方がよほど効果的である，とするShaviroの見解56)はきわめて説得的といえよう。要するに，課税逃れ取引の発生する原因は基本的に課税ルールの不明確さにあるのであって，それを一般的否認規定を用いた無理な否認で解消しようとしても問題の本質的な解決にはならないのである。それよりも，課税要件が十分に明確であれば，租税回避の余地は制限され，問題は解決されるのである。国は立法権を有するのであるから，課税逃れ取引への安易な対処を避けて，本質的な解決をめざすべきなのではなかろうか。

4 より広い視点の設定

民主主義の下では，往々にして国民が軽い負担と厚い給付を求める結果として，財政赤字が拡大することがある。そのような中で，課税逃れ取引の蔓延は，財政や金融の混乱を引き起こす要因となりうる。財政危機や金融危機が深刻化すれば，必要な国家活動の停止という事態さえ生じうるが，それは結局は弱者を直撃する。

したがって，私達は，租税回避の問題を，その否認方法という限定された視点のみから考えずに，ありうるかもしれない財政破綻への法的対応や破綻処理の方法をも射程におきながら考えていく必要があるのではなかろうか。財政破綻に対して対応策を講じ，私的経済主体の保護を行わなければ，深刻な事態が帰結されうるからである。そして，現在は，外国の財政破綻が自国にも波及してくるから，国際的財政破綻への対応策を講じておくことも必要となろう。

---

56) Daniel Shaviro, *Interrogating the Relationship between 'Legally Defensible' Tax Planning and Social Justice*, NYU School of Law, Public Law Research Paper No. 16-42, 2016.

2 企業結合型インバージョンと
米国新インバージョン規制

太 田 　 洋

I　は じ め に

　2014年から2015年にかけて，世界のM&Aマーケットの動向を大きく左右
したのは，コーポレート・インバージョン（corporate inversion）であった。就
中，2014年においては，インバージョンを目的としたものと考えられる大型
のクロスボーダーM&Aが相次ぎ，インバージョンは「今年のトピック（Topic
de Jour）」[1]とすら評される状況であった（なお，後掲の【図表2-2】も参照）。

　コーポレート・インバージョンとは，主として米国で1980年代から行われ
るようになった多国籍企業の行動を説明するために用いられる語句であって，
伝統的には，米国その他の高税率国[2]に本拠を置く多国籍企業グループ（当該
多国籍企業が本拠を置く当該高税率国を，以下「本拠地国」という）の企業形態を，
法人所得に対する税負担の極端に低い又はゼロの国（タックス・ヘイブン）に新
設された外国法人が，本拠地国に所在する既存の親会社に代わって当該企業グ
ループの親会社（資本関係の頂点に位置する会社）になるように変更する取引の
ことをいうものとされてきた（これを，以下「単独型インバージョン」という。英
語ではnaked inversionとも呼ばれる）。しかしながら，後述するように，近時，
米国の多国籍企業を中心に，本拠地国よりも法人所得に対する税負担の低い他
の先進国（以下「相対的軽課税国」という）に所在する（通常は自らよりも小規模

※　本稿の執筆に際しては，西村あさひ法律事務所の同僚である寺崎雄大弁護士から資料収集
　　の面等で多大な助力を得た。ここに特に記して謝意を表したい。
　1)　Reutersの2014年7月24日付け「*Insight-Irish, Dutch, UK law firms in tax inversion*
　　beauty contest in U.S.」と題する記事（《http://www.reuters.com/article/2014/07/24/
　　deals-taxinversions-lawfirms-idUSL2N0PK1L820140724》にて閲覧可能）参照。
　2)　OECDによれば，米国の法人実効税率は2017年現在で38.91％である（《http://stats.
　　oecd.org//Index.aspx?DataSetCode=TABLE_II1》参照）。

な）競合企業を買収し，その際，買収後の企業グループの本拠を当該相対的軽課税国に移し（当該企業グループの資本関係の頂点に位置する会社を当該相対的軽課税国に所在する会社とし），それによって当該企業グループの全体的な税負担の軽減を図る行為（これを，以下「企業結合型インバージョン」という[3]）が急速に増加するに至っていた（以下，単独型インバージョンと企業結合型インバージョンの両者を包含する広義の意味で「インバージョン」の語を用いる）。

　2014年，超大型のM&A案件として耳目を集めていた，米国の製薬大手（世界2位）Pfizer Inc.（以下「Pfizer」という）による英国の製薬大手（世界8位）AstraZeneca plc（以下「AstraZeneca」という）に対する非友好的買収提案（グローバル本社は英国に置かれるものとされていた。最終的にはPfizerが提案を取り下げ）や，2015年11月23日に統合契約の締結が発表された同じPfizerによるアイルランドの後発薬大手Allergan plc（以下「Allergan」という）の実質的な買収取引（グローバル本社はアイルランドに置かれるものとされていた。最終的には両当事者の合意により契約解除）は，その代表的な例である。

　もっとも，このような米国の多国籍企業の動きに対する米国連邦議会や米国政府の反発は強く，最終的には，2014年9月22日に米国連邦財務省（以下「米国財務省」という）及び連邦内国歳入庁（以下「IRS」という）が発出した告示（IRS Notice 2014-52：以下「2014年IRS告示」という）に基づく新たなインバージョン取引規制（以下，当該告示による新たなインバージョン規制を「2014年規制」という）によって，米国企業によるインバージョンの更なる増加は一応食い止められた。しかしながら，2014年IRS告示後も，米国企業による企業結合型インバージョンには完全には歯止めがかからず，オバマ政権は，2015年11月19日，新たにIRS Notice 2015-79（以下「2015年IRS告示」という）を発出し（以下，当該告示による新たなインバージョン規制を「2015年規制」という），更に，最終的に，2016年4月4日に，2014年規制と2015年規制の各内容を一部修正及び補充する形で連邦財務省規則（以下「規則」といい，連邦財務省暫定規則を「暫定規則」という。また，最終的に規則に落とし込まれたインバージョンに対する規制をまとめて「米国新インバージョン規制」という）に落とし込み，これによって

　3）「経営統合型インバージョン」と称してもよいであろう。

ようやく米国企業による企業結合型インバージョンには急ブレーキがかかることとなった。そこで，以下では，最近の米国を中心とした企業結合型インバージョンの動向と米国新インバージョン規制の内容とを概観すると共に，それらが日本企業及び米国企業が当事者となる国際的 M&A 取引の実務にどのような影響を及ぼすことになるかという点や，それらが示唆するわが国の税制上の課題について，簡単に考察することとしたい。

　また，以下の II ないし VII においては，便宜上，米国以外の国・地域（以下，便宜上，一括して「国等」という）の法令に準拠して設立された法人を「外国法人」と表現し，米国以外の国等を「外国」と表現することがある一方，米国の各州会社法等の法令に準拠して設立された法人を「米国法人」と表現することがある。

II　単独型インバージョンと企業結合型インバージョン

1　単独型インバージョン

　前述した単独型インバージョンは，米国の多国籍企業の間で，1983 年以降，特に 1990 年代後半から 2000 年代初頭にかけてかなり流行した。その嚆矢とされるのは 1983 年の McDermott Inc. の事例であるが，その後，94 年に 1 件，96 年に 1 件，97 年に 3 件，98 年に 1 件，99 年に 8 件，2000 年〜2002 年にはそれぞれ少なくとも 5 件のインバージョンが行われた（インバージョン先は大半が英領バミューダ又は英領ケイマン）といわれている[4]。

　しかしながら，米国で 2002 年に抜本的なインバージョン対策税制（後述の内国歳入法典 7874 条など）が創設されたことに伴って，後掲の【図表 2-1】のとおり，米国の多国籍企業グループによる単独型インバージョンは一時大きく減少するに至った。もっとも，近年，米国企業が英国等をインバージョン先とする単独型インバージョンを行う例は再び増えている[5]。

---

　4)　以上の詳細については，太田洋編著『M&A・企業組織再編のスキームと税務〔第 3 版〕』（大蔵財務協会，2016 年）597〜599 頁参照。

　5)　例えば，2009 年における Delphi Corporation，2012 年における Rowan Companies, Inc. 及び AON Corp. による米国から英国へのインバージョンの事例，2014 年における Civeo

2 企業結合型インバージョンと米国新インバージョン規制

【図表 2-1】 実質的な米国企業を当事者とする単独型インバージョン取引の暦年ごとの推移[6]

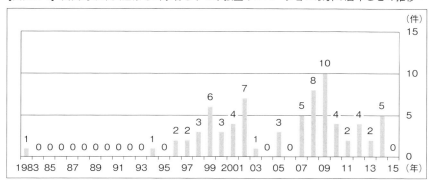

※ 完了ベース（なお，米国から一旦他の国・地域にインバージョンを行った企業が再度別の国・地域にインバージョンを行った場合を含む）。

　他方，英国では，例えば，1999 年には Catlin Group Limited が，2006 年には Hiscox plc 他 2 社が，2007 年には Kiln plc 他 1 社が，2008 年には Shire Pharmaceuticals Group plc 及び WPP Group plc 他 5 社が，2009 年には Beazley plc, Informa plc 及び Brit Insurance Holdings plc が，2010 年には INEOS Group Holdings plc 及び Wolseley plc が，それぞれ，主として日本の会社法における三角合併の手法に対応するスキーム・オブ・アレンジメントの方法により，

　Corporation による米国からカナダへのインバージョン（完了は 2015 年 7 月）の事例等を参照。因みに，Delphi Corporation が英国にインバージョンを行ってできた Delphi Automotive plc 及びその傘下の Delphi Automotive LLP は，2014 年に，IRS から，内国歳入法典 7874 条(b)に基づき，同法典上は英国法人ではなく依然として米国法人であるとする旨の更正案通知（Notice of Proposed Adjustment：NOPA）を受けたが，2016 年 4 月 8 日，IRS 不服審査部は，本件に内国歳入法典 7874 条(b)は適用されず，Delphi Automotive plc は米国での課税上英国法人として取り扱われる旨決定した（《https://tax.thomsonreuters.com/media-resources/news-media-resources/checkpoint-news/daily-newsstand/delphi-wins-irs-inversion-challenge-so-is-not-treated-as-u-s-corporation/》 参照）。

6）　Colleen Walsh, *Getting a Handle on Inversion: A Q&A with Mihir Desai*, HARVARD LAW TODAY（Aug. 15, 2014）《http://today.law.harvard.edu/harvard-gazette-mihir-desai-getting-handle-inversion》掲記の表を基に，筆者にて一部重複等を修正して作成。なお，2014 年及び 2015 年公表のインバージョンについては，十分なデータが揃っていないため未完。

英領バミューダやアイルランド，スイス等をインバージョン先とする単独型インバージョンを行っており[7]，英国では特にインバージョン対策税制が設けられなかったこともあってか，近年に至るまで比較的コンスタントに単独型インバージョンが行われている（2007年から2010年にかけて合計22社の英国企業がインバージョンを行ったと指摘されている[8]）。

2 2014年規制の導入までの企業結合型インバージョン

これに対して，英国が法人実効税率をそれまでの28%から21%に引き下げ，外国子会社配当益金不算入制度を導入する財政法を施行した2010年（同法の成立は2009年）頃から，主として英国やアイルランドをインバージョン先とする米国企業による企業結合型インバージョンが次第に増加した。そして，2011年には，米国の製薬大手である Jazz Pharmaceuticals, Inc. によるアイルランドの同業（非上場）の Azur Pharma Public Limited Company の買収（統合新会社の本拠はアイルランドに移転。以下，統合新会社の本拠の移転先を単に「インバージョン先」という）等，2012年には，米国の産業用設備大手 Eaton Corp. によるアイルランドの送電設備大手 Cooper Industries plc[9] の買収（インバージョン先はアイルランド）等，2013年には，①米国のケーブルTV大手 Liberty Global Inc. による英国のデジタルTV大手 Virgin Media Inc. の買収（インバージョン先は英国），②米国の製薬大手 Perrigo Company によるアイルランドのバイオテクノロジー大手 Elan Corporation, plc の買収（インバージョン先はアイルランド），③米国の後発薬大手 Actavis, Inc. によるアイルランドの製薬大手 Warner Chilcott Public Limited Company の買収（インバージョン先はアイルランド），及び④米国の製薬大手 Endo Health Solutions Inc. によるカナダの同業である Paladin Labs Europe Limited の買収（インバージョン先はアイルランド）等が，それぞれ公表された。

---

7) 以上の詳細については，太田編著・前掲（注4）600～605頁参照。

8) *See* Martin A. Sullivan, *Eaton Migrates to Ireland: Will the U.S. Now Go Territorial?*, 135 TAX NOTES 1303 (2012).

9) 同社は元々米国企業であったが，2002年に英領バミューダをインバージョン先とするインバージョンを行い，更に2009年に英領バミューダからアイルランドをインバージョン先とするインバージョンを行っていた。

更に，2014年には，①前述のPfizerによるAstraZenecaへの買収提案の事例（インバージョン先は英国を計画。最終的に破談）の他，②米国の製薬大手Abb-Vie Inc.によるアイルランドの同業大手Shire plc[10]の買収案件（統括会社は英領チャネル諸島のジャージー島に設立され，統合新会社の事業上の本拠は英国に移転する計画。最終的に破談），③米国のバイオ医薬品企業であるAuxilium Pharmaceuticals, Inc.によるカナダの眼科薬メーカーQLT Inc.の買収案件（インバージョン先はカナダの計画。最終的に破談），④米国の医療機器大手Medtronic Inc.によるアイルランドの同業大手Covidien plcの買収（インバージョン先はアイルランド），⑤米国の果物販売大手Chiquita Brands International, Inc.によるアイルランドの同業大手Fyffes plcの買収案件（インバージョン先はアイルランドの計画。最終的に破談），⑥米国のハンバーガーチェーン大手Burger King Worldwide, Inc.によるカナダのドーナツチェーン大手Tim Hortons Inc.の買収（インバージョン先はカナダ）等が，それぞれ実行ないし公表されるに至っている。

　以上のとおり，米国企業による企業結合型インバージョンは，2010年以降急増して2014年には公表ベースで15件と過去最高を記録するに至った（【図表2-2】参照）。

　もっとも，従前から，米国企業を一方当事者とする国境を越えた国際的な経営統合に際して，統合後の企業グループの本拠地を，米国以外の国に設ける例は散見されたところである。例えば，1998年にドイツ企業であるDaimler-Benz Aktiengesellschaftと米国企業であるChrysler Corporationとの統合に際して，統括会社の本拠はドイツに置かれ，99年に行われた英国企業Vodafone Group plcによる米国企業AirTouch Communications, Inc.の買収に際しても，統括会社の本拠は英国に置かれた。しかしながら，これらの事例では，買収側企業である非米国企業の方が被買収側企業である米国企業よりも企業規模が大きく，そのことが主な理由となって買収後の統括会社の本拠が買収側企業の所在地国に置かれたものと考えられ，実際，買収後の統括会社が米国以外の国に

---

10)　前述のとおり，同社（の前身）は，2008年に，英国から，統括会社の所在地を英領チャネル諸島ジャージー島とし，その税務上の居住地（管理支配地）をアイルランドに移転する単独型インバージョンを行っている。

【図表 2-2】米国企業を一方当事者とする企業結合型インバージョン取引の暦年ごとの推移[11]

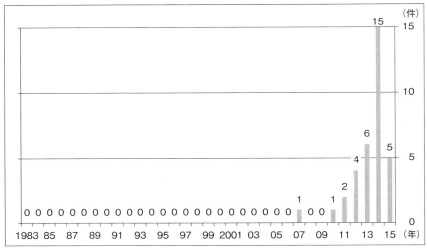

※ 公表ベース（但し，最終的に破談になった取引は除くが，未完了の取引を含む）。

設けられたのは，税負担についての考慮を主たる理由とするものではないと一般に指摘されている。従って，これらの事例は，企業規模の相対的に大きな米国等の高税率国に所在する企業が，相対的軽課税国に所在する自らと比較して小規模な競合企業を買収することによって行われる企業結合型インバージョンの典型的な事例とは異なるものと考えられる。

なお，この他に，規模が概ね拮抗する多国籍企業同士が国境を越えた国際的な経営統合を行うに際して，統合後の統括会社を両社のそれぞれの本拠地国以外の第三国に設ける例がある。例えば，① 2013 年に公表され，最終的に破談となった東京エレクトロンと米国の Applied Materials, Inc. との国際経営統合の事案では，統括会社（本社）は第三国であるオランダに置かれるものとされていたし，② 2011 年に公表され，最終的に破談となった，ドイツのドイツ証券取引所と米国の NYSE ユーロネクストとの国際的な経営統合の事案では，統括会社（本社）はオランダに設立される予定とされていた。また，③ 2013

---

11) 前掲（注6）参照。

年に公表され，最終的に破談となった，米国の広告代理店大手 Omnicom Group Inc. とフランスの同業大手 Publicis Groupe SA との国際経営統合の事案では，統括会社（本社）はオランダに設立される予定とされており，④2014年に公表された，イタリアの自動車大手 Fiat S.p.A. と米国の同業大手 Chrysler Group LLC との国際経営統合では，統括会社（本社）である Fiat Chrysler Automobiles NV はオランダに設立され，税務上の本拠地は英国に置かれる旨公表されている。

　これらの事例では，統括会社（本社）は確かに経営統合の両当事会社の本拠地国よりも法人実効税率が相対的に低い国（オランダないし英国）に設けられることとされていたが，「対等統合」であることを内外に示すために第三国に統括会社を置くことが必要であったという側面も大きかったのではないかと考えられ，その意味で，やはり企業結合型インバージョンの典型的な事例とはやや異なるものと考えられよう。

　因みに，米国企業による企業結合型インバージョンのインバージョン先としては，英国，アイルランド及びカナダが目立つが，これは，これらの諸国では，外国子会社配当益金不算入制度等により，内国法人の法人所得課税について実質的に領土内所得課税方式（国外源泉所得非課税方式）が採用されており，しかも，法人実効税率も世界的に見てかなり低い[12]ためであると考えられる。

---

12)　英国は，2010年に，法人税率（英国では法人税率＝法人実効税率である）をそれまでの28％から2014年までに24％にまで段階的に引き下げる法人税制改革案を打ち出すと共に，外国子会社配当益金不算入制度を導入する財政法（同法の成立は2009年）を施行し，これによりその後英国をインバージョン先とする企業結合型インバージョンが急増した。英国は，その後2011年4月から26％，12年4月から24％，13年4月から23％，14年4月から21％，15年4月から20％，17年4月から19％にまで法人税率を段階的に引き下げ，2020年4月からは18％（但し，英国歳入関税庁（HM Revenue & Customs）は，2016年3月16日，法人税率を，2020年4月から，更に17％にまで引き下げる旨を公表している）にまで引き下げる予定である。なお，OECDによれば，2017年4月現在で，アイルランドの法人実効税率は12.5％，カナダの法人実効税率は26.7％である。

Ⅲ 2014 年規制[13]

1 概　　要

　米国のインバージョン対策税制の大きな柱の1つは，2004 年 10 月 22 日に成立した American Jobs Creation Act（アメリカ雇用創出法）によって導入された内国歳入法典 7874 条所定の「80% インバージョン」対処規定（同条(b)）と「60% インバージョン」対処規定（同条(a)）である[14]。前者は，インバージョンの結果としてその後にアーニングス・ストリッピング（earnings stripping）によって米国内から流出する課税所得を「事後的に」捕捉するための規定であって，当該インバージョンによってグローバル本社となった相対的軽課税国所在の外国法人（以下「外国新本社」[15] という）を，内国歳入法典の適用上，米国の内国法人と看做して，米国による全世界所得課税に服せしめるというものである。これに対して，後者は，インバージョンの際に，米国内に存している資産の含み益が非課税のまま外国に流出することを防止するために，インバージョンを行う米国法人（以下「米国旧本社」という）のレベルで，組織再編税制の下における課税繰延措置の適用を否定して，当該含み益に対して課税するというものである。この「80% インバージョン」ないし「60% インバージョン」

---

13)　Ⅲの説明については，Davis Polk & Wardwell 法律事務所による 2014 年 9 月 23 日付けの「Treasury Issues Long-Awaited Anti-Inversion Guidance」と題する News Letter 及び Sullivan & Cromwell 法律事務所による同日付け「Anti-Inversion Notice Issued」と題する News Letter を参照している。なお，この 2014 年規制に関する邦語による解説としては，短いものであるが，野本誠「2014 年 9 月米国税務最新動向」国際税務 34 巻 11 号（2014 年）8〜9 頁がある。

14)　米国では，(2)で後述するとおり，この他に，インバージョンの際に，米国旧本社の発行株式の含み益という形で化体されている米国内資産の含み益が，非課税のまま外国新本社の株式に転換されて，米国の課税権が及ばなくなることを防止するために，インバージョンを行う米国旧本社の株主のレベルで課税を行う規定（内国歳入法典 367 条(a)の下で財務省規則によってインバージョンに対応できるように強化された，いわゆる Toll Charge 規定）が存在する。この Toll Charge 規定の詳細については，岡村忠生＝岩谷博紀「国外移転に対する実現アプローチと管轄アプローチ——インバージョン（inversion）取引を中心に」岡村忠生編『新しい法人税法』（有斐閣，2007 年）293〜300 頁参照。

15)　Top Hat と呼ばれることがある。

対処規定が適用されるか否かは、①計画的又は一連の取引（インバージョン取引）によって、インバージョンを行う米国旧本社の資産のほぼ全てを直接又は間接に取得する外国法人（外国新本社）の総株主の議決権又は発行済株式総数の株式価値を当該米国旧本社の株主であった者（以下「米国旧本社株主」という）が保有するに至る割合（以下、便宜的に「米国旧本社株主継続保有割合」という）が80％以上となるか又は60％以上となるか、及び②当該外国新本社がその設立準拠法国で「実質的事業活動（substantial business activities）」を行っているか否か（以下、この②のテストを「実質的事業活動テスト」という）[16]によって決せられる。

即ち、インバージョン取引の結果としてグローバル本社となる外国新本社が実質的事業活動を行っていない場合であることを前提に、当該外国新本社の米国旧本社株主継続保有割合が80％以上となるときには「80％インバージョン」対処規定[17]が、当該割合が60％以上80％未満となるときには「60％インバージョン」対処規定[18]が、それぞれ適用される。そして、実質的事業活動テストに抵触するか否かに関しては、大要、問題となる外国新本社の設立準拠法国に、同社の従業員及び資産の少なくとも25％以上が所在しており、且つ、同社の所得の少なくとも25％以上が当該国に由来していなければ、当該国において実質的事業活動を行っているものとはされない（規則1.7874-3T条(b)参照）、とされている[19]。

以上を前提として、米国財務省及びIRSは、2014年9月22日、インバージョンのメリットを減少させ、かかる取引を可能な限り抑止することを目的として、2014年IRS告示を発出し、同日以降に「完了」するインバージョン取引のうち、上記の「60％インバージョン」に該当するもの（大雑把にいって、イ

---

16) 内国歳入法典7874条(a)(2)(B)(iii)参照。

17) このような法人（米国旧本社）が登場することとなるインバージョンは、一般に「80％インバージョン」と呼ばれており、当該法人は「80％インバージョン法人」と呼ばれている。

18) このような法人（米国旧本社）が登場することとなるインバージョンは、一般に「60％インバージョン」と呼ばれており、当該法人は「60％インバージョン法人」と呼ばれている。

19) 以上の詳細につき、岡村＝岩谷・前掲（注14）306〜307頁参照。

ンバージョン後における米国旧本社株主継続保有割合が 80％未満であるため，80％イン
バージョン取引には該当しないものの，当該割合が 60％以上に達していて，且つ，イン
バージョン後に成立する外国新本社の一定期間におけるその所在地国における従業員，
資産及び所得の割合が全体の 25％未満である場合）について[20]，各種の新たな規制
を適用する旨を発表した。なお，2014 年 IRS 告示では，それによって公表さ
れた新たな規制については，内国歳入法典 304 条(b)(5)(B)，367 条，956 条(e)，
7701 条(1)及び 7874 条に基づき，同日以降の行為に適用される新たな規則が今
後制定されるものとされていたが，後述のとおり（IV2），2016 年 4 月 4 日に，
暫定規則 1.7701(1)-4T 条，同 1.367(b)-4T 条，同 1.304-7T 条，同 1.7874-7T
条，同 1.7874-10T 条，同 1.7874-6T 条等が制定されている。

　2014 年 IRS 告示において，米国財務省及び IRS は，主として，①インバー
ジョン後の外国新本社が，米国旧本社の傘下にあった外国被支配会社（Con-
trolled Foreign Corporation：以下「CFC」という）のキャッシュや事業に対して税
負担を負うことなくアクセスすることを制限する，②内国歳入法典 7874 条に
基づく既存のインバージョン規制を強化し，インバージョン後の外国新本社を
従前よりも広い範囲で課税上米国の内国法人として取り扱う，という 2 つのア
プローチで規則を改正し，インバージョンに対抗するとした。

(1) CFC が保有するキャッシュへのアクセス制限によるインバージョンの コスト増大化

　前述したとおり，2014 年規制においては，2014 年 9 月 22 日以降に完了した
インバージョン取引のうち，60％インバージョンに該当するもの（以下，(1)に
おいて，そのようなインバージョン取引を「対象インバージョン取引」という）につい
て，以下の取扱いが適用されることとなった。

　第一に，従来は，米国親会社が CFC からの配当を受領した場合に生じる米
国での法人所得課税を回避するために，それら CFC が当該米国親会社やその
米国内における関連会社に対して貸付けを行ったり，エクイティ出資を行った
場合には，それらの貸付け又は出資は，米国連邦所得税の課税との関係では，

---

[20]　80％インバージョン法人は，上記のとおり，内国歳入法典上，米国法人として取り扱わ
　　れるため，2014 年規制の対象とはならない。

当該CFCから当該米国親会社への「配当」と看做されて当該米国親会社において課税される[21]（内国歳入法典956条）一方で，インバージョン後に，それらCFCから外国新本社やその外国関連会社への貸付けやエクイティ出資があっても，当該CFCから米国旧本社への「配当」と看做されて課税されることはないとされていた。そのため，インバージョンがなされた場合，外国新本社は，米国旧本社傘下のCFCをして，それらCFCに留保されている利益を外国新本社やその外国関連会社に対する貸付け（「hopscotchローン」と呼ばれる）やエクイティ出資に充てさせる（以下，hopscotchローンと当該エクイティ出資とを併せて「hopscotchローン等」という）ことによって，当該留保利益にアクセスすること（「Hopscotching」と呼ばれる）が可能であった。しかしながら，2014年規制の下では，対象インバージョン取引から10年以内になされた米国旧本社傘下のCFCからのhopscotchローン等は，米国旧本社に対するみなし配当を構成するものとされ，外国新本社が，当該CFCに蓄積されてきた留保利益に対して米国で課税を受けることなしにアクセスすることはできなくなった（最終的に，2016年4月4日に，内国歳入法典956条の下で，その旨を定めた暫定規則1.956-2T条が制定された）。

　第二に，従来は，米国旧本社の傘下にあったCFCの株式等を，インバージョンによって米国旧本社を傘下に収めた外国新本社が（米国旧本社からの譲受けや当該CFCによる新株発行の引受け等によって）取得することで，それらCFCに対する米国旧本社の支配を失わせ，それによって，インバージョン前にそれらCFCに留保されていた利益に対して米国のCFC税制[22]に基づく課税が及ばないようにすること（いわゆる「CFC支配権喪失戦略[23]」）が可能であったが，その途が実質的に塞がれることになった。具体的には，2014年規制の下では，対象インバージョン取引から10年以内に米国旧本社傘下のCFCの株式等が外国新本社やその外国関連会社に譲渡又は発行され，当該外国新本社等の持株

---

21)　テクニカルには，それらは「米国資産への投資」と看做され，その結果，当該CFCの米国株主は，それらの「米国資産への投資」額について，その株式保有割合に応じて配当を受領したものと看做されて，課税を受けるものとされている。

22)　わが国のタックス・ヘイブン対策税制（外国子会社合算課税制度。以下「TH税制」という）に相当する税制。

23)　一般に，CFC de-controlling strategyと呼ばれる。

割合が 50% 超となった場合（米国旧本社の支配が失われた場合）には，原則として，当該譲渡等の対価は，まず，①外国新本社等から米国旧本社に対して，（当該 CFC の株式等の代わりに）米国旧本社が発行したと看做される出資持分（instrument）と引換えに交付したものと看做され（一種のみなし現物出資），更に，②米国旧本社からその CFC に対して出資された（その結果，米国旧本社は当該 CFC の株式等を保有し，外国新本社等は上記の米国旧本社の出資持分を保有していることになる）ものと「永久に」看做される（つまり，外国新本社等と米国旧本社との間における当該 CFC の株式等の譲渡等に係る取引は，当該譲渡等の対価を以てする外国新本社等から米国旧本社を経由した当該 CFC への出資取引と再構成される[24]）こととなった。これにより，当該 CFC が外国新本社等に分配を行った場合には，それは，米国連邦所得税の課税との関係では，一旦，米国旧本社に受領され（これにより，米国連邦所得税が課される），然る後に外国新本社等に対して分配されたと看做される（これにより，米国で配当に係る源泉税が課される）こととなる。また，仮に，当該 CFC が分配を行わない場合でも，米国の CFC 税制が適用される場合には，当該 CFC の留保利益につき米国旧本社が課税を受けることとなった（最終的に，2016 年 4 月 4 日に，内国歳入法典 7701 条(1)の下で，その旨を定めた暫定規則 1.7701(1)-4T 条が制定された）。

　なお，2014 年規制の下では，インバージョン後に米国旧本社がその傘下の CFC に対する支配を喪失しない場合でも，米国居住株主の持株割合が 10% 超減少するような取引がなされたときには，それがたとえ米国の組織再編税制の下で課税繰延べの対象となるような取引である場合（例えば，米国旧本社が当該 CFC の株式を他の外国会社の株式と交換する取引のうち一定のもの）であっても，当該取引は米国で課税対象となるものとされている。言い換えれば，米国旧本社等が米国の組織再編税制上課税繰延べの対象となるような組織再編（内国歳入法典 351 条・368 条(a)(1)参照）を通じてその傘下の CFC 等の株式等を他の外国会社の株式と交換した場合に，それによる当該 CFC 等に対する米国居住株主の持株割合の減少が 10% 超であれば，（当該 CFC 等に対するインバージョン後の外国新本社等の持株割合が 50% 以下にとどまるために上記の「CFC 支配権喪失戦略」に対

---

24)　いわゆる recharacterize である。

34

2 企業結合型インバージョンと米国新インバージョン規制

する対処規定の適用はトリガーしないときであっても，）当該株式等の交換について
は課税繰延べが否定されることとなった（Stock Dilution Rule。最終的に，2016 年
4 月 4 日に，内国歳入法典 367 条(b)の下で，暫定規則 1.367(b)-4T 条が制定された）。

　第三に，現行法の下では，外国新本社が，米国旧本社の株式を，（米国旧本社
傘下の）外国完全子会社である CFC に対して当該完全子会社が保有する財産
又は現金と交換することにより，内国歳入法典 304 条(a)(2)[25]の下で，同 304
条(b)(5)(B)所定の限定規制（304(b)(5)(B) limitation とも呼ばれる）[26]の適用範囲を限
定的に解釈し，一定の条件の下で，米国で課税を受けることなく，外国新本社
が当該完全子会社に蓄積された留保利益を回収することができるとされていた
（テクニカルには，上記の米国旧本社株式売却取引を通じて，当該 CFC に蓄積された税

---

25)　内国歳入法典 304 条（関連法人を通じた償還）による規制の概要については，渡辺徹也
　『企業取引と租税回避』（中央経済社，2002 年）235〜238 頁参照。同条は，基本的には，
　共通支配下の法人間における株式の取得（典型的には，子会社による，その親会社株式の
　祖父会社からの取得。以下，株式を取得する法人を「株式取得法人」，当該取得対象の株
　式を発行している法人を「株式発行法人」，株式発行法人の株式を譲渡する者を「株式譲
　渡者」と，それぞれ称する）を，「株式譲渡者が株式発行法人の株式を株式取得法人の株
　式と交換した上で，株式取得法人が自らの発行株式を償還する取引」であると recharac-
　terize し，それによってみなし配当が生じるとするものであり，その場合に（同 304 条(a)
　(2)に基づき）当該株式取得法人から支払われると看做されるみなし配当の額は，第一次的
　には当該株式取得法人の税務上の配当可能利益（earnings and profits）によって定まり，
　第二次的には当該株式発行法人の税務上の配当可能利益によって定まるものとしている
　（同 304 条(b)(2)参照）。従って，例えば，本文のような場合には，同 304 条(a)(2)に基づき，
　外国完全子会社である CFC から（米国旧本社を経由して）外国新本社に対して支払われ
　るものと看做されるみなし配当の額は，第一次的には株式取得法人である当該完全子会社
　の税務上の配当可能利益の範囲，第二次的には当該株式発行法人である当該米国旧本社の
　税務上の配当可能利益の範囲によって定まることとなる。
26)　2010 年に導入された内国歳入法典 304 条(b)(5)(B)は，前掲（注 25）の株式取得法人が外
　国法人である場合において，当該みなし株式償還によって当該株式取得法人から支払われ
　ると看做されるみなし配当額の 50％超が，米国で課税されないか，又は米国の CFC 税制
　上，CFC の留保所得にも含まれないときは，当該株式取得法人の税務上の配当可能利益
　（earnings and profits）の額は同 304 条(b)(2)(A)の下で考慮されず，同 304 条(a)との関係で
　同 304 条(b)(2)(A)は適用されない（つまり，当該株式取得法人の税務上の配当可能利益は
　みなし配当の原資とならない）旨を定めている。以上につき，Latham & Watkins 法律事
　務所による 2016 年 4 月 21 日付けの「Treasury Issues Stringent Inversion Regulations,
　Proposes Far-Reaching Related-Party Debt Rules」と題する Client Alert（通巻 1956 号）
　（《https://www.lw.com/thoughtLeadership/treasury-issues-stringent-inversion-regula
　tions》にて閲覧可能）13 頁参照。

務上の配当可能利益〔earnings and profits〕の額が内国歳入法典 304 条所定のみなし配当の支払いによって減少したと看做すことで，かかる結果が達成できるものとされていた)[27]が，2014 年規制の下で，このようなテクニック（米国旧本社株式売却スキーム）を用いても，米国における課税は免れないものとされた[28]（最終的に，2016 年 4 月 4 日に，内国歳入法典 304 条(b)(5)(c)の下で，その旨を定めた暫定規則 1.304-7T 条が制定された）。なお，この部分は，インバージョンと無関係になされる，米

---

27) 2014 年規制の導入前は，内国歳入法典 304 条(b)(5)(B)は適用されないと解釈できるときは，外国新本社は，米国旧本社の株式を，（米国旧本社傘下の）CFC に対して当該 CFC が保有する財産又は現金と交換することにより，米国で課税を受けることなく，外国新本社が当該 CFC に蓄積された留保利益を回収することができるものとされていた。しかしながら，課税当局側では，内国歳入法典 304 条(b)(5)(B)の適用を考慮しない場合に，上記のみなし株式償還によって当該 CFC から支払われると看做されるみなし配当額の 50％超が米国旧本社に由来するものであるときに，米国が締結している租税条約の規定等によって，当該みなし配当につき米国で課税されず，源泉徴収もなされないような場合であっても，納税者が，同 304 条(b)(5)(B)は適用されないと主張することにより，結果として，当該 CFC の税務上の配当可能利益（earnings and profits）が，米国の課税に服することなく外国新本社に分配できることになる（具体的には，当該米国旧本社株式の売却取引は，当該 CFC から当該外国新本社に対して直接配当が支払われる取引と recharacterize され，当該 CFC の税務上の配当可能利益はその分，米国で課税を受けることなく減少するものと主張できる）のは問題ではないかと考えられていた。以上につき，Latham & Watkins 法律事務所・前掲（注 26）13 頁参照。

28) 具体的には，前掲（注 27）で述べた課税当局側の問題意識に基づき，2014 年規制では，内国歳入法典 304 条(b)(5)(B)との関係では，「当該みなし株式償還によって当該株式取得法人から支払われると看做されるみなし配当額の 50％超が，米国で課税されないか，又は米国の CFC 税制上，CFC の留保所得にも含まれない」か否かは，当該株式取得法人の税務上の配当可能利益（earnings and profits）のみを考慮して決せられるべきものとされた。つまり，インバージョン取引の文脈でいえば，内国歳入法典 304 条(b)(5)(B)との関係で，米国旧本社の株式を保有する外国新本社による，当該米国旧本社傘下の CFC に対する当該米国旧本社株式の売却取引によって当該 CFC から支払われると看做される「みなし配当額の 50％超が，米国で課税されないか，又は米国の CFC 税制上，CFC の留保所得にも含まれない」か否か（つまり，同 304 条(b)(5)(B)が適用されるか否か）は，当該 CFC 自体の税務上の配当可能利益のみを考慮して決せられるべきものとされ，当該米国旧本社の税務上の配当可能利益は考慮されないものとされた。そして，内国歳入法典 304 条(b)(5)(B)が適用されれば，本文のような場合には，同 304 条(a)(2)に基づき，米国旧本社傘下の CFC から外国新本社に対して支払われるものと看做されるみなし配当の額は，（株式取得法人である当該 CFC の税務上の配当可能利益はみなし配当の原資とならないため，）株式発行法人である当該米国旧本社の税務上の配当可能利益の範囲によって定まることとなる。以上につき，Latham & Watkins 法律事務所・前掲（注 26）13 頁参照。

36

国会社を支配する外国会社による，当該米国会社傘下の CFC に対する当該米国会社株式の売却取引一般にも適用されるものとされている。

(2) 60％・80％インバージョン対処規定及び Toll Charge 規定の適用範囲の拡充

前述のとおり，米国ではいわゆる① 60％インバージョン対処規定（内国歳入法典 7874 条(a)）及び② 80％インバージョン対処規定（同条(b)）が設けられているが，前者は，主として，インバージョンの際に，米国内に存している資産の含み益が非課税のまま外国に流出することを防止するために，インバージョンを行う米国旧本社のレベルで，組織再編税制の下における課税繰延措置の適用を否定して当該含み益に課税するものであり，平成 19 年度税制改正によってわが国に導入された「適格合併等の範囲等に関する特例」（租特法 68 条の 2 の 3 第 1 項，租特法施行令 39 条の 34 の 3 第 1 項[29]など）に対応するものである。他方，後者は，インバージョンの結果として，その後にアーニングス・ストリッピングによって米国内から流出する課税所得を「事後的に」捕捉するための制度であって，平成 19 年度税制改正によってわが国に導入された「インバージョン対策合算税制」（租特法 40 条の 7 以下，66 条の 9 の 2 第 1 項以下，68 条の 93 の 2 以下）に対応するものである。更に，米国では，この他に，③インバージョンの際に，米国旧本社の発行株式の含み益という形で化体されている米国国内資産の含み益が，非課税のまま外国新本社の株式に転換されて，米国の課税権が及ばなくなることを防止するために，インバージョンを行う米国旧本社の株主のレベルで課税を行う規定（内国歳入法典 367 条(a)の下で財務省規則によってインバージョンに対応できるように強化された，いわゆる Toll Charge 規定[30]）があり，これは平成 19 年度税制改正によってわが国に導入された「特定の合併等が行われた場合の株主等の課税の特例」（租特法 37 条の 14 の 4，68 条の 3，68 条の 109 の 2）に対応するものといえる。2014 年規制では，これらの規定の適用範囲が，以下のとおり拡充された。

---

29) 以下，租税特別措置法（以下「租特法」という）及び同法施行令（以下「租特法施行令」という）の条文番号は，平成 19 年度税制改正当時の条文番号ではなく，現行法令の条文番号に従って引用している。

30) 前掲（注 14）参照。

第一に，上記の60％インバージョン対処規定ないし80％インバージョン対処規定のいずれが適用されるか（あるいはいずれも適用されないか）は，インバージョン後において，米国旧本社株主継続保有割合が60％以上となるか，あるいは80％以上となるかによって定まっているが，従前から，インバージョンの際に外国新本社が発行する株式数を「水増し」して（外国新本社の規模を「水増し」して）この割合を人為的に引き下げること（特に，外国新本社に，日々の経営には不要なキャッシュや投資有価証券等のpassive assetを保有させることで，その規模を「水増し」する戦略は，「cash box strategy」と呼ばれている）を防止するため，インバージョンに関連してなされた新規上場の際に発行された一定の株式等は，米国旧本社株主継続保有割合の計算から除外されており，また，外国新本社がpassive assetと引換えに私募等により発行した株式等についても，同様に米国旧本社株主継続保有割合の計算から除外されていた（anti-cash box rule[31]）[32]。然るところ，2014年規制では，上記の規制が更に強化され，インバージョン完了後における外国新本社を含む「拡張連結グループ（EAG）[33]」の資産の50％以上がpassive asset（大雑把にいうと，現金及び市場性のある有価証券等）で構成されている場合には，当該外国新本社の株式等のうち，当該グループの総資産価値に占めるpassive assetの割合（外国新本社グループ非適格財産割合[34]）に対応する分は，米国旧本社株主継続保有割合の計算から除外されるものとされている。但し，当該外国法人グループが銀行その他一定の金融機関である場合には，この特例の適用対象外とされている。なお，以上については，2016年4月4日に，最終的に，内国歳入法典7478条の下で，後述する2015年規制による一部修正を含めて，暫定規則1.7874-7T条が制定された。

　第二に，従来，上記の米国旧本社株主継続保有割合を人為的に（80％を割り

---

31)　anti-stuffing ruleとも呼ばれている。インバージョンの際に外国新本社が発行する株式を「水増し」して（外国新本社の規模を「水増し」して）米国旧本社株主継続保有割合を人為的に引き下げることを防止するための規制である。

32)　2014年1月16日付けで施行された暫定規則1.7874-4T条参照。

33)　「expanded affiliated group」の訳語。詳細については，岡村＝岩谷・前掲（注14）307頁脚注51参照。

34)　「the foreign group nonqualified property fraction」（暫定規則1.7874-7T条(f)(3)参照）の訳語。

込むように）引き下げ，また，インバージョンに際して米国旧本社の規模が外国新本社の規模よりも大きい場合に当該米国旧本社の株主に通常課される内国歳入法典367条(a)(1)に基づく課税を回避することを目的として，米国旧本社の規模を人為的に「縮小」させるために，インバージョンを行おうとする米国旧本社が事前に株主分配を実施すること（「スキニーダウン配当」と呼ばれる）がしばしばなされていたところであるが，2014年規制の下では，このような取引に対する対策が講じられた。具体的には，インバージョンを行った米国旧本社が当該取引によって外国新本社に「取得」された日から遡って36か月間の期間における「非通例的な分配」については，内国歳入法典7874条の適用を回避するための取引と看做され，同条の適用との関係ではなかったものと取り扱われるものとされている。この「非通例的な分配」は，当該米国旧本社がある事業年度において行った分配額の合計が，当該事業年度の直前の36か月間に行った株主に対する分配の1年当たり平均額の110％を上回る場合における，当該超過分の分配と定義されている。因みに，この「分配」には，自社株買いや内国歳入法典355条に基づくスピン・オフその他によるものが含まれるとされているほか，米国旧本社が負担した額を原資として，その株主に対して外国新本社が行った現金によるインバージョン対価の支払いも含まれるとされている。なお，最終的に，以上については，後述する2015年規制により導入された *de minimis* rule を含めて，2016年4月4日に，暫定規則1.7874-10T条が制定された。

　また，以上とは別に，上記の60％インバージョン対処規定ないし80％インバージョン対処規定における60％基準を満たすか80％基準を満たすかとは関係なく，2014年規制により，「スキニーダウン配当」を用いて内国歳入法典367条(a)(1)の Toll Charge 規定の適用を回避し，外国新本社による米国旧本社の買収を米国旧本社の株主にとって課税繰延取引に該当させる行為を抑止するために，1994年の Helen of Troy の英領バミューダへのインバージョン[35]を

---

35)　この事例で Helen of Troy は，英領バミューダに新規に設立した，CFC に該当しない，米国の連邦所得税との関係で税務上の配当可能利益（earnings and profits）を有しない会社が，既存の Helen of Troy の株主から株式公開買付け（以下「TOB」という）を用いて同社の株式を取得して同社を子会社化する方法により，McDermott のインバージョ

受けて制定された規則 1.367 (a)-3 (c) が一部修正され，内国歳入法典 367 条(a)
に基づく米国旧本社の株主レベルにおける課税を免れるための 5 つの要件のう
ち，いわゆる「substantiality test」[36] との関係では，米国旧本社による非通例
的分配は無視されることとなった。なお，最終的に，以上については，2016
年 4 月 4 日に，規則 1.367-3 条(c)(3)(iii) に新たに暫定規則 1.367-3T 条(c)(3)(iii)(c)
等が追加された。

　第三に，従来は，一定の状況下において，米国旧本社がその傘下の米国子会
社の株式その他の資産を新たに設立される外国子会社に現物出資し，当該外国
子会社（これがインバージョン後における外国新本社となる）株式を米国旧本社の
株主に対してスピン・オフにより分配する取引（「スピンバージョン取引」と呼ば
れる）を行うことで，当該米国旧本社は，「グループ内リストラクチャリング
の例外」による内国歳入法典 7874 条の適用除外の恩恵を受けることができた
ところであるが，2014 年規制の下では，この適用除外は受けられなくなるも
のとされた。具体的には，従来は，インバージョンの当事者である外国新本社
の株式が，当該外国新本社を含む「拡張連結グループ」のメンバーによって保
有されている場合には，当該株式は米国旧本社株主継続保有割合の計算に際し
て除外されていたが，2014 年規制により，上記のスピンバージョン取引によっ
てスピン・オフされた米国旧本社の外国子会社（つまり，外国新本社）の株式は，
上記の「拡張連結グループ」のメンバーによって保有されているものとは取り
扱われず，米国旧本社株主継続保有割合の計算に際して，その分母からも分子
からも除外されないこととなった。なお，最終的に，以上については，2016
年 4 月 4 日に，暫定規則 1.7874-6T 条が制定された。

(3) 適用時期及び今後の取組み

　2014 年規制は，基本的に，2014 年 9 月 22 日以前に契約締結がなされたイン
バージョン取引であったとしても，同日以降に「完了」する（クロージングを迎

　　ンを受けて制定された内国歳入法典 1248 条(i) の適用を回避しつつ，インバージョンを実
　　行した。*See* Cathy Hwang, *The New Corporate Migration: Tax Diversion Through In-*
　　version, 80-3 Brooklyn Law Review（2015）at 807, 824-26.

36)　このテストは，大雑把にいえば，米国旧本社の公正市場価値は，外国新本社のそれ以下
　　でなければならないとするものである。

える）ものである限り，適用されるものとされた。但し，前記(1)で述べた hop-scotch ローン等への対応規定と CFC 支配権喪失戦略への対応規定は，2014 年 9 月 22 日以降にインバージョン取引が「完了」し，それら各規定が対象としている hopscotch ローン等その他の取引の実行も同日以降である場合に限って適用されるものとされた。

なお，2014 年 IRS 告示では，米国財務省及び IRS は，アーニングス・ストリッピング（特にインターカンパニー・ローン等によるもの）その他による海外への利益移転による米国の課税ベースの浸食ないし課税逃れの防止に関する新たなガイダンスの発出を検討しており，当該ガイダンスの適用範囲に関するコメントを一般から受け付けるとされていたが，最終的に，2016 年 4 月 4 日，米国財務省と IRS は，内国歳入法典 385 条の下で，アーニングス・ストリッピングなどの関連会社間の借入れや債券を用いた取引による課税逃れを防止するための広汎な規則案[37]（具体的には，規則案 1.385-2 条及び 1.385-3 条）を公表するに至った（なお，規則案は，クロスボーダー取引だけでなく，同一の連結納税グループに属しない米国法人同士の取引についても適用されるものとされている）。もっとも，紙幅の関係上，当該規則案についての詳細な検討は別稿に譲ることとしたい。

2 2014 年規制導入後におけるインバージョンの動向

2014 年規制が導入されたことにより，米国の多国籍企業がインバージョン取引を実行することないしインバージョンによるメリットを享受することは相当困難になった。実際，例えば，前記 II 2 で挙げた 2014 年に米国企業が公表したインバージョン取引のうち，②の同年 7 月 18 日に合意されていた米国のバイオ医薬品大手の AbbVie Inc. によるアイルランドの同業大手 Shire plc の買収は，同年 10 月 20 日，白紙撤回に追い込まれるなど，同規制が導入された同年 9 月 22 日から 10 月 20 日までの約 1 か月間で，進行中のインバージョン取引 8 件のうち 3 件が白紙撤回されるに至ったと報じられている[38]。

---

37) 「Proposed Regulation」の訳語。
38) 以上，Bloomberg による 2014 年 10 月 21 日付け「米アッヴィ，シャイアー買収合意を破棄——米国の税制変更で」と題する記事（《http://www.bloomberg.co.jp/news/123-NDRO8L6KLVRL01.html》にて閲覧可能）参照。また，Bloomberg による同年 10 月 14

しかしながら，2014 年規制の適用要件は，前述のとおり，比較的限定的で
あるため，例えば，前記Ⅱ2で挙げた，2014 年に公表された米国企業によるイ
ンバージョン取引のうち，④の米国の医療機器大手 Medtronic, Inc. によるア
イルランドの同業大手 Covidien plc の買収，⑥の米国のハンバーガーチェー
ン大手 Burger King Worldwide, Inc. によるカナダのドーナツチェーン大手
Tim Hortons Inc. の買収など，当該要件に該当しないインバージョン取引は，
2014 年 IRS 告示の公表後も撤回されることなく，そのまま完了している。

Ⅳ　2015 年規制[39]

1　IRS Notice 2015-79

　2014 年 IRS 告示の公表後，米国企業による企業結合型インバージョンは大
きく減少したものの，なおも，①アイルランドの製薬大手である Endo Inter-
national plc と米国のバイオ医薬品大手である Auxilium Pharmaceuticals Inc.
との経営統合（2014 年 10 月 9 日公表[40]。インバージョン先はアイルランド），②米
国の医療用消毒製品大手の Steris Corporation と英国の同業大手である Syner-
gy Health plc との経営統合（2014 年 10 月 13 日公表[41]。インバージョン先は英国），
③米国の医療機器大手である Wright Medical Group, Inc. によるオランダの同
業大手である Tornier N.V. との経営統合（2014 年 10 月 7 日公表[42]。インバージョ

日付け「Tax-Lowering Deals Keep Coming as Steris Unfazed」と題する記事（《http://
www.bloomberg.com/news/2014-10-13/latest-tax-inversion-shows-appeal-of-address-out
side-u-s-.html》にて閲覧可能）では，2014 年規制の公表後も，同日現在で 8 件のインバー
ジョンが進行中であり，同日までに完了済みの米国におけるインバージョンは，1982 年
以来，累計で 45 件であると報じられている。

39)　Ⅳの説明については，Sullivan & Cromwell 法律事務所による 2015 年 11 月 20 日付け
「Anti-Inversion Notice Issued」と題する News Letter 及び Kirkland & Ellis 法律事務所
による 2015 年 11 月付け「U.S. Treasury and Internal Revenue Service Issue New An-
ti-Inversion Guidance」と題する News Letter を参照している。

40)　2015 年 1 月 29 日付けで経営統合は完了している。この経営統合の経緯と詳細については
《http://www.law360.com/articles/585860/auxilium-scraps-inversion-plan-in-favor-of-2-6b-
endo-offer》及び《http://www.prnewswire.com/news-releases/endo-completes-acquisition-
of-auxilium-pharmaceuticals-300028144.html》参照。

41)　2015 年 4 月 11 日付けで経営統合は完了している。

ン先はオランダ），④カナダの製薬大手である Valeant Pharmaceuticals Inter-
national, Inc. と米国の同業大手である Salix Pharmaceuticals Ltd. との経営統
合（2015 年 2 月 23 日公表43)。インバージョン先はカナダ），⑤米国の医療機器大手
である Cyberonics, Inc. とイタリアの同業大手である Sorin S.p.A. との経営統
合（2015 年 2 月 26 日公表44)。インバージョン先は英国），⑥米国のブロードバン
ド・ケーブル TV 用機器大手の ARRIS Group, Inc. による英国の同業大手
Pace plc との経営統合（2015 年 4 月 22 日公表45)。インバージョン先は英国），⑦シ
ンガポールの半導体製造装置メーカーである Avago Technologies Limited と
米国の半導体チップ・メーカーである Broadcom Corporation との経営統合
（2015 年 5 月 28 日公表46)。インバージョン先はシンガポール），並びに⑧米国のコ
カ・コーラのボトリング会社である Coca-Cola Enterprises, Inc., スペインの同
業である Coca-Cola Iberian Partners S.A. 及びドイツの同業である Coca-Cola
Erfrischungsgetränke AG の経営統合（2015 年 8 月 6 日公表。インバージョン先は
英国47)）といった大型の企業結合型インバージョンに係る合意の公表が相次い
だ。

　そこで，米国財務省及び IRS は，2015 年 11 月 19 日，新たに 2015 年 IRS 告
示を発出した。2015 年規制の柱は，第一に「80％インバージョン」規制及び

---

42)　2015 年 10 月 2 日付けで経営統合は完了している。
43)　2015 年 4 月 1 日付けで経営統合は完了している。
44)　2015 年 10 月 19 日付けで経営統合は完了しており，経営統合後のグローバル本社は英
　　国法人の LivaNova plc となっている。
45)　英国法人である ARRIS International plc が，英国法上のスキーム・オブ・アレンジメ
　　ントによって英国法人である Pace plc を買収し，併せて，米国における逆三角合併に
　　よって米国法人である ARRIS Group, Inc. を買収することで，2016 年 1 月 4 日付けで経
　　営統合は完了している。
46)　シンガポール法人である Broadcom Limited が，シンガポール法上のスキーム・オブ・
　　アレンジメントによって Avago Technologies Limited を買収し，併せて，米国における
　　逆三角合併によって Broadcom Corporation を買収することで，2016 年 2 月 1 日付けで経
　　営統合は完了している。
47)　上記 3 社の経営統合により，それら 3 社の事業は英国法人である Coca-Cola European
　　Partners plc の下に統合された（詳細については，例えば，《http://www.coca-colacom
　　pany.com/press-center/press-releases/coca-cola-enterprises-coca-cola-iberian-part
　　ners-and-coca-cola-erfrischungsgetranke-ag-to-form-coca-cola-european-partners》参照）。
　　最終的に，2016 年 5 月 31 日付けで当該経営統合は完了している。

「60％インバージョン」規制の強化，第二にインバージョンによって得られる利益を削減する措置であるが，以下，それぞれについて規制の内容を概説する。

2 「80％インバージョン」規制及び「60％インバージョン」規制の強化

米国のインバージョン対策税制の大きな柱の１つは，前述したとおり，内国歳入法典7874条所定の「80％インバージョン」対処規定（同条(b)）と「60％インバージョン」対処規定（同条(a)）であるが，それらを前提として，2015年規制の第一の柱である「80％インバージョン」規制及び「60％インバージョン」規制の強化には，大雑把にいって，以下の３つの内容が盛り込まれた。

第一に，「80％インバージョン」対処規定の適用対象となるか否かについて，いわゆる「第三国ルール」が導入された（後記Ⅴ4も要参照）。これはごく簡単にいえば，次のような内容である。即ち，例えば，米国企業が英国等の相対的軽課税国の対象会社（経営統合の相手方当事者）を実質的に買収する方法により企業結合型インバージョンを行う場合，その過程で，インバージョンのために当該軽課税国に外国新本社を設けて，その傘下に，当該対象会社及び実質的買収者である当該米国企業（米国旧本社）が入るという手法がしばしば用いられる[48]が，この際，インバージョン後に外国新本社となる会社（統合持株会社となる会社）と当該対象会社とが異なる国等（例えば，英国とカナダ）の税務上の居住者である場合（税務上の居住地国が異なる場合）には，当該対象会社の株主に対して発行される当該外国新本社の株式は，以下の３つの要件，即ち，①当該外国新本社が，当該対象会社によって直接又は間接に保有されている財産の実質的にほぼ全てを取得すること，②インバージョン後に当該外国新本社が当該対象会社から取得する全ての財産の価値の総額が，インバージョン完了後に当該外国新本社が所有するに至る全ての「外国新本社グループ資産（foreign group property）」[49]の価値の総額の60％超であること，及び③この「第三国

---

[48]　なお，法人格の上では当該対象会社自体が外国新本社となる場合もある。

[49]　その定義は，2014年IRS告示のSection 2.01(b)参照。具体的には，大雑把にいって，インバージョン取引完了後における，外国新本社を含む「拡張連結グループ」によって保有されている全ての財産であって，①インバージョン取引によって取得される米国旧本社が当該取引時点で直接又は間接に保有する財産及び，②当該「拡張連結グループ」のメンバーの株式等やパートナーシップ持分等を除いたものを意味する。なお，「拡張連結グ

44

ルール」を適用せずに算定される米国旧本社株主継続保有割合が60％以上80％未満であること[50]が充足されている場合には，「60％インバージョン」ないし「80％インバージョン」への該当性を判断するための米国旧本社株主継続保有割合の判定から除外される（かかる計算の分母から除外される）ものとされた。これにより，外国新本社と対象会社の税務上の居住地国が異なる場合には，この「第三国ルール」を適用せずに算定される米国旧本社株式継続保有割合が60％未満となるような場合を除き，「80％インバージョン」への該当を免れることが困難となり，特に，米国企業がアイルランド企業やカナダ企業と英国に新設される統合持株会社の下で統合されるようなタイプの企業結合型インバージョンを行うことが難しくなった[51]。なお，以上については，2016年4月4日に，最終的に暫定規則1.7874-9T条が制定されたが，後記のV4で詳述するとおり，相対的軽課税国に所在する対象会社の旧株主に対して発行される外国新本社の株式が，「60％インバージョン」ないし「80％インバージョン」への該当性を判断するための米国旧本社株主継続保有割合の判定から除外されるための要件のうち，上記の「第三国ルール」の適用要件が修正されている。

　第二に，内国歳入法典7874条所定の「80％インバージョン」対処規定及び「60％インバージョン」対処規定が定める「実質的事業活動テスト」との関係で，インバージョンの際に新たに設立される外国新本社の税務上の居住地が，その設立準拠法国と異なる場合には，実質的事業活動を行っているとはされないこととされた。これにより，例えば，設立準拠法を英国会社法としつつ，税務上の居住地はアイルランドや英領バミューダ諸島にするような外国新本社を設立するインバージョンの場合，前述した米国旧本社株主継続保有割合の基準にヒットすれば，自動的に「80％インバージョン」対処規定ないし「60％インバージョン」対処規定が適用されることとなった。言い換えれば，外国新本社の実質的事業活動がなされていると解される設立準拠法国が，その税務上の居

　　ループ」については，前掲（注33）参照。
50)　つまり，この「第三国ルール」を適用せずに算定される米国旧本社株主継続保有割合が「60％未満」となるような場合や「80％以上」となる場合には，この「第三国ルール」は適用されない。
51)　但し，当該統合持株会社が従前から相当程度の資産を有していたような場合には，本文中の要件②との関係で，この「第三国ルール」の適用を免れる可能性はある。

住地国と一致しない限り，実質的事業活動テストは満たされないものとされた。なお，かかる取扱いについては，2016年4月4日に，最終的に暫定規則1.7874–3T条(b)(4)が制定された。

第三に，米国旧本社株主継続保有割合との関係で，外国新本社の規模を「水増し」することによるインバージョン対処規定の適用の回避を防止するためのルール（anti-cash box rule。前記Ⅲ1(2)参照）の明確化である。これにより，外国新本社が，直接又は間接を問わず，単に流動資産等のpassive assetを取得した場合だけでなく，そもそもインバージョン規制の回避を目的として何らかの財産を取得したような場合でも，かかる取得によって「水増し」された財産に対応して発行される外国新本社の株式は，米国旧本社株主継続保有割合の算定に際して無視される[52]ことが明確化された。なお，以上については，前記Ⅲ1(2)で述べたとおり，2016年4月4日に，最終的に，2014年規制の内容のうち2015年規制で修正されなかった部分と併せて，暫定規則1.7874–7T条が制定されている。

3　インバージョンによる利益の削減措置

2015年規制の第二の柱であるインバージョンによる利益の削減措置は，以下のようなものである。

即ち，従来から，「60％インバージョン」に該当するインバージョンを行った米国旧本社は，インバージョン後10年間に米国旧本社に生じた「インバージョン・ゲイン」（外国法人に対する資産の移転による譲渡益その他のインバージョン取引によって実現した収益及びライセンス料その他の一定の収益[53]）については課税されるものとされ，税額控除の適用や繰越欠損金等による相殺も認められていなかった。然るところ，2015年IRS告示により，米国旧本社に直接的に収益が生じる場合だけでなく，例えば，その傘下のCFCが当該米国旧本社の外国関連者に資産譲渡を行った場合等，当該米国旧本社に直接的な所得が生じない間接的な財産譲渡（ライセンスの供与を含む）を行ったことによる収益であっ

---

52)　分母から除外される。

53)　内国歳入法典7874条(d)(2)及び(f)参照。

46

ても，それらがインバージョンに関連してなされた譲渡又はインバージョン後に外国関連者に対してなされた譲渡によるものであるときは，「インバージョン・ゲイン」の範囲に含まれることとされ[54]，税額控除の適用や繰越欠損金等との相殺も認められないこととされた。なお，この取扱いについては，最終的に，2016年4月4日に暫定規則1.7874-11T条が制定された。

また，2014年IRS告示では，前記III1(2)において詳述したとおり，インバージョン後に，米国旧本社が，その傘下のCFCの株式をグループ内組織再編取引の一環として他の外国子会社の株式と交換する取引のうち，米国の組織再編税制上課税繰延べの対象となるような取引を行う場合にも，当該取引は米国で課税対象となるものとされた（いわゆるToll Charge[55]が課されるものとされた）が，当該CFC株式の交換取引に際して米国旧本社に課税上所得認識される金額は，当該CFCの税務上の配当可能利益（earnings and profits）の範囲に限定されていた。然るところ，2015年IRS告示では，かかる金額が当該交換によって実現する譲渡益の全額にまで引き上げられた。これは，当該CFCが自ら創出した知的財産権等，未認識の資産についての含み益に対しても，Toll Chargeとしての課税がなされることを確保するための措置である。なお，この取扱いについては，2016年4月4日に，最終的に暫定規則1.367(b)-4T条(e)が制定された。

4　そ の 他

以上の他，2015年規制では，保険会社に対するインバージョン取引規制の緩和や，前記III1(2)で詳述したいわゆるスキニーダウン配当に対する規制（以下「スキニーダウン配当規制」という）[56]の一部緩和がなされている。

このうち後者について簡単に説明すると，スキニーダウン配当とは，米国旧

---

54) 従来から，当該米国旧本社は，その傘下にあった下位のCFCが資産譲渡等を行ったことで生じるみなし配当等につき，米国のCFC税制（わが国のTH税制に相当する税制）の下でいわゆる「サブパートF所得」（わが国のTH税制の下における課税対象金額に相当する）として課税されていたところであるが，それらは当該米国旧本社の繰越欠損金等によって相殺可能であった。

55) 「通行料」の意味。

56) 非通例的分配規制とも呼ばれている。

47

本社株主継続保有割合を人為的に引き下げ，「80％インバージョン」対処規定
ないし「60％インバージョン」対処規定に抵触することを回避する目的で，イ
ンバージョンを行おうとする米国旧本社が，米国旧本社の規模を人為的に「縮
小」させるためにインバージョン前に事前に実施する株主分配である。然るに，
2014 年 IRS 告示では，インバージョンを行った米国旧本社が当該取引によっ
て外国新本社に取得された日から遡って 36 か月間の期間における「非通例的
な分配」[57]については，内国歳入法典 7874 条の適用を回避するための取引と
看做され，同条の適用との関係ではなかったものと取り扱われるものとされて
いたところであるが，インバージョンとは全く関係なく，外国に現金出資によ
り買収ビークルを設立して LBO により米国企業を買収する場合にも，このス
キニーダウン配当規制が適用される結果として，「80％インバージョン」対処
規定等に抵触する場合があった。そのため，かかる事態を回避する目的で，
2015 年規制では，一定の適用除外基準（いわゆる *de minimis* rule）が設けられた。

V　2016 年規制[58]

1　新たな財務省規則

最後に，2016 年 4 月 4 日に米国財務省が公表したインバージョン規制であ
る 2016 年規制について概説する。これは，基本的には前述した 2014 年 IRS
告示及び 2015 年 IRS 告示の内容を規則等に落とし込んだものである[59]が，新

---

[57]　この「非通例的な分配」は，Ⅲ1(2)で前述したとおり，当該米国旧本社がある事業年度
において行った分配額の合計が，当該事業年度の直前の 36 か月間の期間に行った株主に
対する分配の 1 年当たり平均額の 110％を上回る場合における，当該超過分の分配と定義
されている（暫定規則 1.7874-10T 条参照）。

[58]　Ⅴの説明については，Morrison & Foerster 法律事務所による 2016 年 4 月 19 日付け
「Latest Treasury Action on Inversions Upends Pending Transactions and Surprises
Many for Its Broad Scope and Use of Questionable Authority」と題する News Letter
等を参照した。

[59]　具体的には，内国歳入法典 304 条(b)(5)(c)，367 条，956 条(e)，7701 条(1)及び 7874 条に
基づいて新たに暫定規則が制定された。例えば，2014 年規制のうち，米国旧本社傘下の
CFC からの hopscotch ローン等につき，米国旧本社に対するみなし配当を構成するもの
とする旨の規制（前記Ⅲ1(1)）については暫定規則 1.956-2T 条が，いわゆる「CFC 支配
権喪失戦略」に対する対処（recharacterization）（前記Ⅲ1(1)）については暫定規則

48

たに Prior Acquisition Rule（以下「先行買収ルール」という）を導入したことと，前述したスキニーダウン配当規制及び「第三国ルール」を一部修正した点が目新しい点である。

2　Prior Acquisition Rule（先行買収ルール）[60]

　このうち，新たな規制である「先行買収ルール」（規則 1.7824-2T 条）は，かなりドラスティックな規制である。即ち，この規制は，米国企業がインバージョン取引を行うに当たり，それに先立って，インバージョン取引によって外国新本社となる会社が，その株式を対価として，インバージョン取引の当事者となる米国企業（つまり，米国旧本社となる企業）以外の米国企業を買収してその株主に株式を発行しておくことにより，その規模を拡大し，インバージョン取引が行われた場合における米国旧本社株主継続保有割合の算定に当たって，相対的に（分子となる）米国旧本社の旧株主による外国新本社株式の保有割合が低くなるような場合があり得る，との問題意識の下に，当該インバージョン

　1.7701(1)-4T 条が，米国旧本社等が米国の組織再編税制上課税繰延べの対象となるような組織再編（内国歳入法典 351 条・368 条(a)(1)参照）を通じてその傘下の CFC 等の株式等を他の外国会社の株式と交換した場合に（当該 CFC 等に対する持株割合の減少が 10％超ではあるが「CFC 支配権喪失戦略」に対する対処規定の適用はトリガーしないときでも）当該株式等の交換につき課税繰延べを否定すること（Stock Dilution Rule）（前記Ⅲ1(1)）については暫定規則 1.367(b)-4T 条が，いわゆる米国旧本社株式（の外国完全子会社への）売却スキームを用いて米国旧本社傘下の外国完全子会社の留保利益を米国で課税を受けることなく回収する手法の無効化（前記Ⅲ1(1)）については暫定規則 1.304-7T 条が，anti-cash box ルール（2015 年規制によるその明確化も含む）（前記Ⅲ1(2)）については暫定規則 1.7874-7T 条が，スキニーダウン配当規制（前記Ⅲ1(2)）については暫定規則 1.7874-10T 条（2015 年規制により導入された *de minimis* rule 等を含む。なお，暫定規則 1.367(a)-3T 条(c)(3)(iii)(c)も参照）が，スピンバージョン取引を行うことによる米国旧本社についての内国歳入法典 7874 条の適用除外の廃止（前記Ⅲ1(2)）については暫定規則 1.7874-6T 条が，それぞれ制定されている。また，2015 年規制のうち，「第三国ルール」については暫定規則 1.7874-9T 条が，インバージョンの際に新たに設立される外国新本社の税務上の居住地がその設立準拠法国と異なる場合における実質的事業基準の不充足については暫定規則 1.7874-3T 条(b)(4)が，「インバージョン・ゲイン」の範囲の拡大については暫定規則 1.7874-11T 条が，米国旧本社傘下の CFC 株式の交換取引に際して米国旧本社に課税上所得認識される金額の引上げについては暫定規則 1.367(b)-4T 条(e)が，それぞれ制定されている。

60)　Multiple Domestic Entity Acquisition Rule とも呼ばれている。

取引に先立つ取引において発行される外国新本社の株式のうち，当該インバージョン取引の契約締結日から遡ること36か月の期間内に米国企業から取得された資産に対応する部分については，米国旧本社株主継続保有割合が80％以上か否か等を判定する際の計算において，その分母から除外するというものである。しかも，かかる規制は，従前実施された米国旧本社となる企業以外の米国企業の買収が，インバージョン取引とは関係ない，即ち，インバージョンを目的としたものでない場合にも，全て一律に適用されるものとされている。

更に，2014年規制についても2015年規制についても，新たに導入された規制のうち多くのものにつき，一種のgrandfather条項が設けられており，Noticeが発出された日までに契約が締結されていたインバージョン取引については，当該発出の日以降に取引が完了（発効）するものであっても新たな規制は適用されないものとされていたところ，この「先行買収ルール」については，たとえその導入が公表された2016年4月4日以前に契約締結がなされたインバージョン取引であったとしても，同日以降に完了（発効）する（クロージングを迎える）ものであれば，適用されるものとされている。

この「先行買収ルール」が導入された結果，2015年11月23日に契約が締結された旨が公表されていた米国の製薬大手Pfizerによるアイルランドの後発薬大手Allerganの実質的な買収取引（前記I参照。グローバル本社はアイルランドに置かれるものとされていた。以下「本件取引」という）[61]は，結果的に合意破棄を余儀なくされた。即ち，2015年規制の導入後も，米国のインバージョン規制の中核を成す前述の内国歳入法典7874条は，「80％インバージョン」ないし「60％インバージョン」に該当しない限り適用されないものと定められているところ，本件取引では，PfizerがAllerganの株主に対して実質的に約1600億ドル相当の買収対価を統合新会社の株式の形で支払うものとされていたため，両社の統合後の理論的な株式時価総額約3500億ドルに基づいて算定する[62]と，統合新会社の株式の約46％を旧Allergan株主が保有することとなり，結果として，本件取引は，「先行買収ルール」がなかりせば，「80％インバージョン」

61）　実質的な買収金額は，2015年11月20日現在のPfizerの株価を基に算出すると約1600億ドルに上り，実現すれば，当時，史上第2位の巨大買収であった。

62）　2015年11月20日現在のPfizerの株価に基づく数字。

はもちろん,「60％インバージョン」にも該当しないはずであった[63]。しかしながら,Allergan が従前に複数の米国企業の買収を行ってその規模を拡大させていたために,「先行買収ルール」が適用されると,本件取引は「60％インバージョン」に該当することとなり,しかも,「先行買収ルール」は,契約締結済みのものも含めて,その導入が公表された 2016 年 4 月 4 日以降に実行される全ての取引について適用されるものとされたため,既に契約が締結されていた本件取引についても,その適用を免れることができず,結果的に,本件取引は合意破棄に追い込まれることとなった[64][65]。

もっとも,このような「先行買収ルール」については,委任立法の限界を超えているのではないかという厳しい批判が浴びせられている[66]。

3　スキニーダウン配当規制の一部修正

前記Ⅲ1(2)で述べたスキニーダウン配当規制(スキニーダウン配当がなされなかったものと看做して米国旧本社の規模を算定するので add-back rule とも呼ばれる)に関して,新たに制定された規則(暫定規則 1.7874-10T 条)では,ⅰ)米国旧本社株主がインバージョン取引によって交付を受ける対価が外国新本社の株式と現金とであった場合でも,なされなかったものと看做される「非通例的分配」の金額は,全て外国新本社の株式に転換されたものとして,米国旧本社株主継

---

63)　なお参照,《http://fortune.com/2015/11/20/why-new-tax-inversion-rules-wont-stop-pfizer-allergan-deal/》。

64)　この他,2015 年 8 月 7 日に公表された,米国の肥料大手である CF Industries Holdings, Inc. とオランダの同業大手である OCN N.V. との経営統合も,2016 年規制の導入により,2016 年 5 月 23 日,破談に追い込まれた(《http://www.nytimes.com/2016/05/24/business/dealbook/us-netherlands-cf-oci-nitrogen-inversion.html》参照)。

65)　また,2015 年 8 月 11 日に公表された,米国の重機械大手である Terex Corp. とフィンランドの同業大手である Konecranes plc との経営統合も,2016 年 5 月 16 日に,最終的に,経営統合ではなく,Konecranes plc が Terex Corp. より Material Handling and Port Solution 部門の事業譲渡を受ける取引に変更された旨公表されている(《http://www.terex.com/en/investor-relations/index.htm》参照)。

66)　なお,2016 年 8 月 4 日,米国商工会議所等は,連邦政府を相手取って,2016 年規制を違法無効であるとする訴訟をテキサス西部地区連邦裁判所に提起している(《http://www.wsj.com/articles/business-groups-sue-u-s-government-over-tax-inversion-rules-1470332571》にて閲覧可能)。

続保有割合を計算すべきこと，及びii）インバージョン取引によって「買収」
される米国旧本社が，インバージョン前の３年間の期間内に，内国歳入法典
355条所定の非課税スピン・オフによって別の米国企業（以下「分離元会社」と
いう）からスピン・オフ（分離独立）し，当該スピン・オフ直前の時点において，
当該米国旧本社の株式の価値が当該分離元会社の株式の価値の50％超を占め
ていたような場合には，スキニーダウン配当規制の適用上は，（当該分離元会社
ではなく）当該米国旧本社の方が当該分離元会社の株式を「非通列的分配」に
よって分配した[67]と看做されること等々が盛り込まれた。

4 「第三国ルール」の一部修正

　前記IV2で述べたとおり，2016年４月４日に最終的に制定された暫定規則
1.7874-9T条では，「60％インバージョン」ないし「80％インバージョン」へ
の該当性を判断するための米国旧本社株主継続保有割合の判定から，相対的軽
課税国に所在する対象会社の旧株主に対して発行される外国新本社の株式が除
外されるための要件のうち，いわゆる第三国ルールの適用要件（前記IV2参照）
が，以下のとおり修正されている（なお，後述のとおり，修正の対象となった要件
は，主として，前記IV2で述べた②の要件である，「インバージョン後に当該外国新本社
が当該対象会社から取得する全ての財産の価値の総額が，インバージョン完了後に当該
外国新本社が所有するに至る全ての『外国新本社グループ資産（foreign group proper-
ty）』[68]の価値の総額の60％超であること」である）。即ち，修正後の第三国ルール
の適用要件は，ⓐ当該外国新本社が，一定の計画に従って，後述の「covered
foreign acquisition」を実行し，ⓑ当該「covered foreign acquisition」及び関
連する取引の完了後に，それら取引の前に当該外国新本社が税務上の居住者と
して課税に服していた（米国以外の）国等において課税に服しておらず，ⓒ
「第三国ルール」を適用せずに算定される米国旧本社株主継続保有割合が60％
以上80％未満であること，の３つである。そして，ここでいう「covered for-

---

67)　会社法上は当該分離元会社が当該米国旧本社の株式を分配していた場合でも，スキニー
　　ダウン配当規制の適用上は，逆に後者が前者の株式を分配したものと看做すということで
　　ある。
68)　前掲（注49）参照。

52

eign acquisition」とは，i）当該取引によって，当該外国新本社が，（外国会社である）対象会社が直接又は間接に保有する財産の実質的に全てを取得するものであって，ii）当該外国新本社の株式の 60％以上が，議決権ベースでも価値ベースでも，当該対象会社の旧株主に（当該対象会社の株式を保有していたことに基づいて）保有されるに至るもの（但し，かかる計算に際しては，当該外国新本社の株式のうち，米国旧本社の旧株主によって保有されている分は除外される），と定義されている。

　以上の修正の結果，2015 年規制でこの「第三国ルール」が導入された時点では，外国新本社が，米国旧本社の「買収」（即ち，インバージョン）前に税務上の居住地国を変更していた場合には，「第三国ルール」の適用を免れることができていたのに対し，それが不可能となった[69]。

Ⅵ　米国新インバージョン規制のわが国税制への示唆

1　米国の連邦所得税制の下におけるインバージョンへの誘因

　従来から，米国では，インバージョンによる節税効果は，以下の 3 つの側面からもたらされると指摘されている。第一は，国外事業から稼得される国外源泉所得への米国での法人所得課税を回避することである。即ち，米国では，内国法人に関し全世界所得課税方式が採用されており，わが国のような外国子会社配当益金不算入制度も存在しないので，米国旧本社が海外子会社から配当を吸い上げると米国の高い法人実効税率で課税されてしまうところ，外国法人については米国の国内源泉所得に対してのみ課税がなされるものとされているので，米国旧本社の傘下にあった海外支店や海外子会社を外国新本社の傘下に付け替えれば，それら海外支店が稼得する国外源泉所得に対して米国では課税されなくなるし，それら海外子会社から外国新本社が配当を吸い上げても米国で課税されることはなくなる[70]。第二は，米国の CFC 税制の適用回避である。

69）　Deloitte Touche Tohmatsu Limited による 2016 年 4 月 6 日付け「United States Tax Alert: Anti-Inversion Guidance: Treasury Releases Temporary and Proposed Regulations」と題する News Letter 6 頁参照。

70）　米国のオバマ大統領（当時）は，2015 年 2 月 2 日，2016 会計年度（2015 年 10 月〜

インバージョン後に，米国旧本社の海外子会社のうち，米国 CFC 税制の適用を受けていた CFC を，現物出資等の方法により外国新本社の傘下に付け替えれば，それら付け替えられた CFC に対する米国 CFC 税制の適用が回避される（且つ，上記の第一において述べたとおり，それら付け替えられた CFC からの配当に対する米国での法人所得課税も回避されることになる）。第三は，いわゆるアーニングス・ストリッピングによる国内所得についての米国における税負担の軽減である。即ち，インバージョン後に，米国旧本社が外国新本社に対して（知的財産権等に対する）ロイヤルティ，マネジメントフィー，利子，保険料，賃料等の控除可能な費用を支払うアレンジメントがなされれば，当該米国旧本社においてそれら費用が税務上損金に算入されるため，米国における課税所得が減少し，結果として米国での課税が軽減されることになる。もっとも，アーニングス・ストリッピングは，インバージョンを行わなくとも，知的財産権や資金調達機能等を外国の関連会社に移転させることによって実現できるため，必ずしも「アーニングス・ストリッピングを行うためにインバージョンを行う」という関係にはないと考えられる。

そして，米国新インバージョン規制（但し，2016 年 4 月 4 日に公表された，アーニングス・ストリッピング等への対応を目的とした規則案を除く）は，前記ⅢないしⅤで述べてきたところから明らかなとおり，このうち特に上記の第一及び第二，即ち，インバージョンによる「海外子会社等が稼得する利益を親会社が自らの株主に対して配当しようとしても，米国の高い法人実効税率での課税により，配当原資に組み込むことのできる額が減少してしまうことの回避」及び「海外で利益を蓄積している CFC に対する米国 CFC 税制の適用回避」に対処する

2016 年 9 月）の予算編成方針をまとめた予算教書を連邦議会に提出したが，その中には，①連邦法人所得税の実効税率を現行の 35％から原則 28％（製造業の場合には 25％）にまで引き下げること，②米国の多国籍企業が米国における法人所得課税を免れるために海外に留保している利益については，原則として 19％の税率で強制課税する（但し，米国企業がそれらの利益を配当等の形で国内に還流させて国内投資に充てる場合には税率を原則 14％にとどめる）ことが盛り込まれていた（以上につき，2015 年 2 月 3 日付け日本経済新聞夕刊参照）。これらが実現すれば，米国の多国籍企業がインバージョンを行う各種のインセンティブのうち，本文で述べた第一の側面に基づくインセンティブは相当程度減少するものと見込まれる。もっとも，上記の施策は，本書脱稿日現在，実現していない。

54

ものであるといえる。

2 米国新インバージョン規制のわが国税制への示唆

しかしながら，わが国では米国とは状況がかなり異なる。即ち，わが国でも，米国と同様に，内国法人の法人所得課税については全世界所得課税方式が採用され，外国法人についてはその国内源泉所得に対してのみ課税がなされるとされているものの，平成21年度税制改正によって外国子会社配当益金不算入制度（法人税法〔以下「法法」という〕23条の2）が導入されたことにより，わが国企業が海外子会社を通じて行っている国外事業から稼得された利益（国外源泉所得）については，当該海外子会社の所在地国（源泉地国）における法人実効税率がわが国のそれよりも低い場合であって，且つ，源泉地国における課税後のそれら利益がわが国に還流したときでも，基本的にはわが国において追加的課税は行われない[71]こととなり，その結果，それら国外源泉所得についてのわが国の法人実効税率が事実上大きく軽減されることとなった。そのため，わが国の多国籍企業グループにとって，海外子会社を通じて営まれているそれらの国外事業を外国新本社に移転させることで，当該国外事業から稼得される国外源泉所得に対するわが国における税負担を軽減させよう，というインセンティブは，事実上ほとんどなくなっている。従って，今回の米国新インバージョン規制のうち，前記Ⅲ1(1)で述べた，CFCが保有するキャッシュへのアクセス制限によるインバージョンのコスト増大化のための規制は，基本的に，わが国では導入すべき必要性はほとんどないであろう。

もっとも，当該規制のうち，CFC支配権喪失戦略に対する対処規定については，わが国でも今後導入が必要となる可能性はある。何故なら，米国と同様，わが国でも，インバージョンを行ってTH税制の適用対象となる特定外国子会社等を外国新本社の傘下に付け替え，TH税制の適用を回避することは有効な戦略として機能し得る（なお，そもそもTH税制の下では，わが国企業にとって孫会社以下のレベルの会社に留保させた利益についても合算課税の対象となり得るので，

---

71) 正確には，配当額の5%は益金に算入される（法法23条の2第1項，法人税法施行令22条の4第2項参照）ため，その限度ではわが国において追加的課税がなされることになる。

TH 税制の適用を回避するには，特定外国子会社等をわが国企業よりも資本関係の面で上位にある外国会社の傘下に付け替えるしかない）ため，軽課税国に所在する特定外国子会社等をインバージョンによって外国新本社の傘下に付け替えることでTH 税制の適用を回避するというインセンティブは，かなり強いからである。

なお，わが国企業が，その支配する特定外国子会社等の株式を，インバージョンによって設立された外国新本社等の外国会社に現物出資する方法によって，当該外国会社の傘下に付け替えた場合には，平成 19 年度税制改正において，インバージョン対策税制の一環として創設された「CFC 税制からの離脱抑止課税」（「適格現物出資の範囲に関する特例」とも呼ばれる）制度が適用されるため，当該付け替え時点における当該特定外国子会社等の株式含み益に対しては，一定の要件の下にわが国で課税がなされる[72]。しかしながら，そもそも，特定外国子会社等の株式がインバージョンによって設立された外国新本社の傘下に付け替えられた場合には，①当該付け替え後に当該特定外国子会社等に蓄積される留保利益にはわが国の TH 税制は及ばないし，②現物出資の方法による付け替えではなく，わが国企業傘下の特定外国子会社等が，当該外国新本社に第三者割当増資を行うこと等によって当該わが国企業の支配から離脱する場合には，上記の「適格現物出資の範囲に関する特例」も適用されない。

従って，この観点からも，前記Ⅲ1(1)で述べた，CFC が保有するキャッシュへのアクセス制限によるインバージョンのコスト増大化のための規制のうち，CFC 支配権喪失戦略に対する対処規定は，今後わが国でも導入が必要となる状況が生じるかもしれない。

Ⅶ　2016 年規制導入後のインバージョンの動向と日本企業にとっての留意点

1　2016 年規制導入後の企業結合型インバージョンの動向とトランプ政権下の新インバージョン規制

前述のとおり（Ⅴ2），2016 年規制の公表により，Pfizer と Allergan との経

---

72) 租特法 68 条の 2 の 3 第 4 項・5 項。

営統合は破談となったが，その後も，企業結合型インバージョンが完全に行われなくなったわけではない。例えば，2016 年 1 月 25 日に公表された米国の自動車部品・空調設備大手 Johnson Controls, Inc. によるアイルランドの同業である Tyco International plc の買収（インバージョン先はアイルランド）[73] は，2016 年規制の導入にも拘らず，2016 年 9 月 2 日付けで予定どおり実行されているし，2016 年 5 月 19 日には，新たに米国の FMC Technologies, Inc. がフランスの Technip SA との経営統合（インバージョン先はフランス）を公表し，当該経営統合は 2017 年 1 月 17 日付けで実行されている[74]ところである。

もっとも，トランプ政権は，法人所得税率の 15 パーセントないし 20 パーセント程度までへの大幅な引き下げを目指すと共に，以上で述べてきたオバマ政権下で導入された一連の新インバージョン規制を見直す動きを見せている。即ち，2017 年 4 月 21 日，米国財務省に対して，委任立法の限界を超えた財務省規則がないかを研究すべき旨を命じる大統領令に署名したが，ムニューシン財務長官は，オバマ政権が導入した一連の新インバージョン規制は「大きな標的（big target）」であると述べた旨報じられている[75]。

2　米国企業との間で国際的 M&A 取引を行う日本企業への影響

以上で述べてきたところから明らかなとおり，日本企業が米国企業との間で株式を対価とする経営統合をする場合，2014 年規制，2015 年規制及び 2016 年

---

73)　このインバージョン（実行日は 2016 年 9 月 2 日）に合わせて，Johnson Controls, Inc. は，その自動車部品部門を，2016 年 10 月 31 日を実行日としてスピン・オフの方法によって分離・独立させており，これによって同部門は，英国に本拠を置く新たな上場会社 Adient plc となっている（以上につき，《https://www.bloomberg.com/gadfly/articles/2016-08-22/johnson-controls-auto-spinoff-may-be-stuck-in-neutral》，《http://www.stockspinoffs.com/2016/05/23/adient-name-johnson-controls-automotive-interior-taxable-spinoff/》及び《http://www.johnsoncontrols.com/media-center/news/press-releases/2016/10/31/johnson-controls-completes-separation-of-adient》参照）。

74)　なお，この経営統合後の新会社の株式の約 50％は旧 Technip 株主によって占められる見通しであると報じられている。以上につき，《http://www.bizjournals.com/houston/news/2016/05/25/fmc-technip-merger-latest-of-houston-tax-inversion.html》参照。

75)　2017 年 4 月 21 日付けの CBS ニュースによる「Trump takes aim at Obama's ban on "tax inversions"」と題する記事（《https://www.cbsnews.com/news/trump-taxes-corporate-transfer-overseas/》にて閲覧可能）参照。

57

規制の導入後においても，結果として米国旧本社株主継続保有割合が60％を割り込む限りは，米国の「80％インバージョン」対処規定ないし「60％インバージョン」対処規定は適用されない。従って，非常に大雑把にいえば，実質的には日本企業が米国企業を買収するようなケースや，ほぼ対等統合といえるようなケースであれば，当該経営統合の実行に際して，米国のインバージョン規制が特段の支障となることはないと思われる。

ただ，当該日本企業が，直近3年間に他の米国企業の買収を行ったことで規模が拡大し，結果的に，当該経営統合の時点では相手方の米国企業と同程度の規模になっているような場合には，前述の「先行買収ルール」が適用される結果，「80％インバージョン」対処規定ないし「60％インバージョン」対処規定が適用されないかどうか，慎重に検討する必要がある（万が一「80％インバージョン」対処規定が適用されることとなれば，米国の内国法人として米国の連邦所得税の課税に服することになってしまうので，注意する必要がある）。

また，前記ⅢからⅤまでおいて述べたとおり，米国新インバージョン規制の中にはインバージョンと無関係の取引にも適用される部分があるため，今後，米国の多国籍企業との経営統合や米国企業の買収等を行うわが国企業の実務担当者は，同規制の適用によって思わぬ税務コストを負担することのないよう，同規制の内容を十分に理解しておくことが必要であろう。

3　日本企業と英国（ないしアイルランド）企業との経営統合型インバージョンの可能性

わが国では，欧米企業ほどタックス・プランニングを活用する意識が強くないためか，そもそも広い意味で単独型インバージョンの範疇に入るようなインバージョンも，従来ほとんど行われてこなかった。

また，単独型インバージョンを実際に行った，又は行うことを内々に検討しているわが国企業も，相続税対策を意識せざるを得ない，創業家が支配株式[76]を保有する企業に限られているように思われる。しかしながら，平成12

---

76)　創業家が発行済株式総数の80％以上を保有している企業においては，平成19年度税制改正によってわが国に導入された前述のいわゆる「インバージョン対策合算税制」との関係もあってか，余りインバージョンが具体的な検討の俎上に上ることはないようである。

年度税制改正により，2001 年 4 月 1 日から，海外居住者でも，日本国籍を有していれば，「国外」資産を相続・贈与等（以下「相続等」という）で取得する場合であっても，当該取得時に海外居住が 5 年超であって，且つ，被相続人・贈与者が同様にその時までに海外居住が 5 年超でない限り，相続税・贈与税（以下「相続税等」という）の納税義務を負うこととされた（相続税法 1 条の 3 第 1 項 2 号，2 条 1 項。なお，同法 10 条 1 項 8 号により，株式については，その発行法人の本店又は主たる事務所の所在地に，その所在があるものとされている）こと等に加えて，平成 27 年度税制改正により新たに「出国時課税制度」[77]（いわゆる出国税）が導入されたことで，創業家が支配株式を保有しているような企業がインバージョンを実施しようとする動きには，一定のブレーキがかかっているのではないかと思われる。何故なら，従来は，わが国企業の株式等をインバージョンによって外国持株会社の株式等に転換すれば，当該株式等を保有する相続人（受贈者）と被相続人（贈与者）の両方が相続税等の存在しない国[78]に海外移住をし，それぞれ 5 年超を過ごすことにより，「国外」資産については上記当事者間での相続等に際してわが国の相続税等が課されないこととされているため，当該わが国企業の株式等の含み益についての相続人・受贈者に対する相続税等だけでなく，被相続人・贈与者に対する株式譲渡所得課税も回避することが可能であったが，「出国時課税制度」の創設により，少なくとも後者の株式譲渡所得課税については完全に回避することは不可能になった（当該制度により，被相続人・贈与者が出国する時点までにおける当該制度の対象資産[79]の含み益については譲渡損益課税を受ける）からである。

　他方，経済のグローバル化が急速に進展しているために企業間における生き残りを懸けたグローバルな競争が激化していることに伴って，今後は，（最終的には破談となってしまったものの）2013 年に公表された東京エレクトロンと米国の Applied Materials, Inc. との国際経営統合の事例（共同持株会社はオランダ

---

77)　この制度の詳細については，本書③参照。

78)　例えば，カナダ，スイス，オーストリア，シンガポール，香港といった国では相続税は存在しない。

79)　外国会社の株式等も当該制度の対象資産に含まれている。また，外国人も当該制度の対象から除外されていない。

に置かれることが計画されていた。前期Ⅱ2参照）のように，わが国多国籍企業が国境を越えて他国の多国籍企業との間で経営統合を行うケースは益々増加するものと予想され，その際，統合後の統括会社が日本以外の外国に設けられることも増えてくると思われる[80]。もっとも，前記Ⅵ1でも述べたとおり，米国と異なり，わが国では外国子会社配当益金不算入制度が存在することもあって，わが国企業には，米国の多国籍企業と異なって，「海外子会社等が稼得する利益を親会社に還流させるとわが国の高い法人実効税率によって課税され，投資等や株主還元に充てることのできる税引後利益が減少してしまうという事態」を回避するためにインバージョンを実行するという誘因がほとんどないことから，現状では，専ら事業上のシナジー発揮を目的とする国際的な経営統合の枠をはみ出して，主として節税を目的として企業結合型インバージョンを行うわが国企業が登場する可能性は，余りないように思われる（もっとも，アーニングス・ストリッピングを行い易くするために企業結合型インバージョンを実行するという誘因が存在することは否定できない[81]）。

　しかし，今後，仮に税収確保のために外国子会社配当益金不算入制度が廃止・縮小された場合や，（既に平成29年度税制改正により一部そのような方向での改正がなされているが）TH税制が，適用対象となる子会社に焦点を当てている従来のモデル（子会社単位モデル：entity based model）から所得の性質に焦点を当てたモデル（所得類型別対処モデル：income based model）に転換される等して，現状より大幅に強化された場合には，わが国の多国籍企業の間でも，企業結合型インバージョンの実施を検討する機運が高まる可能性がある[82]。

　そこで，本章を締め括るに当たり，（2010年以降，数多くの米国企業が行っていたのと同様に）英国企業ないしアイルランド企業[83]との間で日本企業が企業結

---

80)　わが国企業がインバージョン的な要素を含んだ国際的な経営統合を行う場合における課税上の問題の詳細については，太田編著・前掲（注4）564〜586頁参照。

81)　太田編著・前掲（注4）651〜653頁参照。

82)　米国でも，インバージョン後に，米国旧本社の海外子会社のうち，米国CFC税制の適用を受けていたCFCを，現物出資等の方法により外国新本社の傘下に付け替えれば，それら付け替えられたCFCに対する米国CFC税制の適用が回避されることが，インバージョンへの大きな誘因の一つとなっている旨指摘されている。

83)　英国とアイルランドの法人実効税率については，前掲（注12）参照。

② 企業結合型インバージョンと米国新インバージョン規制

合型インバージョンを実行する場合には，どのようなスキームが用いられることになるのかを，米国企業による企業結合型インバージョンの事例等を踏まえてシミュレーションしてみることとしたい。

　米国企業が英国企業ないしアイルランド企業との間で企業結合型インバージョンを行う場合には，一般的に，①少額の現金出資等で共同持株会社（外国新本社）となる会社を英国ないしアイルランドに設立し，当該会社が，米国においては逆三角合併により当該米国企業（米国旧本社）を，英国ないしアイルランドにおいてはスキーム・オブ・アレンジメント（scheme of arrangement：以下「スキーム」という）により当該英国企業ないしアイルランド企業を，それぞれ買収する[84]か，②当該英国企業ないしアイルランド企業が米国において逆三角合併を用いて当該米国企業（米国旧本社）を買収し，自らは社名を変更する等して統合会社の本社（外国新本社）にそのまま移行する[85]という例が多い[86]。

　因みに，スキームは，簡単にいえば，裁判所による認可と会社の利害関係者の決議を得ることで，より簡易な要件で，当該会社に関連する当該利害関係者との取決め内容を変更することを可能にする会社法上の制度であり，英国では，

---

[84]　例えば，前記Ⅱ2及びⅣ1で述べた，2012 年公表の米国の産業用設備大手 Eaton Corp. によるアイルランドの送電設備大手 Cooper Industries plc の買収（インバージョン先はアイルランド），2013 年公表の米国の製薬大手 Perrigo Company によるアイルランドのバイオテクノロジー大手 Elan Corporation plc の買収（インバージョン先はアイルランド），同年公表の米国の後発薬大手 Actavis, Inc. によるアイルランドの製薬大手 Warner Chilcott plc の買収（インバージョン先はアイルランド），2014 年公表の米国の医療機器大手 Medtronic, Inc. によるアイルランドの同業大手 Covidien plc の買収（インバージョン先はアイルランド），同年公表の米国の果実販売大手 Chiquita Brands International, Inc. によるアイルランドの同業大手 Fyffes plc の買収事案（インバージョン先はアイルランドの計画。最終的に破談），前述した同年公表の米国の Steris Corp. による英国の Synergy Health plc の買収（インバージョン先は英国）等の例がある。

[85]　例えば，2011 年公表の米国の製薬大手である Jazz Pharmaceuticals, Inc. によるアイルランドの同業（非上場）である Azur Pharma Public Limited Company の買収（インバージョン先はアイルランド），前述した 2015 年公表の Pfizer による Allergan の買収事案（インバージョン先はアイルランドの計画。最終的に破談）等の例がある。

[86]　米国企業が英国法系の諸国等であるカナダ，シンガポールないし英領バミューダ諸島等の企業との間で企業結合型インバージョンを行う場合にも同様である。なお，カナダではスキームに相当する制度は plan of arrangement と呼ばれる。

古くは 1862 年から会社の任意解散等に限定されたものとして存在したが，その後，幾度かの法改正を経て，現在のように広汎な目的に利用できる制度となっている（Companies Act 2006, Part 26）[87]。スキームは，英国上場企業の買収にも広く用いられている[88]が，株式を対価として上場会社を買収する手法としては，英国では，エクスチェンジ・テンダー・オファー（自社株対価 TOB）とスキームとが存在するところ，前者では，対象会社の株式を 100% 買収できる法的な保証がない[89]こと等もあって，前記の①の方法により共同持株会社の傘下にその 100% 子会社として米国企業（米国旧本社）と英国企業とをぶら下げる形で国際的な経営統合を実現する手段としては，現状，専らスキームが用いられている[90]。

　従って，日本企業が英国企業ないしアイルランド企業との間で企業結合型インバージョンを行う場合にも，①少額の現金出資等で共同持株会社（外国新本

---

87) 木津嘉之「英国上場企業の完全子会社化を達成する『スキーム・オブ・アレンジメント』」Asahi Judiciary 法と経済のジャーナル（《http://judiciary.asahi.com/outlook/2016051000001.html》にて閲覧可能。2016 年 5 月 11 日アップロード）参照。その他，棚橋元＝大石篤史＝内田修平＝柴田久「英国会社を対象とする株式対価のクロスボーダー M&A」旬刊商事法務 2112 号（2016 年）26 頁も参照。

88) 日本企業による英国上場企業の買収に際しても，協和発酵キリンによるプロストラカングループの買収（2011 年），電通によるイージスグループの買収（2013 年），ニコンによるオプトスの買収（2015 年），ブラザー工業によるドミノプリンティングサイエンシズの買収（2015 年），三井住友海上火災保険によるアムリンの買収（2015 年），横河電機による KBC 社の買収（2016 年），ソフトバンクグループによる ARM の買収（2016 年）等でスキームが用いられている。

89) 英国法上，原則として，TOB において，対象会社の総株主の議決権の 90% 以上を取得した場合に限って，スクィーズ・アウトを実施することができるものとされているためである。スキームの場合には，所定の要件が充足されれば，確実に対象会社の株式の 100% を取得することができる。

90) なお，従前は，英国上場企業の買収に際して，株式消却型のスキーム（株式を譲渡するのではなく，株式を消却し，新株を再発行するスキーム）を実施することにより，取引額の 0.5% に及ぶ印紙税の課税を免れるアレンジが可能であり，この点が，企業買収の手法としてスキームが利用されていた最大の理由であるとも指摘されていた。実際，前掲（注 84）所掲の英国企業を一方当事者とする企業結合型インバージョンでは，その全てで株式消却型のスキームが用いられている。もっとも，2015 年 3 月の英国会社法の改正により，買収目的の株式消却型のスキーム（cancellation scheme）が禁止されることとなったため，スキームについての上記の税務上のメリットは消失した（以上，木津・前掲（注 86）参照）。

社）となる会社を英国ないしアイルランドに設立し，当該会社が，わが国においては三角合併又は三角株式交換により当該日本企業を，英国ないしアイルランドにおいてはスキームにより当該英国企業ないしアイルランド企業を，それぞれ買収するか，②当該英国企業ないしアイルランド企業がわが国において三角合併又は三角株式交換を用いて当該日本企業を買収し，自らは社名を変更する等して統合会社の本社（外国新本社）にそのまま移行する，という手法が主として用いられることになるものと思われる。

　因みに，共同持株会社が英国企業をスキームの方法により買収する場合，その手続は，大要，i）買収手続に関する会社と株主との間の合意及び当該合意の事実の公表，ii）会社から株主に対する法定の説明文書の送付，iii）裁判所に対する手続の認可申請，iv）株主総会の承認取得，v）裁判所の認可取得，vi）買収の効力発生，という流れで進められるが，スキームを利用する場合，独禁法を含む各法令上の許認可取得に要する期間を無視すれば，買収手続合意のアナウンスメントを実施してから最短で8週間程度の期間で買収取引をクローズする（発効させる）ことができる。なお，上記のiv）の株主総会での承認決議の可決要件は，決議に参加した株主のうち，頭数ベースでその過半数が賛成し，且つ，出資割合ベース（価値ベース）で，当該賛成株主が全体の75％以上を有していることである。スキームの方法による買収の場合，基本的には，英国企業及び形の上で買収者となる共同持株会社に課税が発生することはない[91]。

　なお，わが国では，上場会社の場合には，たとえ外国企業との間で上記の方法を用いて企業結合型インバージョンを行ったとしても，平成19年度税制改正によってわが国に導入された「インバージョン対策合算税制」（租特法40条の7以下，66条の9の2以下，68条の93の2以下）が適用されることは基本的に考え難いし，三角合併又は三角株式交換が組織再編税制の下で税制適格要件を充足するのであれば，広義のインバージョン対策税制を構成する「適格合併等の範囲等に関する特例」（租特法68条の2の3第1項，租特法施行令39条の34の3

---

[91]　西田宏之「シリーズ国際税務　日系企業による対外投資の留意点　第5回　欧州投資（英国）」情報センサー 2008年10月号29頁参照。

第1項等）及び「特定の合併等が行われた場合の株主等の課税の特例」（租特法 37 条の 14 の 4，68 条の 3，68 条の 109 の 2）についても，当該外国企業[92]との間に親子関係等が存在する場合を除き，適用されることは考えにくい。しかしながら，上記の「適格合併等の範囲等に関する特例」や「特定の合併等が行われた場合の株主等の課税の特例」が適用されない場合でも，ヤフー・IDCF 事件最高裁判決[93]では，法人税法 132 条の 2 にいう「『法人税の負担を不当に減少させる結果となると認められるもの』とは，……組織再編税制……に係る各規定を租税回避の手段として濫用することにより法人税の負担を減少させるものであることをいうと解すべきであり，その濫用の有無の判断に当たっては，①当該法人の行為又は計算が，通常は想定されない組織再編成の手順や方法に基づいたり，実態とは乖離した形式を作出したりするなど，不自然なものであるかどうか，②税負担の減少以外にそのような行為又は計算を行うことの合理的な理由となる事業目的その他の事由が存在するかどうか等の事情を考慮した上で，当該行為又は計算が，組織再編成を利用して税負担を減少させることを意図したものであって，組織再編税制に係る各規定の本来の趣旨及び目的から逸脱する態様でその適用を受けるもの又は免れるものと認められるか否かという観点から判断するのが相当である」と判示されている。従って，組織再編税制に係る各規定が「租税回避の手段として濫用」されていると認められる場合には，組織再編成に係る一般的な行為計算否認規定である法人税法 132 条の 2 が適用され，三角合併又は三角株式交換の税制適格該当性が否認されることがあり得るので，この点，十分に注意する必要がある。

---

92) なお，軽課税国に該当する外国に新規に共同持株会社を設立して企業結合型インバージョンを行う場合，「適格合併等の範囲等に関する特例」（及び「特定の合併等が行われた場合の株主等の課税の特例」）の適用を回避するためには，当該共同持株会社は当該日本企業との間に「特定支配関係」（租特法施行令 39 条の 34 の 3 第 10 項・11 項）が存しないものとするように，当該日本企業以外の者の出資（通常は少額の現金出資）により設立される必要がある。以上につき，大石篤史「三角合併を利用した本社の海外移転（下）」旬刊商事法務 1944 号（2011 年）68 頁も参照。

93) 最判平成 28 年 2 月 29 日民集 70 巻 2 号 242 頁〔ヤフー事件〕及び最判平成 28 年 2 月 29 日民集 70 巻 2 号 470 頁〔IDCF 事件〕。なお，これらの事件の評釈として，例えば，太田洋「ヤフー・IDCF 事件最高裁判決の分析と検討」税務弘報 64 巻 6 号（2016 年）44 頁を参照。

2 企業結合型インバージョンと米国新インバージョン規制

　とはいえ，経営統合による事業上のシナジーが現実に生じるものである限り，企業結合型の「インバージョン」であるということの一事を以て直ちに法人税法132条の2が適用され，三角合併又は三角株式交換の税制適格該当性が否認されることになるとはほとんど考えられない。

　なお，日本企業の場合，日本人の英語等の外国語によるコミュニケーション能力の問題や企業文化の違い等の問題から，いったん経営統合を行ってしまうと円満な「離婚」が難しいのではないかということを心配する向きもあるかもしれない。しかしながら，わが国会社法の下では国境を越えて合併を実行することはできないと実務上解されているので，わが国企業が外国企業との間で国際的な経営統合を行っても，通常，わが国企業の法人格そのものは経営統合前の状態で維持されているはずである。従って，わが国企業がグローバル本社傘下の子会社となっている場合には，株式売出しによるIPO（この場合にはIPOによって得られたキャッシュをグローバル本社の株主に分配することになろう）又はスピン・オフを行えば，グローバル本社から容易に分離独立及び株式再上場を果たすことが可能であるし，逆にわが国企業自体がグローバル本社となっている場合には，同様の方法で統合相手の外国企業は容易に分離独立を果たすことができる[94]。

　因みに，英国では，米国と同様，スピン・オフについて課税上の優遇措置が定められており，スピン・オフを行う会社（以下「親元会社」という）は，Corporate Tax Act 2010のPart 23, Chapter 5に定められた 'exempt demerger' relief の下でスピン・オフによる株式の処分につき譲渡益課税及び印紙税の課税を免れるものとされるほか，親元会社の株主については，United Kingdom Taxation of Chargeable Gains Act 1992の136条の下で，スピン・オフによる分配につき課税繰延べが認められている。また，わが国でも平成29年度税制改正によるスピン・オフ税制の導入により，米国や英国と同様の課税繰延措置が親元会社についても親元会社の株主についても認められるに至った[95]。

---

94)　実際，国際的な経営統合の事例ではないが，2000年に経営統合したタイム・ワーナーとAOLは，2009年にAOLをスピン・オフによって分離独立させることで経営統合を解消している。

95)　平成29年度税制改正によるスピン・オフ税制の導入の詳細については，例えば，太田

従って，日本企業が外国企業との間で国際的な経営統合を行う場合，日本や米国，英国等のスピン・オフについての課税繰延制度が存在する国にグローバル本社を設ける形で経営統合を実施しておけば，万が一当該統合を解消することになった場合でも，スピン・オフの手法を用いることによって　一定の要件を充足すれば，当該グローバル本社にもその株主にも特段の課税を生ぜしめることなく，容易に日本法人を分離独立させ，その株式を再上場させることができる。

　このように，スピン・オフを行った場合に，親元会社にもその株主にも課税繰延措置が適用される国等にグローバル本社を設ける形で国際的経営統合を行っておけば，経営統合の解消は比較的容易である。

　洋「スピン・オフ税制の導入とわが国上場会社への影響〔上〕〔下〕」旬刊商事法務 2133 号（2017 年）62 頁以下・2134 号（同）41 頁以下参照。

③ 富裕層の海外移住と国外転出時課税制度の創設

太　田　　　洋

飯　永　大　地

　近時，同族会社のオーナーやファンド関係者などの富裕層が，所得税率が低く，相続税が存在しないシンガポール，香港，スイス，オーストリア，オーストラリア，ニュージーランド，マレーシアなどに節税対策・相続税対策の目的で移住する動きが活発化していると報じられている。このような動きを受けて，特に富裕層が海外移住を行って日本企業の株式等を売却してわが国の譲渡所得課税を免れる行為に対応するため，平成27年度税制改正では，新たに，「国外転出時」に株式等についての含み益に課税する制度（以下「国外転出時課税制度」ないし「本制度」という）が導入され，平成28年度税制改正により国外転出時課税制度に関する若干の改正がなされた（平成27年度税制改正及び平成28年度税制改正における改正後の所得税法〔以下「新所法」といい，特に区別する必要がある場合には，平成27年度税制改正による改正後の所得税法を「平成27年新所法」といい，平成28年度税制改正による改正後の所得税法を「平成28年新所法」ということがある〕60条の2乃至60条の4, 95条の2, 137条の2, 137条の3, 151条の2, 153条の2乃至153条の5, 166条の2）。これにより，富裕層の海外移住には相当の影響が生じているのではないかと考えられる（折しも，2015年1月から相続税・贈与税の最高税率は55％に引き上げられている）。そこで，この国外転出時課税制度の概要と留意点について，簡単に解説することとしたい。

I　国外転出時課税制度の概要と国外資産の取得に関する相続税・贈与税制度との関係

1　海外移住者が保有する国外資産及び国内資産に関する課税の概要

　そもそも，相続税・贈与税対策としての海外移住に関しては，かつては，日本国内に住所を有さない海外居住者（非居住者）になっていれば，日本国内に

ある資産を贈与，相続又は遺贈（以下「贈与等」という）によって取得する場合
でない限り，相続税・贈与税（以下「相続税等」という）の納税義務を負うこと
はなかった。言い換えれば，国外資産（海外に所在する不動産，海外の銀行口座に
預けられた預金，外国会社の株式等）を贈与等で取得しても，相続税等の納税義
務を負うことはなかった。しかしながら，いわゆる武富士元専務巨額課税事件
（最終的には最判平成 23 年 2 月 18 日〔判時 2111 号 3 頁〕により納税者側が全面勝訴）
の事案等を契機として，平成 12 年度税制改正により，2001 年 4 月 1 日から，
海外居住者であっても，日本国籍を有していれば，国外資産を贈与等で取得す
る場合でも，当該取得時に海外居住が 5 年超であって，かつ，被相続人・贈与
者が同様にその時までに海外居住が 5 年超でない限り，相続税等の納税義務を
負うこととされた。また，平成 25 年度税制改正により，海外居住者で，かつ，
日本国籍を有していなくとも，日本の居住者から贈与等によって取得する場合
には，国内資産だけでなく国外資産についても相続税等の納税義務を負うこと
とされた[1]（以上の全体につき，【図表】参照）。

　とはいえ，現行法の下では，①相続人（受贈者）と被相続人（贈与者）の両方
が海外移住をし，実際に海外に住所を移してから 5 年超が経過していれば，当
該相続人（受贈者）による被相続人（贈与者）の国外資産の取得については，わ
が国の相続税等は課されない（このような方法による相続税等の回避スキームを，
「相続人・被相続人 5 年超海外居住による国外資産についての相続税等回避スキーム」
という）し，②仮にそのような要件を満たしていなくとも，海外居住者（非居
住者）が「国外」資産を売却等した場合には，たとえ当該資産に含み益があっ
たとしても，わが国の課税に服することはない。他方，国内資産（日本国内に
所在する不動産，国内の銀行口座に預けられた預金，日本の会社が発行する株式等）に
ついては，ⓐ海外居住者であっても，それを贈与等によって取得した場合には
相続税等の納税義務を負うし，ⓑそれを売却等した場合においても，一定の範
囲でわが国で譲渡所得課税に服する。

　もっとも，国内資産のうち，日本の会社が発行する株式等については，日本

---

1)　名古屋高判平成 25 年 4 月 3 日訟月 60 巻 3 号 618 頁〔中央出版事件〕の事案等が機縁と
　　いわれている。

3 富裕層の海外移住と国外転出時課税制度の創設

【図表】「国外」資産を贈与等した場合における相続税等の課税範囲

被相続人 贈与者（国籍を問わない）＼相続人 受遺者 受贈者	日本国内に住所あり（居住者）	日本国内に住所なし（非居住者）		
		日本国籍あり		日本国籍なし
		5年以内のある時点で日本国内に住所あり	5年を超えて日本国内に住所なし	
日本国内に住所あり	無制限納税義務者／全世界財産に課税	無制限納税義務者	全世界財産に課税	制限納税義務者
日本国内に住所なし（5年以内のある時点で日本国内に住所あり）	無制限納税義務者／全世界財産に課税	無制限納税義務者	全世界財産に課税	制限納税義務者
日本国内に住所なし（5年を超えて日本国内に住所なし）	無制限納税義務者／全世界財産に課税	無制限納税義務者	日本国内の財産のみ課税	制限納税義務者

(注) 1　相続税の納税義務者のうち，特定納税義務者はこの表に含まれない。
　　　2　住所・国籍の有無の判断は，原則として財産取得の時を基準とする。
※　財務省主税局『平成25年度　税制改正の解説』所掲の表を基にして筆者ら作成

　国内に所在する不動産の場合と異なり，海外居住者がそれを売却等したときにわが国の譲渡所得課税がなされるケースはかなり限定されており，大雑把にいって，(i)その総資産の50％以上が日本の不動産で構成されている日本企業の株式（以下「日本不動産類似株式」という）を2％（上場会社の場合は5％）超売却等した場合か，(ii)売却等の年以前3年以内に25％以上の株式を保有しているオーナーやその関係者が，1年間に5％以上の日本企業の株式を売却等した場合に限って，わが国の譲渡所得課税がなされる（もっとも，住民税相当額については課税されない）。また，海外居住者の居住地国が日本との間で租税条約を締結している場合には，わが国で譲渡所得課税がなされる対象は上記(i)及び(ii)よりも更に限定される（例えば，当該居住地がシンガポールである場合には，上記(i)については，日本不動産類似株式であって上場株式以外のものを売却等するときという要件，上記(ii)については，売却等の年において25％以上の株式をオーナーやその関係者に保有されている日本企業の株式を1年間に5％以上売却等するときという要件が，それぞれ更に満たされる場合にのみ，わが国で譲渡所得課税がなされる）。

　従って，同族会社のオーナーやファンド関係者などの富裕層が，株式の譲渡

についてキャピタルゲイン課税が存在しない国（典型的には，シンガポール，香港，スイス，マレーシア）に移住すれば，その保有する日本企業の株式（非上場の日本不動産類似株式を除く）を売却等した場合におけるキャピタルゲイン課税（わが国の譲渡所得課税を含む）を，大きく圧縮する（場合によっては完全に免れる）ことができるようになる。

2　国外転出時課税制度の創設とその概要

　このような租税回避行為を防止するため，平成27年度税制改正において，新たに国外転出時課税制度（正式名称は「国外転出をする場合の譲渡所得等の特例」制度）が創設され，「国外転出の前10年以内に国内に住所又は居所を有していた期間として政令で定める期間が5年超であった者」（以下「10年以内5年超居住要件」という）が「国外転出」[2][3]する場合には，原則として，その保有に係る株式，新株予約権（権利行使期間が到来しているか否かを問わない），社債（新株予約権付社債を含む），国債，地方債，匿名組合契約の出資持分及び未決済のデリバティブのポジション等[4]（以下「本制度対象資産」という）の含み損益につい

---

2)　新所法60条の2第1項では，「国外転出（国内に住所及び居所を有しないこととなることをいう。）」とされており，所法2条1項42号で定義される「出国」と区別されている。居住者に関しては，上記42号の出国は「国税通則法第117条第2項（納税管理人）の規定による納税管理人の届出をしないで国内に住所及び居所を有しないこととなること」とされている。居住者が，納税管理人の届出をして「国外転出」した場合，国外転出時課税制度の適用対象にはなり得るが，「出国」には該当しないので，準確定申告義務（所法127条）は生じないという関係にある。

3)　従って，以下では国外転出時課税制度の対象となる者を「出国者」ではなく「国外転出者」と呼ぶ。

4)　新所法60条の2第1項乃至第3項並びに平成27年度税制改正及び平成28年度税制改正における改正後の所得税法施行令（以下「新所施令」といい，特に区別する必要がある場合には，平成27年度税制改正による改正後の所得税法施行令を「平成27年新所施令」といい，平成28年度税制改正による改正後の所得税法施行令を「平成28年新所施令」ということがある）参照（以下では，特に断りなき限り，有価証券を念頭に置いて論じる）。なお，民法上の任意組合の出資持分が含まれていないのは，任意組合が税務上パス・スルーであるためと考えられる（当該組合が有価証券を保有していれば組合員自身が有価証券を保有しているものと看做されるため）。また，平成28年度税制改正により，本制度の対象となる有価証券等の範囲の見直し（有利な条件で発行された新株予約権等，国内源泉所得を生ずべきものを除外）がなされた（平成28年分以降の所得税について適用）（平成28年新所法60条の2第1項，平成28年新所施令170条1項，平成28年新所法附則2条

て，その時点で「実現」したものとみなして，一律 15％の税率（住民税が課税されないため）で譲渡損益課税（実質的には時価評価課税）を行う（未実現のキャピタルゲインだけでなく，未実現のキャピタルロスについても課税上認識される）こととなった（但し，上記の本制度対象資産の国外転出時における評価額の合計額が「1 億円未満」である場合には，かかる譲渡損益課税は行われない。いわゆる「de minimis ルール」である。新所法 60 条の 2 第 1 項・5 項）。なお，ここでいう株式，新株予約権，社債（新株予約権付社債を含む）には，日本企業発行のものだけでなく外国企業発行のものも含まれ，国債，地方債には日本だけでなく外国の政府・地方公共団体発行のものも含まれる（即ち，相続税等の課税との関係で「国外資産」とされるものも，その一部は，本制度の適用対象となる）点には注意が必要である。

　なお，本制度のように，居住性の変更を課税の機会として，国外転出直前の居住者に対して国外転出直前に資産を譲渡したものとみなして時価評価課税を行う制度は，俗に「出国税（Exit Tax）」と呼ばれるが，このうち，制度の対象となる資産を株式等に限定するものは「制限出国税」と呼ばれ，ドイツ，デンマーク，オーストリア，ニュージーランド，オランダ，フランス及びノルウェー等で採用されている。また，制度の対象となる資産に限定がないものは「一般出国税」と呼ばれ，カナダ，オーストラリア，アメリカ[5]で採用されている。本制度はこのうち前者の「制限出国税」の範疇に属する[6]。

　もっとも，本制度には「納税猶予」の仕組みが導入され，国外転出時に担保[7]を提供するとともに，納税管理人の届出をすることを条件に，本制度の対象となった所得税の納税猶予が認められる（新所法 137 条の 2 第 1 項）。そして，この場合には，納税の猶予に係る期間（この期間を「納税猶予期間」という[8]）中，

　　参照）。

5)　2008 年 6 月 17 日以後の国籍離脱・永住権放棄に係る時価評価税。

6)　なお，各国の出国税制度の概要とわが国の 2010 年当時の税制を踏まえた出国税制度導入の意義等につき網羅的に検討した文献として，原武彦「非居住者課税における居住性判定の在り方——出国税（Exit Tax）等の導入も視野に入れて」税大論叢 65 号（2010 年）1 頁がある。

7)　担保は納税額の全額をカバーするものである必要がある（新所法 137 条の 2 第 1 項参照）。

8)　平成 28 年度税制改正（後掲（注 9）参照）においても，納税猶予期間は国外転出の日から 5 年間（延長を受けた場合 10 年間）のまま変更されておらず，納税猶予に係る所得税の納付期限が国外転出の日から 5 年 4 月を経過する日（延長を受けた場合 10 年 4 月を

71

本制度対象資産について売却等を行わず「5年以内」に帰国した場合には，納税猶予の対象となった所得税が最終的に実質的に「なかったもの」とされる[9] [10]（新所法60条の2第6項）。この場合，結局課税がなされないことになるので，本制度対象資産についての税務上の簿価（取得価額）は国外転出時における簿価（取得価額）のまま維持される。他方，結局5年以内に帰国しなかったり，納税猶予期間中に本制度対象資産を売却等した場合には，納税猶予は終了し，その時点で猶予されていた所得税（納税猶予期間に係る利子税も加算される）の納税義務を履行しなければならないことになる[11]。

経過する日）と変更されたのみである。従って，例えば，国外転出の日から5年1月後に帰国した場合でも，納税猶予の対象となった所得税を「なかったもの」とすることはできず，当該所得税を国外転出の日から5年4月を経過する日までに納付する必要がある。

9) 俗に「免除」といわれているが，正確には「免除」ではない。平成26年度税制改正で導入された租税特別措置法70条の7の5（医療法人の持分に係る贈与税の納税猶予）では，免除に関する規定がある（租税特別措置法70条の7の5第11項）ものの，改正された所得税法では免除に関する規定は見当たらず，①国外転出の時に本制度対象資産の譲渡等があったものとみなされ（新所法60条の2第1項），国外転出の日の属する暦年の終了の時に納税義務が成立する（国税通則法15条2項1号）が，②納税の猶予を受けた場合，国外転出の日から5年4月間（延長を受けた場合10年4月間）その納税義務の履行が猶予される（平成28年新所法137条の2第1項）。しかしながら，③5年以内に帰国した場合，あったものとみなされた譲渡等をなかったものとすることができ（新所法60条の2第6項1号），④国外転出の日から5年を経過する日より前に帰国した場合，帰国の日から4月を経過する日が納税猶予に係る所得税の納付期限となり（平成28年新所法137条の2第1項柱書第10括弧書），当該期限までに更正の請求ができる（新所法153条の2第1項），という流れになるものとされている。なお，平成28年税制改正前は，納税猶予に係る所得税の納付期限（上記②及び④）は5年間（延長を受けた場合は10年間）とされていたが（平成27年新所法132条第1項），更正の請求については，当該納税猶予に係る所得税の納付期限から4月を経過する日（即ち国外転出の日から5年4月を経過する日〔延長を受けた場合10年4月を経過する日〕）までに行うものとされているため，納税猶予の適用を受けていた税額を一旦納付する必要が生じることとなっていた。

10) 平成28年度税制改正の結果，本制度の適用により，国外転出の日の属する年分の所得税につき確定申告書を提出等した者は，当該年分の所得税につき修正申告事由が生じた場合（例えば，本制度の適用により生じた譲渡損失の金額について当該年度の所得税の確定申告書を提出した後，国外転出の日から5年を経過する日までに帰国をしたため，かかる譲渡損失の金額が「なかったもの」とされる場合），修正申告書を提出することができるものとされた（平成28年新所法151条の2第1項）。

11) 納税の猶予は，一般に「納期限経過後における納税義務の履行を猶予すること」（金子宏『租税法〔第22版〕』〔弘文堂，2017〕939頁）とされている。ここでの手続的な流れは，①国外転出の日の属する暦年の終了の時に納税義務が一旦成立する（国税通則法15条2

　　　　　　　　　　　　　　③ 富裕層の海外移住と国外転出時課税制度の創設

　なお，納税猶予期間中に本制度対象資産の一部のみを売却等した場合に全体
について納税猶予が取り消されるのか否かが問題となるが，この場合に納税猶
予が取り消されるのはあくまで当該売却等がなされた一部の資産に限られる
（新所法137条の2第5項）[12]。従って，国外転出時に保有していた日本企業の株
式100万株分について納税猶予を受け，納税猶予期間中にそのうち10万株だ
け売却した場合には，当該10万株についてのみ，納税猶予が取り消されるこ
ととなる[13]。

　国外転出者が本制度の適用対象である場合における手続であるが，この場合
に当該国外転出者は，国外転出時に，①他の所得とともに「準確定申告」を行
うか（所法127条1項），②納税管理人の届出をした上で国外転出の翌年に確定
申告を行う[14]か（国税通則法117条），いずれかの申告方法を選択しなければな
らないものとされている。

　なお，この制度は，2015年7月1日以後の国外転出等の場合に適用されて
いる（平成27年新所法附則1条2号，7条，8条，9条）。

　　項1号）が，②納税猶予を受けた場合，国外転出の日から5年4月間（延長を受けた場合
　　10年4月間），その納税義務の履行が猶予される（平成28年新所法137条の2第1項）。
　　他方，③5年以内（延長を受けた場合10年以内）に帰国しない，又は，納税猶予期間中
　　に本制度対象資産を売却等して納税猶予に係る所得税の納付期限が短縮され（新所法137
　　条の2第5項），納税猶予に係る所得税の納付期限が到来した場合，その納税義務の猶予
　　が終了するため，延滞税が課されたり，強制徴収に服することになる，という流れになる
　　ものと解される。
12）　もっとも具体的には，納税猶予の規定の適用を受けている個人が，猶予期間中本制度対
　　象資産の一部のみを売却した場合，売却がなされた本制度対象資産に対応する部分の所得
　　税額については，納税猶予期間を売却の日から4月を経過する日とするものとされており，
　　直ちに納税しなければならなくなるわけではない。
13）　平成28年度税制改正により，国外転出の時以後に同一銘柄の有価証券等を取得した場
　　合において，猶予期間中に当該銘柄の有価証券等を譲渡した場合，その国外転出の時以後
　　に取得した有価証券等を先に譲渡したものと取り扱うものとされた（平成28年新所施令
　　170条8項）。従って，国外転出時に保有していた日本企業の株式100万株について納税
　　猶予を受け，国外転出の時後，同一銘柄の株式20万を取得し，株納税猶予期間中にその
　　うち15万株だけ売却した場合には，その国外転出の時後に取得した20万株のうちの15
　　万株を売却したものと取り扱われるため，納税猶予を受けている100万株についての納税
　　猶予は取り消されないこととなる（20万株超を売却した場合には，全部又は一部につい
　　て納税猶予が取り消される）。
14）　この場合には所得税法上の「出国」には該当しないこととなる。

3 納税猶予期間の延長

　上述のとおり，本制度の下では納税猶予が認められており，その納税猶予期間は原則として5年間とされている（新所法137条の2第1項）。しかしながら，ビジネス上の理由などで，5年間を超える海外滞在が必要な場合もあると考えられることから，納税猶予期間については当初の5年間に加えて5年間[15]（つまり，合計で最大10年間）の延長が認められ得るものとされている（新所法137条の2第2項）。

　このように納税猶予期間の延長が認められた場合には，延長期間を含めた納税猶予期間中に本制度対象資産を売却等せず帰国すれば，猶予されていた所得税は「なかったもの」とされることになる。しかしながら，当該延長期間中，即ち，国外転出後5年が経過した後，納税猶予の期限に係る延長を受けた個人が死亡又は贈与した場合には，前述した「相続人・被相続人5年超海外居住による国外資産についての相続税等回避スキーム」が有効に機能するために必要な「5年超」の国外居住期間要件は満たされないものとされており，当該スキームを延長期間中に用いることはできない。つまり，納税猶予期間の延長制度を利用して国外転出時課税制度の適用を免れつつ，他方で「相続人・被相続人5年超海外居住による国外資産についての相続税等回避スキーム」を利用することはできないものとされている（当該延長期間中に死亡・贈与等があれば，「相続人・被相続人5年超海外居住による国外資産についての相続税等回避スキーム」は機能しないような手当てがされている）。

　具体的には，延長期間も含めた納税猶予期間中に，納税猶予を受ける個人が死亡又は贈与した場合には，死亡前又は贈与前5年以内のいずれかの時において当該個人が国内に住所を有していたものとみなされる結果，当該死亡・贈与に係る相続税等の納税義務者となるものとされている（改正後の相続税法1条の3第2項1号，1条の4第2項1号）。

　なお，納税猶予期間が延長された場合を含め，納税猶予期間中，国外転出者は日本の「居住者」ではないものとされるが，帰国後5年以内に再度国外転出

---

15) 新所法137条の2第2項では，「届出書を，納税地の所轄税務署長に提出した場合には，同項〔第1項〕中『5年』とあるのは，『10年』とする」と規定されているため，5年間未満の延長は認められていないものと解される。

した場合等において当該再度の国外転出時に国内居住期間（5年間超）が足りず，本制度の適用対象外となってしまうという事態を防ぐため，「国内に住所若しくは居所を有していた期間として政令で定める期間」には，国内に住所又は居所を有していた期間だけでなく，納税猶予期間も含まれるものとされている（新所法60条の2第5項，新所施令170条3項）。その意味で，国外転出直近の10年内において日本の居住者である期間が5年以内でも，上記のような例外的な場合には本制度の適用があり得ることになる。

4　納税猶予期間中における本制度対象資産の価値の下落

　本制度の下で納税猶予を受けて国外転出した場合，納税猶予期間中に本制度対象資産の資産価値が下落し，国外転出時の時価よりも低い金額で当該本制度対象資産を売却等することになったときは，納税猶予が終了したということで当該資産の「国外転出時における時価－その時点の税務上の簿価」について譲渡損益課税を行うと，国外転出後の資産価値の下落分について「課税し過ぎ」の状態が生じることとなってしまう。このような場合に，上記の「課税し過ぎ」の状態を解消するため，当該資産の国外転出時の時価と売却時の時価との差額に対応する所得税額について更正の請求を行うことができるものとされている（新所法153条の2第2項）。但し，この更正の請求（又は減額更正）ができるのは，納税猶予に係る所得税の納付期限までに限られる。この点，厳密には，譲渡等が行われたときは，譲渡等があった日から4月を経過する日が納税猶予に係る所得税の納付期限となって（新所法137条の2第5項），その納税猶予に係る所得税の納付期限までに更正の請求をすることが必要とされており，譲渡等を行った後でも，当初の納税猶予に係る所得税の納付期限である「国外転出の日から5年4月が経過した日」（延長後は10年4月が経過した日）まで更正の請求が認められるものでない点には注意を要する。

　同様に，本制度の下で納税猶予を受けて国外転出し，国外転出後に本制度対象資産の売却等を行わないままに納税猶予期間が満了したが，国外転出時と比較して当該資産の資産価値が下落していた場合にも，上記の更正の請求を行うことができるものとされている（新所法153条の2第3項）。即ち，上記の場合に，納税猶予期間満了時点で納税猶予を受けた本制度対象資産の時価が国外転出時

より下落しているときには，国外転出時の時価と納税猶予期間満了時の時価との差額に対応する所得税額について更正の請求を行うことができるものとされている。

5　国外転出先で本制度対象資産について課税を受けた場合の調整

本制度の対象となる国外転出者の国外転出先の国が香港やシンガポール，スイス，マレーシア等のような株式等についてキャピタルゲイン課税が存在しない国ではない場合，本制度により国外転出時に本制度対象資産の未実現のキャピタルゲインにつき課税がなされ，国外転出中に当該資産を売却等した場合には，当該資産のキャピタルゲインにつき国外転出先の国の税制に基づき更に課税がなされることになる。

この場合，同一のキャピタルゲイン課税につき国外転出先の国と日本とで二重に課税がなされる事態を防ぐため，仮に国外転出先における本制度対象資産の売却等に伴うキャピタルゲインの計算に際して，わが国で本制度の適用を受けたことによる課税分についての税務上の簿価のステップアップがなされなかった場合[16]には，本制度により課された所得税の額から国外転出先で当該資産の売却等に関して課された外国所得税の額を控除することで，二重課税を解消するものとされている（新所法95条の2第1項，所法95条）。

6　贈与等による本制度対象資産の非居住者への移転

(1)　贈与者等による国外転出がない場合

本制度は，本制度対象資産が（その所有者が国外転出をすることなく）贈与等により非居住者に移転した場合にも適用されるものとされている。具体的には，「直近の10年内で5年間超わが国の居住者であって，現在居住者である者」が，

---

16)　この点，例えば，オーストラリア，カナダ及びデンマークでは，入国者に対して，出国側の国で出国税が課されたか否かに拘わらず，譲渡所得税の対象となる全ての資産について，税務上の簿価を，その時点における時価までステップアップさせることが認められている（このステップアップは，入国側の国の非居住者であった期間に生じた個人の資産について生じた値上り益を譲渡所得税から除外することを目的としている）。また，オーストリア及びオランダでは，実質的な株式保有について，上記と同様のステップアップが認められている。以上につき，原・前掲（注6）75～76頁参照。

国外転出することなく、贈与等によって本制度対象資産を非居住者に移転させた場合には、当該居住者（当該資産の移転者）に対して、当該資産の「贈与等の時点における時価－税務上の簿価（取得価額）」につき、譲渡損益課税等がなされるものとされている（新所法60条の3第1項）。即ち、この部分については、本制度は単なる「国外転出時」課税制度に止まるものではなく、一定の範囲でその制度の適用範囲が拡張されている（国外転出することなく、海外に居住する子女等に贈与等する場合にも本制度の対象となり得る）といえる。

この場合、前記Ⅰ1において述べた「被相続人・贈与者が贈与等の時点までに海外居住が5年超である場合」との要件を満たさないため、当該贈与等によって本制度対象資産の移転を受けた非居住者は、①その者が唯一の相続人・受贈者であって、且つ、②贈与等の対象となる資産・負債が本制度対象資産しか存在しない場合には、原則として、本制度対象資産が国内資産であるときは勿論、それが国外資産であるときも、当該資産の贈与等の時点における時価につき、日本の相続税等の課税を受けることになる。つまり、当該贈与等によって移転された本制度対象資産については、大雑把にいって、その「贈与等の時点における時価－税務上の簿価（取得価額）」については、移転者（居住者）側に対して課される本制度の下における、日本の譲渡損益課税と被移転者（非居住者）側に対して課される日本の相続税等とがダブルで課されることになる[17]（もっとも、これは、下記(2)で述べるとおり、国外転出後5年以内に本制度対象資産につき日本の非居住者に対して贈与がなされた場合でも同様である）。

この点、本制度創設前においては、当該贈与等によって本制度対象資産の移転を受ける者が日本の居住者であるか非居住者であるかに拘わらず、移転者（居住者）側では、移転される当該資産の「贈与等の時点における時価－税務上の簿価（取得価額）」については、贈与等の時点では譲渡損益課税はなされず、被移転者が当該資産を売却等するまでその譲渡損益課税は繰り延べられる

---

17) 相続税額は、各相続人又は受遺者の「課税価格」（相続又は遺贈によってその者が得た財産の合計額から、その者の負担に属する債務等を控除して算出される）の合計額から、基礎控除の金額を控除した額に基づいて、法定相続人が法定相続分に応じて取得したと仮定した場合の税額を算出し、その合計額を各相続人及び受遺者にその課税価格に応じて按分する形で算出される（相続税法11条乃至17条）。

（もっとも，被移転者は，贈与等の時点で，大雑把にいって，その資産の時価につき，相続税等の課税は受ける）ものとされていた（所法59条，60条，165条参照）ところ，本制度の創設により，「直近の10年内で5年間超わが国の居住者であって，現在居住者である者」から本制度対象資産の移転を受ける者が非居住者である場合には，当該資産の含み損益に対する譲渡損益課税の時点が，贈与等の時点まで繰り上がる（被移転者が当該対象資産を売却等するまでの間における課税繰延べは認められない）結果となった。もっとも，当該贈与等による移転の日から5年以内に，①全ての被移転者が帰国した場合，②被移転者が居住者に贈与等した場合，③被移転者が死亡し，被移転者の相続人及び受贈者が全て居住者となった場合のいずれかの場合には，当該贈与等をなかったものとすることができ（新所法60条の3第6項），該当することになった日から4月以内に，更正の請求をすることができるものとされている（新所法153条の3第1項）。

(2)　贈与者等による国外転出がある場合

イ）　納税猶予期間中に贈与があった場合

また，納税猶予の適用を受けて国外転出した者が，納税猶予期間中に贈与によって本制度対象資産を日本の非居住者に対して移転させた場合には，納税猶予期間中に本制度対象資産を「売却等」した場合と同様に，贈与の日から4月を経過する日まで納税猶予に係る所得税の納付期限が短縮され，当該資産の含み損益について本制度に基づく譲渡損益課税がなされる（新所法137条の2第5項）。

ロ）　納税猶予期間中に相続・遺贈があった場合

他方で，納税猶予の規定の適用を受けて国外転出した者が納税猶予期間中に死亡し，相続又は遺贈によって本制度対象資産が日本の非居住者に対して移転した場合については，「当該国外転出をした者に係る納税猶予分の所得税額に係る納付の義務は，当該国外転出をした者の相続人が承継する」と規定されており，贈与の場合と異なり，納税猶予に係る所得税の納付期限は短縮されず，納税義務は相続人に承継されるものとされている（新所法137条の2第13項，新所施令266条の2第7項）[18]。つまり，当該相続人は，納税猶予

---

[18]　この場合，納税猶予期間の残存期間を引き継ぐこととなるが，当該非居住者は，相続開

期間満了後，納税猶予に係る所得税の納付期限までに，猶予されていた所得税（納税猶予期間に係る利子税も加算される）の納税義務を履行しなければならないことになる。

もっとも，納税猶予期間中，移転を受けた相続人の全てが居住者となった場合，国外転出時に行われたものとみなされた譲渡等のうち，当該相続又は遺贈によって移転があった有価証券等についての全ての譲渡等がなかったものとすることができるものとされており（新所法60条の2第6項3号・7項），非居住者である相続人の全てが帰国した場合には，国外転出した者が納税猶予期間中に帰国した場合と同様に，納税猶予の対象となった本制度に係る所得税が最終的に「なかったもの」とされる。

ハ）小　括

以上をまとめると，従来は，相続人（受贈者）と被相続人（贈与者）の両方が海外移住をし，実際に海外に住所を移してから5年超が経過していれば（即ち，前述の「相続人・被相続人5年超海外居住による国外資産についての相続税等回避スキーム」を用いていれば），当該相続人（受贈者）による被相続人（贈与者）からの「国外」資産の取得については，わが国の相続税等は課されないだけでなく，被相続人（贈与者）もわが国の課税に服することはなかった。これに対し，本制度の導入によって，上記スキームを用いて所要の期間が経過していても，少なくとも本制度対象資産に該当するような国外資産（典型的には外国企業の株式等）については，被相続人（贈与者）側に対して，当該資産の「国外転出時における時価－税務上の簿価（取得価額）」に関する譲渡損益課税（＋猶予期間に係る利子税の課税）がなされる（もっとも，この場合でも，当該相続人〔受贈者〕は，引き続き当該資産の取得について相続税等の納税義務を負わない）こととなったわけである。

それ故，相続人（受贈者）と被相続人（贈与者）の両方が海外移住をし，それぞれ5年超を過ごすことによる国外資産についての相続税等の回避スキーム（前述の「相続人・被相続人5年超海外居住による国外資産についての相続税等回

始があったことを知った日の翌日から4月以内に納税管理人の届出をする必要がある（新所施令266条の2第7項）。

避スキーム」）は，本制度が適用される限度で，その節税効果が減殺される（少なくとも，被相続人〔贈与者〕が国外転出する時点までの本制度対象資産の含み益については譲渡損益課税を受ける）こととなった。

Ⅱ　本制度創設の影響

　本制度の創設は，世界各国で採用が進んでいるいわゆる「出国税」のうち，前述の「制限出国税」をわが国でも創設するというものであって，日本企業の株式等や外国企業の株式等を大量に保有している同族会社のオーナーやファンド関係者などの富裕層の海外移住の動きに大きな影響が生じているものと考えられる。制度自体は，日本企業の株式等や外国企業の株式等の本制度対象資産を保有するわが国の居住者が海外に移住する場合には，一定の条件の下に，当該資産の含み損益に課税するというもので，わが国の課税ベースがこれら居住者の海外移住によって浸食されることを防止するという意味では，広い意味で，現在 OECD 及び G 20 の共同プロジェクトとして進められている「BEPS（税源浸食と利益移転）プロジェクト」の一環を成すものといえる。

　そして，本制度の創設により，相続人（受贈者）と被相続人（贈与者）の両方が海外移住をし，それぞれ 5 年超を過ごすことによる国外資産についての相続税等の回避スキーム（前述の「相続人・被相続人 5 年超海外居住による国外資産についての相続税等回避スキーム」）は，本制度が適用される限度で，その節税効果が減殺される（少なくとも，被相続人〔贈与者〕が国外転出する時点までの本制度対象資産の含み益については譲渡損益課税を受ける）ので，わが国企業の本社の海外移転（いわゆるコーポレート・インバージョン）の動きにも，事実上，一定のブレーキがかかっているのではないかと思われる（本制度創設前は，わが国企業の株式等をコーポレート・インバージョンによって外国持株会社の株式等に転換すれば，「相続人・被相続人 5 年超海外居住による国外資産についての相続税等回避スキーム」により，当該わが国企業の株式等についての〔相続人・受贈者に対する〕相続税等だけでなく，当該株式等の含み益についての被相続人・贈与者に対する株式譲渡所得課税も実質的に回避することが可能であったが，本制度の創設により，少なくとも後者の株式譲渡所得課税については完全に回避することは不可能になった）。

③ 富裕層の海外移住と国外転出時課税制度の創設

　もっとも，本制度は，「相続人・被相続人5年超海外居住による国外資産についての相続税等回避スキーム」のような租税回避目的で行われる富裕層の海外移住に対してだけでなく，経済のグローバル化に伴う，純粋にビジネス上の理由に基づく企業経営者の海外移住に対しても適用されるため，潜在的には，租税回避目的以外の事業上の目的でなされるわが国企業の本社の海外移転の動きや本社機能の一部の海外移転の動きにも抑制的な効果が及んでいるのではないかと考えられる[19][20]。

　その意味で，経済のグローバル化が進む中で，本制度が創設されたことによるインパクトは相当に大きいと考えられる。同族会社のオーナーやファンド関係者などだけでなく，自社株やストック・オプションを大量に保有する企業経営者等を含めた富裕層が海外に移住することを検討する場合には，本制度に精通した弁護士，税理士等の専門家によるアドバイスを受けるなどして，本制度を十分に理解しておくことが必須であろう。

---

[19]　もっとも，2015年の時点では，本制度の適用対象となるわが国居住者の数は100名オーダーではないかと推測されていたようである（山川博樹＝中島礼子＝岩品信明「〔座談会〕出国税を語りつくす」税務弘報63巻6号（2015年）77頁〔山川発言〕参照）。

[20]　他方，在留外国人については，出入国管理法及び難民認定法の別表第一の上欄の資格（例えば，いわゆる企業内転勤ビザによる資格）でわが国に在留している期間は，本制度の適用要件の一つである前述の「10年以内5年超居住要件」との関係で，国内居住期間から除かれるものとされており（新所施令170条3項1号参照），通常は，本制度の対象となることはないものと思われる。もっとも，いわゆる配偶者ビザによる資格でわが国に滞在している期間は，原則として，上記の「10年以内5年超居住要件」との関係でも国内居住期間にカウントされるものとされており（但し，一定の経過措置につき，平成27年所施令附則8条2項参照），注意が必要である。

4 行動2：ハイブリッド・ミスマッチ・アレンジメントの無効化

伊 藤 剛 志

I は じ め に

ハイブリッド・ミスマッチ・アレンジメント（hybrid mismatch arrangement）とは，事業体や金融商品に対する異なる国・地域間の税制上の取扱いの違いを利用して税負担の軽減を図るスキームや仕組みの総称である。ハイブリッド・ミスマッチ・アレンジメントは，二重「非」課税（即ち，所得課税のループホール）や長期の課税繰延効果を発生させ，関係する各国の総額での課税ベースを浸食する。ハイブリッド・ミスマッチ・アレンジメントは，納税者がそれぞれの国・地域の課税ルールに完全に従いながらも，その税制上の違いが利用されて課税ベースが浸食されているという特徴があり，関係する国・地域が足並みを揃えて対応する必要が高い。そのため，OECD の BEPS プロジェクトの行動計画2では，ハイブリッド・ミスマッチ・アレンジメントの無効化が取り上げられ，これを達成するための勧告が行われた。

ハイブリッド・ミスマッチ・アレンジメントは，BEPS プロジェクト以前にも，OECD の報告書で取り上げられその問題点を指摘されていたが[1]，BEPS プロジェクトの行動計画2では，ハイブリッド金融商品やハイブリッド事業体による二重非課税・二重控除・長期課税繰延べなどの効果を無効化するための租税条約の規定の開発及び国内租税ルールの設計に関する勧告が求められた[2]。2013年7月の BEPS 行動計画の公表後，行動計画2については，2014年3月に討議草案が公表され，2014年9月に中間報告書[3]（以下「中間報告書」という）

---

1) 最終報告書にも言及があるが，例えば，Addressing Tax Risks Involving Bank Losses（OECD, 2010），Hybrid Mismatch Arrangements: Tax Policy and Compliance Issues（OECD, 2012）など。

2) Action Plan on Base Erosion and Profit Shifting（OECD, 2013）参照。

が公表された。その後，2015 年 10 月に，他の行動計画に係る報告書と共に，行動計画 2 に係る最終報告書[4]（以下「最終報告書」という）が公表された[5]。最終報告書は，2014 年 9 月の中間報告書と基本的な内容は同じであるが，報告書で勧告されたルールを適用した具体例が豊富に追加されたほか，貸株やレポ取引，第三国を介したハイブリッド・ミスマッチ・アレンジメント，CFC 税制との関係などについて，さらなる検討結果が追加されている。

行動計画 2 の最終報告書は，400 頁を超えるものとなっている。最終報告書は，二部構成になっており，第 1 部では，ハイブリッド・ミスマッチ・アレンジメントを類型化して検討し，その効果を無効化するための国内法上の課税ルールに係る勧告を，第 2 部では，租税条約上の問題の分析と勧告を行っている。また，最終報告書では，第 1 部で勧告されているハイブリッド・ミスマッチ・アレンジメントを無効化する国内法上の課税ルールが，具体的にどのように適用されるかを豊富な設例により解説しており，かかる設例による解説が最終報告書の半分を占めている。

本稿は，かかる行動計画 2 の最終報告書の内容を概説し，若干の考察を行う。

II　国内法に係る勧告

1　ハイブリッド・ミスマッチの類型

最終報告書は，租税政策上，問題となるミスマッチ効果を特定し，そのミスマッチ効果を無効化するルール制定の勧告を行っている。勧告は，ハイブリッド・ミスマッチ・アレンジメントを通じて，以下の 3 つのいずれかの結果が生

---

3)　Neutralising the Effects of Hybrid Mismatch Arrangements, Action 2: 2014 Deliverable（OECD, 2014）.

4)　Neutralising the Effects of Hybrid Mismatch Arrangements, Action 2: 2015 Final Report（OECD, 2015）.

5)　最終報告書が公表される以前の BEPS 行動計画 2 の解説としては，吉村政穂「BEPS 行動計画 2：ハイブリッド・ミスマッチ取決めの効果否認について」報告書『グローバル時代における新たな国際租税制度のあり方』（21 世紀政策研究所，2014 年），岡村忠生「国際課税におけるミスマッチとその対応について」（公社）日本租税研究協会・第 66 回租税研究大会記録『法人税改革と激動する国際課税』（日本租税研究協会，2014 年）60 頁など。

じる支払いを問題としている。

(a) 損金算入／益金不算入：Deduction ／ No Inclusion （D/NI outcome）（以下「D/NI ミスマッチ」という）

支払者では損金に算入されるが，受領者では益金に算入されない（又は通常の所得として課税されない）支払い。

(b) 二重損金算入（ないし二重控除）：Double Deduction （DD outcome）（以下「D/D ミスマッチ」という）

ある国で損金算入された支払いが，他の国でも損金算入される場合。同一の支払いについて，2つ以上の国で所得を減じるものとなる。

(c) 間接的な損金算入／益金不算入：indirect Deduction ／ No Inclusion （indirect D/NI outcome）（以下「間接 D/NI ミスマッチ」という）

第三国を介した D/NI ミスマッチが生じる場合。例えば，A 国の支払者にて損金算入された支払いが，B 国の受領者にて益金に算入されたが，B 国の受領者がハイブリッド・ミスマッチ・アレンジメントに基づいて，当該益金算入された支払いを相殺する支払い（損金算入される支払い）を行い，ハイブリッド・ミスマッチ・アレンジメントに基づく C 国の受領者の下では，その受領した金額について，益金に算入されない場合には，A 国と C 国との間で，間接 D/NI ミスマッチが生じることとなる（詳細は後述9を参照）。

なお，本稿では便宜上，我が国の租税実務にてよく用いられる「益金」への「算入」又は「不算入」との表現を用いるが，最終報告書が問題としているのは，「通常の所得に含まれる（included in ordinary income）」かどうかという点にある。ここでいう「通常の所得（ordinary income）」とは，納税者の限界税率に服する所得で，免税措置，課税所得への不算入措置，税額控除その他の特定の類型の支払いに適用される租税上の軽減措置（配当に係る間接税額控除など）の利益を得ることのない所得を意味している。但し，我が国における外国源泉徴

収税の直接税額控除のように，支払者の国・地域における源泉徴収税等の租税のために受領者の国・地域において与えられる税額控除その他租税軽減措置については，これの適用があったとしても「通常の所得」として課税されているものと整理されている[6]。

また，本稿では，deduction（又はdeductible）を，便宜上「損金算入」と表現しているが，最終報告書上では，（支払者の国・地域の法令に基づいた支払いの適切な性質及び取扱いの決定により）ある支払いが，納税者の所得算定上，控除される又はそれに相当する租税軽減措置が与えられる，という意味で用いられている[7]。

最終報告書は，国内法について12の勧告を行っているが，勧告9から勧告12はルール制定の設計原理と定義に関するものであって，ハイブリッド・ミスマッチ・アレンジメントへの対応そのものの勧告は勧告1から勧告8までである。このうち，勧告1から勧告5はD/NIミスマッチを取り扱うものであり，勧告6及び勧告7がD/Dミスマッチ，勧告8が間接D/NIミスマッチに係るものである。国内法についての勧告は，いわゆるlinking ruleの採用を通じて，ミスマッチを生じさせる商品や取引等について，関係する二国間の課税上の取扱いを揃えることを目指すものとなっている。

2　勧告1──ハイブリッド金融商品ルール

勧告1は，D/NIミスマッチが生じる金融商品・金融取引に係る支払いを対象とするものである。勧告1は，D/NIミスマッチが生じる一定の金融商品・金融取引に係る支払いについて，①第一次的には，支払者における損金算入を否定する（一次対応ルール），②支払者の存在する国・地域がミスマッチ無効化の対応を行わない場合には，D/NIミスマッチを無効化するために必要な範囲で，受領者の存在する国・地域において当該支払いを益金に算入する（防御ルール。一次対応ルールとあわせて，以下「ミスマッチ無効化ルール」という）という国内法の制定を勧告している。

---

6)　最終報告書のRecommendation 12の「Ordinary income」の定義を参照のこと。

7)　最終報告書のRecommendation 12の「Deduction」の定義を参照のこと。

勧告１は，次の３つの金融取引を対象としている。

① 金融商品（financial instruments）：当該国・地域の法令において debt（負債），equity（出資）又は derivative contracts（デリバティブ契約）と取り扱われる取引。ハイブリッド移転を含む。

② ハイブリッド移転（hybrid transfers）：金融商品の移転を伴う取引で，租税上の取扱いの差異により，二以上の納税者が当該金融商品を保有していると取り扱われるもの。

③ 代替支払（substitute payments）：金融商品の移転を伴う取引で，支払いが当該移転資産の金融又はエクイティ出資の対価として支払われ，当該支払いとかかる移転金融商品についての受取りに係る租税上の取扱いの違いにより，ハイブリッド金融商品ルールの抜け穴となるようなもの。

（1）　金融商品（financial instruments）

勧告１における金融商品（financial instruments）は，支払者及び受領者の双方の国・地域の法令により debt（負債），equity（出資）又は derivatives（デリバティブ）の課税ルールに基づいて課税される取引・仕組みを意味し，後述のハイブリッド移転を含むとされる[8]。

D/NI ミスマッチの結果が生じる金融商品に係る支払いの典型例は，課税上，発行者では debt と扱われるが，保有者では equity と扱われる金融商品に係る利子／配当の支払いである。例えば，以下の図のように，Ｂから Ａ への支払いが，Ｂでは負債に係る利払いと扱われて損金算入されるが，Ａにおいては株式の配当と扱われて益金に算入されない場合である[9]。

後述の勧告２では，このような支払者において損金算入可能な配当支払については，Ａ国において，益金不算入や税額控除等の一般的な株式配当に係る特典を与えないようにする国内法の制定を勧告している。Ａ国に勧告２に従った国内法が制定・適用されれば，当該取引は，そもそも，D/NI ミスマッチを生じさせるものとはならないが，Ａ国にそのような国内法がない場合には，

---

8) 最終報告書の Recommendation 1, 2(a)参照。

9) 最終報告書の Example 1.1 参照。

86

4 行動２：ハイブリッド・ミスマッチ・アレンジメントの無効化

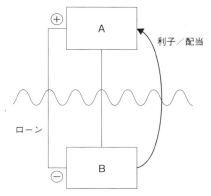

※ 最終報告書の Example 1.1 の図から作成

本勧告１のミスマッチ無効化ルールを適用する必要があり，Ｂ国においてＢの損金算入を否定すべきこととなる。

(2) ハイブリッド移転 (hybrid transfers)

勧告１におけるハイブリッド移転は，次のように定義されている[10]。

> ハイブリッド移転は，(i)納税者が移転資産の所有者であり，当該移転資産に係る取引相手の権利は納税者の義務と取り扱われ，かつ，(ii)取引相手方の国・地域の法令の下では，取引相手方が当該移転資産の所有者であり，当該移転資産に係る納税者の権利は取引相手方の義務として取り扱われる場合における，納税者が相手方と締結した金融商品を移転する全ての取引・仕組みを含む。かかる目的における資産の所有は，納税者が当該資産からの関連するキャッシュ・フローの所有者として課税される結果となる，全てのルールを含む。

D/NI ミスマッチが生じるハイブリッド移転に係る支払いの具体例は，以下のようなレポ取引である[11]。

---

10) 最終報告書の Recommendation 1, 2(b)参照。
11) 最終報告書の Example 1.31 参照。

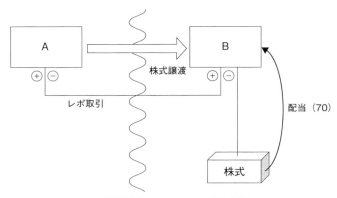

※ 最終報告書の Example 1.31 の図から作成

　即ち，A は，一定期間後に一定の価格で B から対象株式を買い戻すことを約束して，B に対して対象株式を売却する。B は対象株式の配当を受け取る。A の買戻価格は，（B への売渡価格）＋（買戻しまでの（利子相当の）金融費用）－（B が受け取る配当）となる。

　かかるレポ取引において，B 国では取引の形式を重視し，課税上，B が対象株式を所有しているものと取り扱う。そのため，対象株式の配当（70）については益金不算入等の制度により B の益金に入らない。一方，A 国では取引の経済実質を重視し，レポ取引は，課税上，対象株式を担保とした A の借入れと取り扱われる。A 国では，対象株式は A が所有しているものと取り扱われ，対象株式の配当（70）については，A が受領して B への金融費用（借入利子）として支払われたものとして，A の損金に算入される。

　かかるレポ取引では，A において対象株式の配当（70）が金融費用として損金に算入される一方で，B では対象株式の配当（70）相当が B の益金（通常の所得）に算入されておらず，D/NI ミスマッチの結果が生じている。そのため，このような場合，ミスマッチ無効化ルールにより，第一次的には A における 70 の損金算入を否定し，A 国がミスマッチ無効化の対応を行わない場合には，B 国において 70 を益金（通常の所得）に算入することが想定される。

(3) **代替支払（substitute payments）**

　勧告 1 における代替支払は次のように定義されている[12]。

4 行動2:ハイブリッド・ミスマッチ・アレンジメントの無効化

　代替支払とは，原資産である金融商品の金融・出資の対価（financing or equity return）を含む，又はそのような対価を表章する金額の支払いである範囲における，金融商品を移転する取引に基づき行われる支払いで，支払い又は対価が，金融商品に基づく直接のものであれば，(i)支払者の通常所得に含まれていなかった，(ii)受領者の通常所得に含まれていた，又は(iii)ハイブリッド・ミスマッチが生じたもの。

　代替支払は，定義のみでは理解しづらい概念であるが，例えば，貸株取引における配当見合いの支払いが該当しうる[13]。

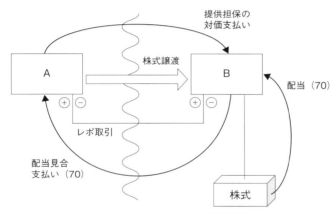

※　最終報告書 Example 1.32 の図から作成

　AはBに対して対象株式を貸し付ける。BはAに対して，対象株式の貸借料のほか，貸借期間中に対象株式について支払われた配当の金額に相当する金額を支払う（以下「配当見合支払い」という）。Bが貸株取引により対象株式を借りる理由は，通常，空売取引を行うためである。即ち，Bは貸株取引により借りた株式を市場等で売却し，一定期間後に，売却価格よりも低い金額で対象株式を購入し，Aに対象株式を返却して貸株取引を終了させる。

---

12)　最終報告書の Recommendation 1, 2 (e)を参照。
13)　最終報告書の Example 1.32 及び 1.34 参照。

かかる貸株取引において，A国では，Aが対象株式を保有しているものと扱われ，AがBから受領する配当見合支払いは，対象株式の配当と同様に，益金に算入しない取扱いをしている。一方，B国では，対象株式の保有者が配当を受領したときに当該配当を益金に算入しない取扱いをしている。また，BからAに対して支払われる配当見合支払いは，Bの所得計算上，損金に算入される。

かかる貸株取引では，BからAに対して支払われる配当見合支払いは，Bにて損金に算入される一方，Aでは益金に算入されず，D/NIミスマッチが生じている[14]。そのため，このような場合，ミスマッチ無効化ルールにより，第一次的にはBにおける配当見合支払いの損金算入を否定し，B国がミスマッチ無効化の対応を行わない場合には，A国において配当見合支払いを益金（通常の所得）に算入することが想定される。

(4) 適用の場面と範囲・例外

D/NIミスマッチは，受領者と支払者との間の支払いの認識の時期の差によっても生じる場合がある。例えば，劣後ローンの利払いで，債務者は利払日が到来した日に利息を損金算入できるが，債権者は実際に利息を受領した日に利息を益金に計上することが認められているときに，劣後ローンに定める利息の支払停止・繰延事由が生じ，利払日に利息が支払われない場合には，D/NIミスマッチが生じる。このような場合，勧告1は，納税者が合理的な期間内に当該支払いが受領者の通常の所得に含まれることを課税当局に証明できることを条件として，支払いの認識の時期の差は，ミスマッチ無効化ルールの対象となるD/NIミスマッチを生じさせるものではないとしている[15]。

---

14) 本事例は，ハイブリッド移転に類似する。しかし，ハイブリッド移転は，取引当事者（A及びB）の両方が対象株式を保有し（その配当に係る益金不算入等の税制上の優遇措置を享受する）者であるのに対して，本事例では，対象株式は第三者に売却されており，B国において，Bが対象株式を保有していると取り扱われているものではないため，ハイブリッド移転とは異なるものと整理される。

15) 最終報告書のRecommendation 1, 1(c)参照。なお，最終報告書のパラグラフ56は，支払者の課税年度の終了後，12か月以内に始まる受領者の課税年度内の通常の所得に含まれることが要求される支払いは，ミスマッチを生じさせるものとして取り扱われるべきではないとしている。

４　行動２：ハイブリッド・ミスマッチ・アレンジメントの無効化

　また，支払いの価値評価や為替相場の変動によっても，支払者における損金算入額と受領者における益金算入額に差異が生じることがありうる。しかしながら，差異が専ら価値評価や為替相場により生じるものは，ミスマッチ無効化ルールの対象外とされる[16]。

　ミスマッチ無効化ルールは，金融商品の契約条件や支払条件に起因するミスマッチに適用され，納税者の租税上の地位や金融商品の所有環境のみに起因して生じるミスマッチを対象としない[17]。例えば，支払いの受領者が免税法人であった場合，D/NI ミスマッチが生じるが，受領者が免税法人であることのみに起因してその D/NI ミスマッチが生じているものであるならば，ミスマッチ無効化ルールは適用されない（支払者における支払いの損金算入は否定されない）。

　さらに，勧告１のハイブリッド金融商品に係るミスマッチ無効化ルールの適用範囲は，「関係者（related person）」への支払いか，納税者が当事者となっている「仕組み取引（structured arrangement）」に基づく支払いのみに限られる[18]。「関係者」や「仕組み取引」の定義は，勧告10及び11に述べられている。「関係者」は原則として，同じ支配関係グループにある者及び25％以上の資本関係（又は共通の第三者による25％以上の資本関係）がある者である[19]。「仕組み取引」は，ハイブリッド・ミスマッチ分の価格が取引条件に反映されている取引（priced into the terms of the arrangement），あるいは，取引事実及び状況（取引条件を含む）からハイブリッド・ミスマッチを生じさせるように計画されたことが示唆される取引を意味する[20]。

　ミスマッチ無効化ルールの適用の例外として，支払者における支払いの損金算入を認める政策目的が，支払者及び受領者の租税中立性を維持することにある場合には，ミスマッチ無効化ルールのうち，一次対応ルール，即ち，支払者における支払いの損金算入を否定するルールは適用されない[21]。典型的には，投資信託や投資法人の場合である。例えば，日本でも，一定の要件の下，投資

16）　最終報告書のパラグラフ53及び54参照。
17）　最終報告書の Recommendation 1, 3 参照。
18）　最終報告書の Recommendation 1, 4 参照。
19）　最終報告書の Recommendation 11, 1 (a)参照。
20）　最終報告書の Recommendation 10 参照。
21）　最終報告書の Recommendation 1, 5 参照。

法人や特定目的会社による余剰金の配当を損金の額に算入し[22]，一方，配当の受領者では（法人の）配当の益金不算入の規定や（個人の）配当控除を適用しないこととしている[23]。外国法人からの受取配当について益金不算入や税額控除を認める国・地域の受領者が，このような投資信託や投資法人からの配当を受領する場合，D/NIミスマッチが生じるが，支払者側で一次対応ルールの適用，即ち，支払いの損金算入の否定を行わないものとされている。しかしながら，受領者の国・地域における防御ルールの適用，即ち，受領した支払いの益金（通常の所得）への算入は行われるものとされる。

(5) CFC税制との関係

最終報告書では，中間報告書段階では必ずしも明らかではなかった外国子会社合算税制（CFC税制）との関係についても，一定の整理がされている。即ち，最終報告書では，支払者において損金算入される支払いが受領者において益金に算入されていない場合でも，CFC税制を通じて，受領者の株主の益金に算入されているのであれば，D/NIミスマッチとして取り扱うべきではないという方向性が示されている。もっとも，CFC税制を通じて受領者の株主の益金に算入されていることを理由にミスマッチ無効化ルールの適用を避けようとする納税者は，課税当局に対して，支払いが株主の益金に完全に算入されており限界税率にて課税されることを証明すべきとされており，そのような証明がある場合にのみミスマッチ無効化ルールの適用除外を認めるべきとされている[24]。

なお，CFC税制の適用対象となる典型例は，所得課税のないタックス・ヘイブンにある法人であるが，所得課税制度のない国の受領者への支払いについては，支払者にて損金算入されていたとしても，最終報告書は，D/NIミスマッチを生じさせるものではないと整理している[25]。益金への算入は，受領者の国・地域において通常の所得として算入されているか否かが問題となるものであり，そもそも，支払いが算入される所得課税が全くなければ，益金不算

---

22) 租税特別措置法67条の15第1項，67条の14第1項。

23) 租税特別措置法67条の15第6項，67条の14第6項，9条1項6号及び7号。

24) 最終報告書のパラグラフ36から38，及びExample 1.24参照。

25) 最終報告書のExample 1.6参照。

4 行動2：ハイブリッド・ミスマッチ・アレンジメントの無効化

入自体が生じないとされる。

3　勧告2──金融商品の租税上の取扱いについての個別勧告

　勧告2は，クロスボーダーの金融商品について，D/NIミスマッチを防ぐための租税上の取扱いに係る個別の勧告である。具体的には，2つの勧告がなされている。

　1つは，支払者にて損金算入可能な配当については，受領者において益金不算入や税額控除などの支払配当に係る特典（その他の経済的な二重課税を排除・軽減する特典）を与えないとする国内法を設けることである[26]。

　もう1つは，ハイブリッド移転において税額控除の二重取りを防ぐため，ハイブリッド移転における直接税額控除を，当該取引による納税者の純所得に比例したものに制限することである[27]。上記2(2)で説明したレポ取引の例で言えば，対象株式の配当に係る源泉徴収税について，B国ではBが対象株式を保有する者として税額控除を主張する一方，A国ではAが対象株式を保有する者として税額控除を主張することができるとすると，源泉徴収税に係る税額控除による利益をA及びBのいずれもが享受できることとなり，過度に税額控除を認めることになりかねない。そのため，税額控除を認める範囲を，当該取引による納税者の純所得に対する税額に制限する国内法を設けることを勧告している。

　これらについては，「関係者」や「仕組み取引」のみに適用範囲を限定する勧告1と異なり，その適用範囲は限られていない[28]。

4　勧告3──無視されるハイブリッド支払いを無効化するルール

　勧告3は，支払者の国・地域で損金算入されるが，受領者の国・地域では，支払者及び受領者間の支払いが行われていないとみなされる（認識されない，無

---

26)　最終報告書のRecommendation 2, 1参照。なお，我が国でも，平成27年度税制改正にて，外国子会社において損金の額に算入することとされている配当については，外国子会社配当の益金不算入制度の対象外とする改正が行われたところである。法人税法23条の2第2項参照。

27)　最終報告書のRecommendation 2, 2参照。

28)　最終報告書のRecommendation 2, 3参照。

視される）支払いを対象とする。勧告は，このような支払いを「無視される支払い（disregarded payment）」と，このような支払いをする支払者を「ハイブリッド支払者（hybrid payer）」と呼んでいる[29]。

勧告3が対象とする「無視される支払い」は，ハイブリッド事業体による支払いにおいて，生じることが多い。出資者がある事業体に対して出資を行っている場合に，当該事業体が，当該出資者の国・地域においては，課税上，透明な（transparent）存在ないし出資者と同一の課税主体として取り扱われるが，当該事業体が存在する国・地域においては，不透明な（opaque）存在ないし出資者とは別の課税主体として取り扱われる事業体は，一般に，「ハイブリッド事業体（hybrid entity）」と呼ばれる。

(1) **無視される支払いにおけるD/NIミスマッチ**

勧告3が対象とするD/NIミスマッチは，例えば，次のようなものである[30]。

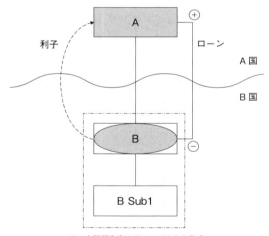

※　中間報告書のFigure 2.3から作成

B国法人のBは，A国法人であるAのB国にある100％子会社である。BはAから金銭を借り入れており，Aに対して利子を支払う。A国の税制上，

---

29)　最終報告書のRecommendation 3, 3参照。
30)　最終報告書にて取り上げられている具体例は複雑であるため，中間報告書のパラグラフ72から74の事例を用いる。

Bは無視される事業体（disregarded entity）であり，Aの一部（支店）として取り扱われる。そのため，BからAへの利払いは，A国の税制上は内部取引でありA国では無視される（disregarded payment）。また，BのB国における100％子会社であるB Sub1は，A国の税制上も，Aとは別法人と取り扱われ，B Sub1の事業の損益が直接にAの所得と扱われることはない。一方，Bは，B国ではAとは異なる独立の法人と扱われる[31]。Bは持株会社であり収入はない。Bは，B国の税制に従いB国で連結納税を行う。この場合，B国において，BがAに支払った利子費用は，連結納税を通じて，BのB国子会社であるB Sub1のB国での課税所得（及び税額）を減らすことになる。

　上記の事例では，BからAへの利子費用の支払いは，B国においてB及びB Sub1の合計所得を減らすものでありながら，A国において益金へ算入されておらず，D/NIミスマッチが生じている。

　このようなD/NIミスマッチに対して，勧告3は，勧告1の金融商品に対するミスマッチ無効化ルールと同様のルール，即ち，①第一次的には，支払者における損金算入を否定する（一次対応ルール），②支払者の存在する国・地域がミスマッチ無効化の対応を行わない場合には，D/NIミスマッチを無効化するために必要な範囲で，受領者の存在する国・地域において当該支払いを益金（通常の所得）に算入する（防御ルール）旨の国内法の制定を勧告している[32]。上記の事例で言えば，一次対応ルールとして，B国がBの利子費用の損金算入を否定し，B国がそのような対応を行わない場合に，A国はAの受取利息をAの益金（通常の所得）に算入することとなる。

(2)　二重算入収入（dual inclusion income）

　上記の事例において，問題とされているD/NIミスマッチは，Bの支払利子により，B Sub1の所得，即ち，Aの所得に算入されない所得が減り，これに対応するAの所得の増額が存在していないという点であって，Bの所得が減ることが問題とされているものではない点に留意する必要がある。仮に，Bに（A国で）所得課税の対象となる収入があり（例えば，B Sub1から経営指導料を受

31）　即ち，BはA国ではtransparent，B国ではopaqueと扱われるハイブリッド事業体である。

32）　最終報告書のRecommendation 3. 1(a)及び(b)参照。

領），Ｂの支払利子がその収入の範囲内のものであれば，ＢからＡへの支払利子は，Ａ国及びＢ国の総額での課税ベースを減らすこととならない。

　勧告は，ハイブリッドな事業体の存在を前提としており，ハイブリッドな事業体の所得が両国間で所得課税の対象となりうることが考慮されている。そのため，勧告３は，支払者の国・地域及び受領者の国・地域の双方で課税上の収入に含まれる収入（dual inclusion income，二重算入収入）と相殺される範囲では，支払者の国・地域における損金算入の取扱いはＤ/ＮＩミスマッチを生じさせるものではなく，「無視される支払い」は，二重算入収入ではない収入と相殺される場合にハイブリッド・ミスマッチが生じるものとされる[33]。また，同様の考えから，二重算入収入を超過する費用控除については，他の課税期間の二重算入収入との相殺が認められる[34]。

(3) 適用範囲

　勧告３の無視される支払いに係るミスマッチ無効化ルールの適用範囲は，関係する当事者が同じ「支配グループ（control group）」か，支払者が当事者となっている「仕組み取引（structured arrangement）」に基づく支払いのみに限られる[35]。「仕組み取引」は，上記２(4)で述べたところと同じであるが，「支配グループ」は，「関係者」よりも範囲が狭く，原則として，企業会計上の連結対象となる関係，実効的支配又は共通の者による実効的支配下にある関係，50％以上の出資又は議決権保有の関係，OECDモデル租税条約（以下「OECDモデル租税条約」という）９条の特殊関連企業に該当する関係にある者である[36]。

5　勧告４──リバース・ハイブリッド・ルール

　勧告４が対象とする「リバース・ハイブリッド（reverse hybrid）」とは，ハイブリッド事業体の逆パターンである。即ち，出資者がある事業体に対して出資を行っている場合に，当該事業体が，当該出資者の国・地域においては，課税上，不透明な（opaque）存在ないし出資者とは別の課税主体として取り扱わ

---

33)　最終報告書の Recommendation 3, 1 (c)及び 3 参照。
34)　最終報告書の Recommendation 3, 3 (d)参照。
35)　最終報告書の Recommendation 3, 4 参照。
36)　最終報告書の Recommendation 11, 1 (b)参照。

4 行動 2：ハイブリッド・ミスマッチ・アレンジメントの無効化

れるが，当該事業体が存在する国・地域においては，透明な (transparent) 存在ないし出資者と同一の課税主体として取り扱われる事業体を意味する[37]。

リバース・ハイブリッド事業体は，例えば，次のような D/NI ミスマッチを引き起こす可能性がある[38]。

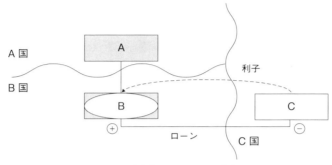

※　中間報告書の Figure 2.4 から作成

　Bは，A国の課税上は法人として取り扱われるが，B国の課税上は，Bは透明な存在として取り扱われ，Bの収入及び費用は，全てその出資者であるAに帰属するものとして取り扱われている。BはC国のCに対して貸付けを行っており，CはBに対して貸付利息を支払う。Cの支払う利息は，C国において損金算入される。しかしながら，B国では，当該利息はAの収入であるとして課税せず，A国では当該利息はBの収入であるとして課税をしない。その結果，C国で損金算入された利息に対応する受取利息の収入は，A国でもB国でも課税されず，D/NI ミスマッチが生じることとなる。

　勧告4は，このようなリバース・ハイブリッドが引き起こす D/NI ミスマッチについて，リバース・ハイブリッド事業体，その投資者及び支払者の全てが同じ支配グループの者である場合，又は支払者が当事者となっている「仕組み取引」に基づく支払いである場合には，支払者における損金算入を否定する国内法を設けることを勧告している[39]。

---

37)　最終報告書の Recommendation 4. 2 参照。
38)　中間報告書のパラグラフ 80 から 82 の事例。
39)　最終報告書の Recommendation 4. 1 及び 4 参照。

97

勧告 4 は，リバース・ハイブリッド事業体を通じて支払いが生じたことによる D/NI ミスマッチを無効化することを目的としており，そもそも，支払いがリバース・ハイブリッド事業体の出資者に直接に行われた場合に課税されない支払いについては，ミスマッチ無効化ルールの対象としていない[40]。例えば，上記の事例で A が A 国の免税法人であり，C が A に対して直接に利払いを行った場合でも，A の受取利息が A 国で課税されない場合である[41]。

また，リバース・ハイブリッド事業体を通じた支払いの受領であっても，当該支払いが外国子会社合算税制（CFC 税制）を通じて出資者の通常の所得に算入されている場合や，リバース・ハイブリッド事業体の所在地国（上記事例で言えば B 国）が源泉地国として通常の所得と同様に課税している場合には，D/NI ミスマッチは生じないものと取り扱うべきとされている[42]。

なお，リバース・ハイブリッド・ルールに係る勧告 4 は，一次対応ルールのみであり，防御ルールは勧告されていない。これは，次に述べる勧告 5 が防御ルールに相当するものを含むものだからであると解される。

6　勧告 5——リバース・ハイブリッドの課税上の取扱いに係る個別勧告

勧告 5 は，リバース・ハイブリッド事業体を通じた支払いの D/NI ミスマッチに関して，3 つの個別の国内法措置を勧告している。

1 つめは，外国子会社合算税制（CFC 税制）その他のオフショア投資の課税制度の改善に係る勧告である。具体的には，外国子会社合算税制や外国投資ファンド税制など，出資者の所在する国・地域の課税制度において，海外事業体から出資者に配賦される所得を海外事業体にて当該所得が発生した時点で，出資者の通常の所得に算入しなければならない制度を充実・改善することである。海外事業体がリバース・ハイブリッド事業体であったとしても，支払者にて損金算入された所得が出資者において益金（通常の所得）に算入されることとなれば，D/NI ミスマッチの効果を無効化できる[43]。

---

40)　最終報告書の Recommendation 4, 3 参照。
41)　最終報告書の Example 4.1 参照。
42)　最終報告書のパラグラフ 150 及び 153 参照。

4 行動2：ハイブリッド・ミスマッチ・アレンジメントの無効化

　2つめは，リバース・ハイブリッド事業体の収入が当該事業体に所在する国・地域の課税に服するものではなく，当該収入が同じ「支配グループ」内の非居住者出資者の課税対象にも算入されない場合には，リバース・ハイブリッド事業体の所在する国・地域が当該事業体を課税上透明な存在（又は出資者と同一とされる存在）と取り扱うことを止め，通常の居住納税者と取り扱う旨の国内法を設けることを勧告している[44]。上記5記載の事例で言えば，D/NIミスマッチを生じさせている支払いが，リバース・ハイブリッド事業体が存在する国，即ちB国で通常の所得と同様に課税されるのであれば，D/NIミスマッチは生じないこととなるから，B国がBを課税上透明な存在として取り扱うことを止め，Bを納税主体と取り扱ってBの通常の所得としてB国が課税すればよい，という考えである。

　3つめは，情報申告である。課税上，透明な又は出資者と同一とされる事業体が設立された国・地域において，当該事業体に係る適切な情報提供申告制度を定め，当該事業体の出資者や各出資者の所有割合，各出資者に配賦された収入及び費用等の正確な情報を維持し，出資者及び課税当局が適切に入手できるようにすることである。このような正確な情報申告により，納税者も課税当局も，非居住者である出資者に対して配賦された支払い等について適切な決定ができるようになる[45]。

7　勧告6——損金算入可能なハイブリッド支払いを無効化するルール
(1)　ハイブリッド支払者とD/Dミスマッチ

　勧告6は，ハイブリッド支払者（hybrid payer）によるD/Dミスマッチ（二重控除ミスマッチ）を対象とするものである。次のような事例[46]が典型である。

　B国法人のBは，A国法人であるAのB国にある100％子会社である。Bは銀行から金銭を借り入れており，銀行に対して利子を支払う。A国の税制上，Bは無視される事業体（disregarded entity）であり，Aの一部（支店）として取

---

43)　最終報告書のRecommendation 5, 1及びパラグラフ171から173参照。
44)　最終報告書のRecommendation 5, 2及びパラグラフ174及び175参照。
45)　最終報告書のRecommendation 5, 3及びパラグラフ176参照。
46)　中間報告書のパラグラフ93から96参照。

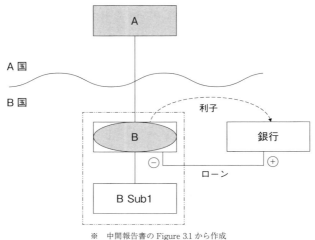

※　中間報告書の Figure 3.1 から作成

り扱われる。そのため，Bが銀行へ支払った利子は，A国の税制上は，Aの所得から控除する（損金算入する）ことができる。一方，Bは，B国ではAとは異なる独立の法人と扱われる。Bは持株会社であり収入はない。Bは，B国の税制に従いB国で連結納税を行う。この場合，B国において，Bが銀行に支払った利子は，連結納税を通じて，BのB国子会社であるB Sub1のB国での課税所得（及び税額）を減らすことになる。

　かかる事例では，Bの銀行へ支払った利子が，B国でB及びB Sub1の合計所得を減らす一方で，A国でもAの所得を減らすこととなり，D/Dミスマッチが生じる。このようなD/Dミスマッチは，例えば，B国が非居住者の支店（恒久的施設）を連結納税制度の対象としており，Bではなく，AのB国支店が銀行へ利子を支払い，かつ，B Sub1と連結納税がされる場合にも，同様のD/Dミスマッチが生じる。勧告6では，このようなD/Dミスマッチを生じさせる支払者を「ハイブリッド支払者（hybrid payer）」と呼んでいる[47]。

---

47)　最終報告書の Recommendation 6, 2 参照。当該勧告は，支払者の国・地域の法令により損金算入可能な支払いに関して，(a)支払者は当該支払者のある国・地域の法令による居住者ではなく，当該支払いが，支払者が居住者とされる国・地域（parent jurisdiction）の法令により，支払者（又はその関連者）の二重控除を引き起こす場合，又は(b)支払者は当

4 行動 2 : ハイブリッド・ミスマッチ・アレンジメントの無効化

　ハイブリッド支払者による D/D ミスマッチに対して，勧告 6 は，①一次対応として，親会社の国・地域（上記の事例では A 国）において，A における損金算入を否定し，②親会社の国・地域が損金算入を否定しない場合には，支払者（B）における損金算入を否定する国内法の制定を勧告している[48]。

(2)　二重算入収入（dual inclusion income）

　勧告 6 においても，二重算入収入に関して勧告 3 と同様の考え方がとられている。即ち，両国で損金算入される費用が，両国で益金に算入される収入と相殺される範囲では，両国の課税ベースの総額を減らすことはない。

　そのため，A 国及び B 国の双方で課税上の収入に含まれる収入（dual inclusion income，二重算入収入）と相殺される範囲では，D/D ミスマッチは生じないものとされ，A 国及び B 国の双方で損金算入可能な二重控除支払いは，支払者の国・地域の法令に基づき，二重算入収入ではない収入と相殺される場合にハイブリッド・ミスマッチが生じるものとされる[49]。

　また，同様の考えから，二重算入収入を超過する費用控除は，他の課税期間の二重算入収入との相殺が認められる。なお，収入と相殺されることなく損切りされてしまう損失の発生（stranded loss）を防ぐために，二重算入収入を超過する損金算入可能な費用が，他の国・地域の二重算入収入以外の収入と相殺され所得を減額することがないことを納税者が証明する場合には，一方の国において，当該費用を二重算入収入以外の所得から控除することを許容することも可能とされている[50]。

(3)　適 用 範 囲

　勧告 6 の損金算入可能なハイブリッド支払ルールについては，一次対応ルールは全ての者に対して適用し，防御ルールについては，同じ「支配グループ

　　該支払者のある国・地域の法令による居住者であり，当該支払いが，他の国・地域（parent jurisdiction）の法令により支払者（又はその関連者）の出資者の二重控除を引き起こす場合，当該支払者はハイブリッド支払者と取り扱われる旨を定めている。本文の事例に即して言えば，B がハイブリッド事業体である場合が(b)であり，A の B 国支店が用いられる場合が(a)である。

48)　最終報告書の Recommendation 6. 1(a)及び 1(b)参照。
49)　最終報告書の Recommendation 6. 1(c)及び 3 参照。
50)　最終報告書の Recommendation 6. 1(d)参照。

(control group)」か，支払者が当事者となっている「仕組み取引（structured arrangement）」に基づく支払いのみに限るものとしている[51]。

8　勧告7――二重居住者による支払い

勧告7は，D/Dミスマッチを生じさせる二重居住者の支払いを対象とする勧告である。二重居住者（dual resident）とは，課税上，二以上の国・地域の居住者として取り扱われる納税者である[52]。二重居住者による支払いは，その支払いが二重算入収入以外の収入と相殺されてD/Dミスマッチを生じさせる可能性がある。例えば，次のような事例[53]である。

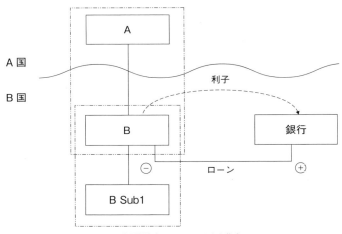

※　中間報告書のFigure 3.2から作成

B国に設立された会社であるBは，A国にあるAの100％子会社であり，B国にあるB Sub1の100％親会社である。Bは，A国及びB国の両方で居住者として扱われ，A国でもB国でも連結納税制度の対象の法人に含まれる。即ち，A国では，AとBの所得を合算した申告が行われ，B国ではBとB Sub1の所得を合算した申告が行われる。Bは，銀行借入れの利子を支払うが，Bに収

---

51)　最終報告書のRecommendation 6, 4参照。
52)　最終報告書のRecommendation 7, 2参照。
53)　中間報告書のパラグラフ101及び102の事例。

④　行動2：ハイブリッド・ミスマッチ・アレンジメントの無効化

入はない。

　この場合，Bの支払った利子は，A国での連結納税制度を通じて，Aの課税所得と相殺される一方で，B国での連結納税制度を通じて，B Sub1の課税所得と相殺されるため，A国及びB国の両方で，課税所得を減らすこととなり，D/Dミスマッチが生じる。

　なお，この場合にも，二重算入収入（dual inclusion income）の考え方は，勧告6と同じである。即ち，損金算入される費用が，二重算入収入と相殺される範囲ではD/Dミスマッチが生じるものではなく，二重算入収入ではない収入と相殺されて課税されるべき所得の額を減じているときにD/Dミスマッチが生じているものとされる[54]。他の課税期間の二重算入収入との相殺や，収入と相殺されることなく損切りされてしまう損失の発生（stranded loss）を防ぐための，他の国・地域の二重算入収入以外の収入と相殺される可能性がない場合の例外についても，勧告6と同様である[55]。

　このような二重居住者の支払いによるD/Dミスマッチについて，勧告7は，D/Dミスマッチが生じている範囲で，支払者における損金算入を否定する国内法を設けることを勧告している。

　二重居住者による支払いの場合，当該支払者は，いずれの国においても居住者として取り扱われることから，いずれの国も，一次対応として損金算入を否定するルールを適用することとなり，防御ルールは定められていない。また，ルールの適用対象となる者の範囲も，特段，制限されておらず，二重居住者であれば，常に当該ルールの適用対象となる[56]。

---

[54]　最終報告書のRecommendation 7, 1(b)及び3参照。

[55]　最終報告書のRecommendation 7, 1(c)参照。

[56]　最終報告書のRecommendation 7, 4参照。なお，いずれの国も二重居住者が支払った費用の損金算入を否定する場合には，当該費用は，いずれの国の課税所得からも控除されず，経済的な二重課税が生じる可能性があるが，最終報告書は，そのような二重課税のリスクはやむを得ないものと考えているように思われる。最終報告書のパラグラフ227及びExample 7.1参照。

9　勧告8——輸入されたミスマッチを無効化するルール
(1)　輸入されたミスマッチ支払いとハイブリッド控除

　勧告8は，「輸入されたミスマッチ支払い」を対象とするものである。「輸入されたミスマッチ支払い（imported mismatch payment）」とは，ハイブリッド・ミスマッチ・アレンジメントを無効化するルールに服していない受領者に対する損金算入可能な支払いを意味する[57]。「輸入されたミスマッチ支払い」が問題とされる理由は，次のような事例[58]を想定すればわかりやすい。

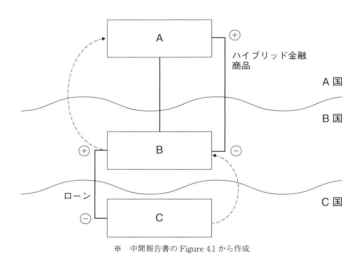

※　中間報告書のFigure 4.1から作成

　A，B，Cは，それぞれ，A国，B国，C国の法人であり，Aを頂点とするグループ会社である。Aは，ハイブリッド金融商品を利用してBに対して資金を提供し，BはCに対して通常のローンによって，資金を提供した。Cは，Bに対して利息を支払うが，これはCの損金に算入される一方，Bの益金に算入される。BはAに対して，ハイブリッド金融商品に係る利子として，Cからの利息収入に相当する金額を支払う。かかるBの利払いは，Bにて損金に算入されるが，Aにおいては益金に算入されない。

---

[57]　最終報告書のRecommendation 8, 3参照。
[58]　中間報告書のパラグラフ106及び107の事例。

かかる事例においては，Cにおいて損金算入された支払いは，実質的にはBを通じてAが受け取っているものであるが，Aにおいては益金に算入されず，D/NIミスマッチが生じている。B国が最終報告書の勧告に従ったハイブリッド・ミスマッチ・アレンジメントを無効化する国内法を定めていれば，BのAに対する支払いの損金算入は，関連するミスマッチ無効化ルールに従って，損金算入が否定されることになる。しかしながら，B国がミスマッチ無効化ルールを有していない場合，仮に，C国が勧告1，3，4，6及び7の一般的なミスマッチ無効化ルールを定めていたとしても，これらのルールでは対応できない。Cの支払いはBにおいて益金に算入されており，その支払いだけをみると，ミスマッチは生じていないからである。

このように，D/NIミスマッチ又はD/Dミスマッチを生じさせる支払い（勧告8では，「ハイブリッド控除（hybrid deduction）」と呼んでいる[59]）は，ミスマッチ無効化ルールを持たない国・地域の納税者を介した通常の取引を通じ，容易に持ち込まれる可能性がある。ハイブリッド・ミスマッチ・アレンジメントを無効化するためには，このようなハイブリッド・ミスマッチの持ち込みにも対応する国内法が必要である。

そのため，勧告8は，受領者の国・地域において受領者が「ハイブリッド控除」と相殺される範囲で，支払者の国・地域において「輸入されたミスマッチ支払い」に係る支払者の損金算入を否定する国内法の制定を勧告している[60]。

(2)　追跡ルールと優先順位

「輸入されたミスマッチ支払い」はD/NIミスマッチ又はD/Dミスマッチを生じさせる「ハイブリッド控除」と相殺される範囲で，その損金算入を否定するものとされる。即ち，損金算入を否定される「輸入されたミスマッチ支払い」及びその金額は「ハイブリッド控除」に関連付けられたものである必要がある。上記(1)の設例のような場合は，比較的単純であるが，複数の事業体や取引が関係する「輸入されたミスマッチ支払い」と「ハイブリッド控除」では，いかなる支払いがいかなる範囲で否定されるべきか，その関連付けを定める

---

59)　最終報告書のRecommendation 8, 2 参照。
60)　最終報告書のRecommendation 8, 1 参照。

ルールが必要となる。

　この点，最終報告書では，以下の３つのルールを以下の順に適用して，損金算入を否定すべき「輸入されたミスマッチ支払い」とその金額を定めるべきとしている[61]。

　(a)　仕組み取引による輸入ミスマッチ・ルール

　　　問題となる「ハイブリッド控除」が仕組み取引（structured arrangement）の一部である場合には，当該仕組み取引の一部，かつ，当該「ハイブリッド控除」を生じさせる支出の資金を直接又は間接に提供している「輸入されたミスマッチ支払い」と，当該「ハイブリッド控除」が相殺されているものと取り扱う。

　(b)　直接輸入ミスマッチ・ルール

　　　(a)によりミスマッチが無効化されない範囲のものについて，納税者の「ハイブリッド控除」が，同じ支配グループ内の他の納税者から当該納税者に対して直接に行われた「輸入されたミスマッチ支払い」により比例的に相殺されているものとして取り扱う。

　(c)　間接輸入ミスマッチ・ルール

　　　(b)を適用しても残る「ハイブリッド控除」は，「余剰ハイブリッド控除」として，同じ支配グループ内のその他の納税者の「輸入されたミスマッチ支払い」により間接的に当該「余剰ハイブリッド控除」を生じさせる支出の資金が提供されているかどうかを検討する。

(3)　適 用 範 囲

　輸入されたミスマッチ支払いについての勧告８も，他の多くのルールと同様，輸入ミスマッチ取引の当事者が同一の「支配グループ」である場合，又は支払者が当事者となっている「仕組み取引（structured arrangement）」に基づく支払いに適用するものとされる[62]。

---

61)　最終報告書のパラグラフ246参照。

62)　最終報告書のRecommendation 8, 4参照。

4 行動2：ハイブリッド・ミスマッチ・アレンジメントの無効化

10　勧告9から勧告12について

　勧告9は，各国が第1部の勧告に従って国内法ルールを整備する場合の制度設計の原則と，その執行にあたっての各国の協調について勧告するものである。制度設計の原則としては，税優遇の取りやめではなくミスマッチ効果の無効化を目的とするものであること，包括的で自動適用されるものであること，ルール間の調整を通じて二重課税を回避するものであること，既存の国内法に対する混乱を最小限とすること，明確かつ透明であること，各国に導入されるルールは十分な柔軟性をもったものであるべきこと，納税者のコンプライアンス・コストを最小とすること，及び課税当局の執行負担を最小化することが勧告されている。また，勧告9は，勧告されているミスマッチ無効化に係る国内法ルールが首尾一貫して効果的に実施及び適用されることを確保する方策について各国が協力すべき旨を述べ，具体的には，合意されたガイドラインの制定，適用タイミングを含むルール実施の調整，過渡期の暫定ルールの制定，ミスマッチ無効化ルールが効果的に首尾一貫して実施されているかどうかに関する検証，ハイブリッド金融商品及びハイブリッド事業体の取扱いに関する情報交換，納税者が関連する情報を入手できるようにするための努力，他のBEPS行動計画における勧告との相互作用についての検討などの方策を勧告している。

　勧告10から勧告12は，第1部の国内法ルールの勧告上の概念の定義について定めている。紙幅の関係上，重要な用語について言及する。

　勧告10は「仕組み取引（structured arrangement）」の定義である。「仕組み取引」の一般的な定義としては，ハイブリッド・ミスマッチ分の価格が取引条件に反映されている取引（priced into the terms of the arrangement），あるいは，取引事実及び状況（取引条件を含む）からハイブリッド・ミスマッチを生じさせるように計画されたことが示唆される取引とされ[63]，さらに，「仕組み取引」の具体例として，①ハイブリッド・ミスマッチを生じさせるように設計された（又はその計画の一部である）仕組み，②ハイブリッド・ミスマッチを生じさせるために使われる条件，実行手順又は取引を組み込んだ仕組み，③租税上の一部又は全部の利点がハイブリッド・ミスマッチに由来しており，その全部又は一

---

[63]　最終報告書の Recommendation 10, 1 参照。

部が租税上有利な商品であるとして販売されている仕組み，④ハイブリッド・ミスマッチが生じる国・地域の納税者に対して主として販売されている仕組み，⑤ハイブリッド・ミスマッチが利用できなくなった場合に，経済的リターンを含む，仕組みの取引条件を変更する特徴を含む仕組み，⑥ハイブリッド・ミスマッチがなければ，収益がマイナスとなる仕組み，を挙げている[64]。また，「仕組み取引」を対象とするルールは，納税者及びその支配グループの全てが，ハイブリッド・ミスマッチを知らなかったと合理的に考えられ，ハイブリッド・ミスマッチから生じる租税上の利益を共有していない場合には，納税者は，仕組み取引の当事者と取り扱われない旨を明らかにしている[65]。

　勧告 11 は，「関係者（related person）」及び「支配グループ（the same control group）」についての定義である。前述のように，「関係者」は，原則として，同じ支配関係グループにある者及び 25％以上の資本関係（又は共通の第三者による 25％以上の資本関係）がある者，「支配グループ」は，「関係者」よりも範囲が狭く，原則として，企業会計上の連結対象となる関係，実効的支配又は共通の者による実効的支配下にある関係，50％以上の出資又は議決権保有の関係，OECD モデル租税条約 9 条の特殊関連企業に該当する関係にある者である[66]。資本や議決権の所有割合の計算にあたって，他の事業体を通じた間接的な所有は，割合的に算出することが想定されている[67]。また，議決権や資本の所有又は支配に関して，「共に行動する者（acting together）」による合算についても言及されており，具体的には，同一家族の者，他者の希望に沿って常に行動する者，議決権又は出資の価値又は支配に重大な影響を有する取決めの当事者，議決権又は出資の所有又は支配が，同じ者（又は同じグループ内の者）により管理されている場合を挙げている[68]。なお，集団投資ビークルの運営者が，投資実行の条件・投資の性質・ハイブリッド・ミスマッチが行われた状況から，2 つのファンドが当該投資に関して共に行動して行われたものではないことを

---

64)　最終報告書の Recommendation 10, 2 参照。
65)　最終報告書の Recommendation 10, 3 参照。
66)　最終報告書の Recommendation 11, 1(a)及び(b)参照。
67)　最終報告書の Recommendation 11, 1(c)及び Example 11.3 参照。
68)　最終報告書の Recommendation 11, 3 参照。

課税当局の満足するように証明した場合には，当該2つのファンドによる出資は合算されるべきではないとされている。

Ⅲ　租税条約上の問題に関する勧告

　最終報告書の第2部は，不適切な租税条約上の利益を得るためにハイブリッド金融商品やハイブリッド事業体が用いられないようにするためのOECDモデル租税条約の規定の改正と，国内法改正に係る勧告から生じる租税条約上の問題を検討したものである。具体的には，二重居住者，透明な事業体，第1部の国内法改正の勧告と租税条約の関係について述べられている。

1　二重居住者（Dual-resident entities）

　最終報告書は，まず，行動計画6（租税条約の濫用防止）で勧告されたOECDモデル租税条約の新4条3項に言及する。新4条3項は，当局間は，相互協議により租税条約上の二重居住者をどちらの居住者とするかを決定するように努力する旨，当該相互協議による合意がなされるまでは，二重居住者は租税条約上の特典・免除を受けられない旨を規定している。

　しかしながら，最終報告書は，かかる租税条約上の規定のみでは，国内法ではある国の居住者だが，租税条約上は相手国の居住者，というタイプの二重居住者によるBEPSに対処できないことも指摘している。例えば，A国国内法でA国居住者とされる者が，国外で生じた損失をA国内の連結納税制度等を通じて他のA国の内国法人の所得を減ずることに利用する一方，国外利益についてはB国居住者として租税条約上の保護を主張する場合などである。かかる問題は，国内法で解決される必要があり，最終報告書は，一般否認規定による対処のほか，租税条約上の相手国居住者は，国内法上は，居住者でないものとみなす旨の規定を定めることによる対処方法を提案している。

2　透明な事業体に関する租税条約の規定

　2つめは，透明な事業体を利用して，不適切な租税条約上の利益を得ることを防ぐためのOECDモデル租税条約の改正についての勧告である。具体的に

は，OECD モデル租税条約の1条2項に，いずれか一方の国において全部又は一部が課税上透明なものとして扱われる事業体又は取引を通じて得た所得は，当該一方の国の課税上，当該国の居住者の所得と扱われる範囲で，当該一方の国の居住者の所得とみなされる，という課税上透明な事業体に関する規定を定め，また，同時に OECD モデル租税条約のコメンタリーもそれに対応した改正を行うことを勧告している。

3　国内法改正の勧告と租税条約の関係

　最終報告書の第2部の最後では，第1部の国内法改正の勧告と租税条約の関係の整理及び国内法改正の勧告による租税条約の各規定の改正の要否について言及している。

　この点，第1部では，ミスマッチが生じる場合の支払者における損金算入（ないし課税所得からの控除）を否定する国内法の制定を勧告しているが，損金算入（ないし課税所得からの控除）を認めるか否かは国内法の問題であり，租税条約と抵触しないとしている[69]。

　また，第1部では，防御ルールとして，支払者の国・地域が損金算入を否認しない場合に，受領者の国・地域での益金（通常の所得）への算入を勧告しているところ，勧告されているルールは，受領者が居住者又は恒久的施設を有する非居住者である場合を想定しており，主として，OECD モデル租税条約23A 条又は23B 条による二重課税排除が問題となると分析している。

　OECD モデル租税条約は，二重課税排除の方法として，免除方式（23A 条）と税額控除方式（23B 条）を定めている。

　このうち，免除方式（23A 条）は，一方の締約国の居住者が租税条約の規定に従って他方の締約国において租税を課されうる所得を取得し又は財産を所有する場合には，原則として，一方の締約国が当該所得又は財産についての租税を免除する旨を定めている。第1部の国内法改正に係る勧告の中で，損金算入可能な配当に対する免税措置の制限は，かかる租税条約規定との抵触が問題となりうる。もっとも，OECD モデル租税条約23A 条では，第2項において，

---

69)　最終報告書のパラグラフ 437 参照。

（免除方式を採用する場合でも）配当については税額控除方式による旨の規定になっているため，最終報告書は，OECD モデル租税条約 23 A 条と同じ規定で締結された租税条約については，損金算入可能な配当に対する免税措置の制限は租税条約上，問題とならないとしている。しかしながら，二国間租税条約では OECD モデル租税条約から乖離し，居住者が重要な株式保有を行っている外国会社からの配当に関して免除方式を適用している場合がある。また，源泉地国で課税されていない所得に関する免税方式の問題は従前から指摘されてきており，源泉地国で租税を免除等する場合の居住地国課税を定める OECD モデル租税条約 23 A 条 4 項の規定が提案されているが，多くの二国間租税条約では，当該規定を採用していない。最終報告書は，免税方式を採用する国は，OECD モデル租税条約 23 A 条 4 項の規定を租税条約に入れること，損金算入可能な配当に対して（免除方式ではなく）税額控除方式を適用する旨の規定を入れることなどを検討すべきことを示唆している[70]。

　一方，税額控除方式（23 B 条）は，外国税額控除の適用方法はもともと国内法に委ねられているところでもあり，第 1 部の勧告と矛盾しないものと考えられるが，最終報告書では，OECD モデル租税条約の規定と異なる二国間租税条約において問題となる可能性について指摘がされている。

　最後に，最終報告書は，第 1 部の国内法改正の勧告と OECD モデル租税条約 24 条の無差別規定との関係を検討し，具体的な国内法規定の文言によるもの，原則として，第 1 部の勧告に従った国内法規定は無差別条項との抵触問題の懸念を生じさせるものではないだろうとしている。

Ⅳ　考　　察

最終報告書にて示された勧告について，次の点を指摘することができる。

1　税率に対して中立
ハイブリッド・ミスマッチ・アレンジメントに係る最終報告書の勧告は，限

---

70)　最終報告書のパラグラフ 442 から 444 参照。

界税率により課税される通常の所得の課税標準から遺漏が生じていること，即ち，D/NI ミスマッチのように通常の所得に含まれていないか，つ/D ミスマッチのように通常の所得からの過剰な控除が生じていることを問題視し，それを防ぐ課税ルールの策定を勧告するものであるが，一方で，その通常の所得の課税標準に対する税率のレベルは問題とされていない。例えば，高税率国にある支払者による支払いが，通常の所得に対して1％の税率で課税される国の受領者に対して行われ，それが受領者において通常の所得として1％の税率で課税されているのであれば，ミスマッチは生じていないと整理することになる。さらに，最終報告書では，法人所得課税の制度を有していない国の法人に対する損金算入可能な支払いは，D/NI ミスマッチを生じさせるものでないことが明らかにされている[71]。

このような前提は，ハイブリッド・ミスマッチ・アレンジメントを無効化するルールを各国が整備したとしても，タックス・ヘイブンなど，そもそも，無税又は低税率国を利用した課税ベースの浸食へは対抗できない可能性がある旨を示すものである。一方で，無税又は低税率国への対応は，ハイブリッド・ミスマッチ・アレンジメントに特有のものではなく，行動計画3（CFC税制の強化）などの他の行動計画により対応すれば良いとの割り切りがあるようにみられる。

2　支払者側の国における源泉徴収

前述のように，ハイブリッド・ミスマッチ・アレンジメントに係る最終報告書の勧告は，特定の支払いについて，通常の所得の課税標準に算入されているか，通常の所得の課税標準からの過剰な控除・損金算入が生じていないか，という視点での分析がなされ，支払者側の国・地域にて控除・損金算入を否定するか，受領者側の国・地域において通常の所得への算入・益金算入をする，という解決方法を勧告するものである。

そこでは，支払者側の国・地域において支払いに課税される可能性のある源泉徴収税は，主要な検討の対象とはされておらず，かかる源泉徴収による解決

---

71)　最終報告書の Example 1.6 参照。

4 行動2：ハイブリッド・ミスマッチ・アレンジメントの無効化

は考えられていない。例えば，（平成27年度税制改正前の日本の海外子会社配当の益金不算入制度のように）海外子会社において損金算入可能な配当について，受領した親会社において益金に算入されない場合であっても，海外子会社の所在する国において配当に係る源泉徴収税が課税され，受領した親会社においては，現地での源泉徴収税を税額控除の対象としないのであれば，必ずしも「二重非課税」ではないと評価することもできよう。

　しかしながら，最終報告書の立場は，源泉地において源泉徴収税に服するという理由で通常の所得に含まれていると取り扱うべきではない，というもの[72]であり，源泉地における源泉徴収のみではハイブリッド・ミスマッチの無効化策としては十分ではないとの考えがあるように思われる。源泉地における源泉徴収は，租税条約等により制限される可能性があり，近年の先進国間の租税条約では，源泉地における課税を制限する方向にあること，受領者側の国による外国源泉徴収税に係る税額控除の可能性もあることを考えると，最終報告書の整理は，一定の合理性を有するものと理解できるように思われる。

3　コンプライアンス・コストの懸念

　最終報告書が勧告する国内法ルールは，linking rule により関係する国・地域における課税上の取扱いを揃えるというのを基本的な方針としている。その結果，かかるルールを適用する納税者は，問題となる取引について，他国での課税上の取扱いに照らして，自国の課税上の取扱いを定める必要が生じる。納税者は，他国での課税上の取扱いに係る情報を適時に集めて判断しなければならず，課税ルールに適切に従って申告をするためのコストは上昇する。一部のハイブリッド・ミスマッチを無効化するルールの適用については，「仕組み取引」や「関係者」又は「支配グループ」のみを対象とするものもあるが，かかる制限のみで適切な範囲に絞り込むことが可能か，検討される必要があろう。

　また，勧告に従って国内法を整備するためには，それを関連する国内の租税法令の規定として定める必要があり，大なり小なり，国内の法概念を前提とし，あるいは，それに依拠した規定となる可能性も高い。そのような場合には，外

---

72)　最終報告書のパラグラフ407参照。

国の法令や制度との対応関係が不明確なものが生じる可能性も多分にあり，そのような不明確性に起因するリスクやコストが生じることも懸念される。

V　おわりに

　「行動2：ハイブリッド・ミスマッチ・アレンジメントの無効化」については，我が国政府は，平成27年度税制改正にて，海外子会社からの受取配当に係る益金不算入制度について，損金算入可能な配当を同制度の適用対象から除外する改正を行っていることから，一応の対応を講じたと整理しているようであり，それ以外の最終報告書で提示されたハイブリッド・ミスマッチの無効化ルールを国内法に導入するのか，仮に導入する場合にはどのようなスケジュールで導入するか，必ずしも，現時点では明らかではない。

　しかしながら，グローバルに活動する企業においては，最終報告書の勧告内容を踏まえ，各国の対応を見極めながら，ハイブリッド・ミスマッチの無効化ルールへの対応を検討する必要があろう。

4 行動2：ハイブリッド・ミスマッチ・アレンジメントの無効化

ミスマッチ	取引	国内法改善の個別勧告	ハイブリッド・ミスマッチ・ルールの勧告		
			一次対応ルール	防御ルール	対象範囲
D/NIミスマッチ	ハイブリッド金融商品(Hybrid financial instrument)【勧告1】	損金算入可能な支払いについて、受取配当非課税の対象にしない。源泉徴収に係る税額控除を対応部分に制限。【勧告2】	支払者における損金算入を否認。	受領者での通常の所得への算入。	関係者間の取引、仕組み取引。
	ハイブリッド事業体による無視される支払い【勧告3】		支払者における損金算入を否認。	受領者での通常の所得への算入。	支配グループ、仕組み取引。
	リバース・ハイブリッド事業体への支払い【勧告4】	外国子会社合算税制など、オフショア投資税制の改善。非居住者たる投資家が中間介在事業体を課税上、不透明な事業体と扱う場合に、中間介在事業体の透明扱いを制限。【勧告5】	支払者における損金算入を否認。	なし。	支配グループ、仕組み取引。
D/Dミスマッチ	ハイブリッド事業体が行う損金算入可能な支払い【勧告6】		親会社における損金算入を否認。	支払者における損金算入を否認。	一次対応ルールは制限しない。防御ルールは、支配グループ及び仕組み取引に適用。
	二重居住者が行う損金算入可能な支払い【勧告7】		居住者の損金算入を否認。	なし。	一次対応ルールは制限しない。
間接D/NIミスマッチ	輸入されたミスマッチ取引【勧告8】		支払者における損金算入を否認。	なし。	被支配グループ及び仕組み取引のメンバー。

5 行動 3（有効な CFC 税制の構築）最終報告書

藤　谷　武　史

I　はじめに

　本章では，BEPS 行動 3「有効な CFC 税制の構築」最終報告書[1]（以下「最終報告書」という）およびその関連動向を紹介し，若干の検討を加える。本文で述べるように，CFC（Controlled Foreign Company）税制[2]に関しては，元来，先進各国（特に米欧）間ですらその基本的な位置づけに関する見解の隔たりが大きく，BEPS プロジェクトでもその溝が埋められなかったことが，最終報告書からは窺われる。こと CFC 税制の分野では BEPS プロジェクトは何ら実質的なインパクトを持たないであろう，との醒めた見通しを示す論者も少なくない。翻って我が国では，平成 29 年度税制改正において外国子会社合算税制の抜本的改革が行われたところであるが，その内容は，BEPS プロジェクトを日本が主導してきた流れを反映して[3]，最終報告書で示された指針をかなりの程度取り込んだものとなっている。そこで，我が国の新たな外国子会社合算税制の今後を占う上でも，BEPS 行動 3 をめぐる国際的な議論動向を参照しておく

---

1) OECD（2015），*Designing Effective Controlled Foreign Company Rules, Action 3 - 2015 Final Report*, OECD/G20 Base Erosion and Profit Shifting Project, OECD Publishing, Paris.［以下 *Final Report* と引用する］

2) CFC の略語が何を意味するかにおいて，英国および OECD は Company の語を，米国は Corporation の語を，それぞれ伝統的に用いてきたが，実質的な相違は意識されていない。むしろ問題は，CFC 税制の総称の下に括られる各国の税制（我が国では外国子会社合算税制）が，各々異なる国際課税原則（特に，全世界所得課税か，国外所得免除か）を前提として作られたものであり，何を目的とする制度であり，いかなる法的構成を採用するのか（最後の点は，CFC 税制と租税条約との抵触関係に関連して，盛んに論じられたところである。See, e.g., Alexander Rust, "CFC Legislation and EC Law," *Intertax* 36（11），2008, p. 491）についても相違がある，ということである。

3) 財務省「平成 29 年度税制改正パンフレット」15 頁（http://www.mof.go.jp/tax_policy/publication/brochure/zeisei17_pdf/zeisei17_04.pdf）。

ことには一定の意味が認められよう。

　本稿の構成は以下の通りである。まず，BEPS プロジェクトが行動 3 として CFC 税制の強化を掲げるに至った経緯に簡単に触れ（Ⅱ），公開討議草案と比較しつつ，最終報告書の概要を整理し（Ⅲ），同報告書公表後の反応をいくつか紹介する（Ⅳ）。さらに，平成 29 年度税制改正における外国子会社合算税制の抜本的改正と対比し，結びとする（Ⅴ）。

Ⅱ　背景と経緯

1　OECD と CFC 税制

　BEPS プロジェクトにおける 15 の行動計画を示した 2013 年の報告書[4]は，行動 3 として「CFC 税制の強化（Strengthening CFC Rules）」を挙げていたが，その理由として以下のような説明が加えられていた[5]。

　　「OECD が過去に重要な役割を果たしてこなかった領域の 1 つが CFC 税制である。BEPS 懸念の原因の 1 つが，非居住者たる関連者を作出して，居住者企業の所得をそこに経由させる，という可能性である。多くの国で CFC 税制その他の課税繰延対策規定が導入されてきたが，それらは必ずしも BEPS 問題に包括的な形で対応してきたわけではない。CFC 税制は究極的な親会社の居住地国における所得算入を導くのが原則であるが，同時に源泉地国におけるプラスの波及効果をも有する。なぜなら，（そのようなルールの下では）納税者は低税率の第三国へと所得移転を行う誘因をそもそも持たないか，限られた程度でしか有しなくなるからである。」

　周知の通り，OECD モデル租税条約には CFC 税制への言及はなく，わずかに同コメンタリーが「各国の国内法措置としての CFC 税制はモデル租税条約（7 条 1 項・10 条 5 項）に抵触しない」との立場[6]を示すに過ぎない。同コメン

---

4)　OECD (2013), *Action Plan on Base Erosion and Profit Shifting*, OECD Publishing.
5)　OECD (2013), p. 16.
6)　OECD モデル租税条約コメンタリー（2014 年版）1 条パラ 23，7 条パラ 14，10 条パラ 37。この立場に対しては，ベルギー，アイルランド，オランダ，ルクセンブルク，スイスが明確に反対，ないし限定的な賛成，との所見（observations）を付している。

タリーの背後には，CFC 税制は各国が自らの居住地国課税管轄権を守るための手段であって，その設計如何は基本的に租税条約の守備範囲ではないとの発想が窺われる。

　これに対して BEPS プロジェクトは，国際的二重非課税の排除を目的として，従来は各国の国際課税政策に委ねられていた領域に積極的に踏み込んで国際的な税制の調和を図ろうとするものである。いわば「ある国が緩い税制を設けて自国の税収を失うとしてもそれは当該国の主権的判断の問題である」という考え方から「ある国が緩い税制を設けることが国際課税ネットワークに破れ穴を開け負の波及効果をもたらす場合には，これを許容しない」という基本方針へと転換がなされたと理解できよう（行動 2〔ハイブリッド・ミスマッチ対策〕，行動 4〔利子控除の制限〕等も同様の性格を有する）。このことを反映してか，上記の 2013 年報告書における説明も，居住地国課税管轄を守るための CFC 税制が，源泉地国の課税ベース保護にもプラスの波及効果をもたらすことを示唆する。しかし，かかる CFC 税制の位置づけは，論理的に誤りではないものの，少なくとも従来一般的に採られてきたものではない。また，BEPS プロジェクトの他の行動計画と比較しても，行動 3 の目標設定は最も茫漠としている[7]。おそらく OECD においても，CFC 税制に関しては十分な準備作業が行われることなく，「BEPS プロジェクトというバスに飛び乗った」というところなのではないか。

2　CFC 税制をめぐる国際的状況——BEPS プロジェクト以前

　また，各国間でも，CFC 税制の位置づけをめぐる基本的見解の相違が存在していた。

　第 1 に，多国籍企業グループが海外で稼得する事業所得に対する全世界所得課税方式と国外所得免除方式の相違は，CFC 税制の正当化根拠の根幹に関わ

---

[7]　Mitchell A. Kane, "The Role of Controlled Foreign Company Legislation in the OECD Base Erosion and Profit Shifting Project," *Bulletin for International Taxation*, June/July 2014, p. 321. なお，BEPS 問題を素描した 2013 年の報告書（OECD, *Addressing Base Erosion and Profit Shifting* (2013)）では，BEPS プランニングの要素の 1 つとして CFC 税制の適用条件外しが挙げられていたが，具体例の中での言及にとどまり，踏み込んだ分析を伴っていない。

る。米国を筆頭とする全世界所得課税方式の国では，海外子会社の所得留保に
よって本国の課税を繰り延べることが問題とされ，CFC 税制も課税繰延対策
という位置づけが与えられやすい[8]。これに対して国外所得免除方式の下では，
自国企業が国外で稼得した事業所得にはそもそも本国の課税は及ばないから，
課税繰延対策として CFC 税制を説明することはできず，せいぜい親会社国に
本来ならば源泉がある所得（ないし親会社に帰属すべき所得）が海外子会社に流
出・移転することへの対策として位置づけるしかない。そこで，国外所得免除
方式を採りつつ，一般的な CFC 税制は必要ないとのポリシーを採る国も少な
からず存在した。例えばベルギーは，2015 年に所謂「ケイマン税（Cayman
Tax)」を導入するまで，CFC 税制を持たなかった[9]。

　第 2 に，EU 諸国に関しては，2006 年に欧州司法裁判所が下した Cadbury
Schweppes 判決（Case C196/04）により，EU 法上許容される CFC 税制の射程
が大幅に限定されている[10]。CFC 税制が欧州域内の外国子会社を有する親会
社に対して合算課税を行う一方で国内子会社を有する親会社に同様の課税を行
わないことは，それが経済活動の実態を反映しない完全に偽装的な仕組み
（wholly artificial arrangements）に係る行為を防ぐものとして正当かつ比例的な
ものでない限り，域内の開業の自由を保障する EU 法に違反し無効とされる。
この考え方によれば，例えば外国子会社の受動的な所得のみを合算課税するイ
ンカム・アプローチもそのままでは採り得ないことになる[11]。さらに，CFC
税制と租税条約の緊張関係については（上述の OECD の立場にもかかわらず）

---

8)　米国 Subpart F 税制の沿革を含め，CFC 税制の意義について検討を加えるものとして，
　　渕圭吾「外国子会社合算税制の意義と機能」フィナンシャル・レビュー 94 号（2009 年）
　　74 頁。

9)　Erik von Frenckell, "National Report Belgium," in Michael Lang, Hans-Jörgen Aigner,
　　Ulrich Scheuerle & Markus Stefaner (eds.), *CFC Legislation, Tax Treaties and EC Law*
　　(Kluwer Law International, 2004), p. 102. ケイマン税については，Giovanni Smet and
　　Virginie Derouck, "Belgium's New CFC Rule: The 'Cayman Tax'," *Tax Notes Interna-
　　tional*, November 9, 2015, p. 523.

10)　同判決の分析として，伊藤剛志「Cadbury Schweppes 事件先決裁定の検討」中里実 =
　　太田洋 = 伊藤剛志 = 北村導人編著『タックス・ヘイブン対策税制のフロンティア』（有斐
　　閣，2013 年）231 頁。

11)　分析と代替策の提案につき，Rust, *supra* note 2, pp. 497–499 が有益である。

様々な理解が存在しており，こうした各国間の相違は，CFC 税制の採否およ
び内容設計にも影響する。

　第 3 に，米国は世界で最も詳細かつ強力な CFC 税制を擁しているので，
BEPS 行動 3 の勧告は米国には無関係である，という指摘もみられるが，米国
の CFC 税制が常に BEPS 懸念（＝納税者の外国子会社への所得移転）と無縁であ
るとは限らない。特に問題となるのが Check-the-Box 規則との関係である。著
名な Double Irish Dutch Sandwich スキームが，アイルランドの 2 つの子会社
（Double Irish）のうち 1 つにつき米国税法上 disregarded entity 扱いを選択す
ることで，アイルランド子会社が一体として Subpart F 税制の適用除外要件
を満たすように仕組まれていた[12]ように，米国の CFC 税制の欠陥にも BEPS
問題の責任の一端がある，との指摘もある[13]。もっとも，米国としては
Check-the-Box 規則を見直す意思はなく，BEPS プロジェクトでもこの点は正
面からは取り扱われていない。

　以上のように基本的な考え方が対立している状況に鑑みて，BEPS プロジェ
クトの一環として CFC 税制の強化を謳うのは正当であるものの，実際にいか
なる成果を目指すのか（見解や利害の違いを超えた国際的協調が可能か）について
は現実的に考えるべきである，との論者の指摘[14]には頷けるところがある。
では，最終報告書は，いかなる国際的合意を示したのであろうか。Ⅲで検討し
よう。

Ⅲ　最終報告書の概要

1　全体像
BEPS 行動 3 に関しては，2015 年 4 月に公開討議草案が出され，それとほ

---

12)　太田洋「BEPS とは何か——その現状の素描」ジュリスト 1468 号（2014 年）36 頁，41
　　頁。

13)　See, Kane, *supra* note 7, p. 321; Mindy Herzfeld, "Will the United States Take Action on
　　the BEPS Action Plan?", *Tax Notes International*, September 7, 2015, p. 818 ["(the U.S.
　　CFC) rules are largely viewed as ineffective because of the pervasiveness of check-the-
　　box structures."]．

14)　Kane, *supra* note 7, p. 326.

5 行動 3（有効な CFC 税制の構築）最終報告書

ぼ同じ内容15)の最終報告書が 2015 年 10 月に出されている。

　まず確認しておくべき点として，BEPS 行動 3 の最終報告書の勧告内容は，（各国に最低限の CFC 税制の導入を義務づける等の）ミニマム・スタンダードではない。ある国が CFC 税制を採用することを選ぶ場合に，同税制が BEPS 懸念を実効的に防止するために必要な構成要素（building blocks）を，6 項目に整理した上で示すものであり，BEPS プロジェクト成果物のパッケージの中では最も緩やかな「ベスト・プラクティスに基づく指針（guidance based on best practices）」と位置づけられている16)。その性格上，既に CFC 税制を持つ我が国からすれば当然と思える内容も多く含まれる（下記の②・④〜⑥）。他方で，BEPS 対応という観点から，これまで必ずしも一般的に議論されてこなかった要素（特に，ハイブリッドな外国組織体の CFC 税制上の扱い）などが強調されている点は興味深い。

　最終報告書の本体は 7 章から成り，CFC 税制をめぐる租税政策上の論点に関する第 1 章に続き，実効的な CFC 税制の構成要素として，① CFC を定義するためのルール（第 2 章），② CFC 税制適用の閾値に関するルール（第 3 章），③ CFC 所得の定義（第 4 章），④所得計算のルール（第 5 章），⑤所得帰属（合算）のルール（第 6 章），⑥二重課税を防止・排除するためのルール（第 7 章）が検討され，項目ごとに勧告（recommendation）が示されている。以下，各章ごとに，特徴的な点を中心に概要を紹介する。

2　CFC 税制をめぐる租税政策上の論点（第 1 章）

　第 1 章の前半では，各国の CFC 税制に共通する租税政策上の考慮要素として，① CFC 税制の主眼は税収獲得ではなく納税者による所得移転活動の抑制効果であること，②移転価格税制があれば CFC 税制は不要となるわけではな

---

15)　公開討議草案では実効的な CFC 税制の構成要素（building blocks）を 7 項目（① CFC の定義・②閾値・③「支配」の定義・④ CFC 所得の定義・⑤所得計算のルール・⑥所得帰属（合算）のルール・⑦二重課税の防止と排除）に分けていたものを，最終報告書では②と④を新たに「CFC を定義するためのルール」としてまとめた 6 項目としたことが目にとまる程度である。

16)　OECD（2015）, *Explanatory Statement*, OECD/G20 Base Erosion and Profit Shifting Project, OECD, para.11（www.oecd.org/tax/beps-explanatory-statement-2015.pdf）.

く，両者には固有の性質・守備範囲がある（移転価格税制では対応できない所得移転がある）ため，両制度の併存が正当化されること，③形式的要件の機械的適用による当局と納税者のコスト低下と実質的要件・判断による租税回避抑止の実効性の確保という2つの相反する目的をバランスさせる必要性，④CFC所在地国課税と親会社居住地国CFC税制の二重課税の防止・排除の必要性，を挙げる。いずれも我が国では夙に指摘され[17]，または当然の前提とされてきた点であり，特段の目新しさはない。もっとも，①からは，CFC税制は源泉地国と居住地国の税源配分に影響をもたらすものではない（実効的なCFC税制の下では多国籍企業グループは実質的な課税を行う源泉地国からの所得移転を行う動機を持たず，源泉地国から居住地国に税源が移転する事態も生じない）という論理が導かれており[18]，この点はBEPSプロジェクトの性格を考える上では重要な意味を持ちうるはずである。しかし，最終報告書では掘り下げた検討は行われていない。

　後半では，各国間で特に考え方が分かれる論点として，①全世界所得課税方式と国外所得免除方式の対立，②EU法とCFC税制の整合性，が検討される。

　まず，①については，近時の米国の議論[19]を念頭に置いたものか，CFC税制が当該国を本拠とする多国籍企業の競争力にもたらす影響を考慮要素として挙げるが，「競争力」概念に関する近時の理論動向[20]への言及はなく，表層的な検討にとどまる。むしろ注目に値するのは，CFC税制の機能として，㈰親会社居住地国の課税ベース浸食を抑止しようとするものと，㈪親会社居住地国以外の第三国（源泉地国）からCFC所在地国への所得移転を抑止しようとするもの（第三国からの所得移転すなわちforeign-to-foreign strippingをもCFC税制の合算

---

17) 特に②について，浅妻章如「国際的租税回避──タックス・ヘイヴン対策税制（CFC税制）について」金子宏編『租税法の基本問題』（有斐閣，2007年）629頁，640頁以下，渡辺智之「タックス・ヘイブン対策税制の性質と問題点」JMCジャーナル61巻5号（2013年）28頁。小島俊朗「タックス・ヘイブン税制の現在的意義について」税大ジャーナル9号（2008年）39頁，55頁以下。

18) *Final Report*, para.7.

19) 概要につき参照，錦織康高＝藤谷武史「CFC税制と『国際競争力』」中里ほか編著・前掲（注10）178頁。

20) 錦織＝藤谷・前掲（注19）182頁以下。

5 行動3（有効なCFC税制の構築）最終報告書

対象所得に含める制度）を区別した上で，BEPS対策としては(い)が優れている，とする箇所である（*Final Report*, para.18）。論者が指摘するように[21]，この点がまさに，OECDがCFC税制の改革をBEPSプロジェクトの1つに含めた理由のはずである。と同時に，この考え方を推し進めるならば，そのような国際協調が実現できるかという政治的な論点は勿論のこと，第三国課税ベースを保護する上で（移転価格税制やハイブリッド・ミスマッチの無効化等の手段に加えて）本当にforeign-to-foreign strippingという代理変数（proxy）に着目した抑止手段が実効的なのか否か，あるいは，CFC税制が第三国（源泉地国）からCFCに流出した所得を合算対象とすることが，親会社居住地国のCFC税制は「自国内にPEのない子会社の所得ではなく親会社の計算上の所得に課税しているに過ぎないので租税条約に違反しない」という論理と整合的に説明できるのか，等の論点にも応答する必要が生じるはずである。ところが，最終報告書には，CFC税制におけるforeign-to-foreign stripping対策の位置づけに関してまとまった検討はなく，不満の残る内容となっている。

　次に，Ⅱ2でも述べた，EU加盟国のCFC税制に対するEU法の制約の問題が検討されている。第1章後半の②は，最終報告書はEU加盟国にはEU法と抵触しない形で最終報告書の勧告を実施する選択肢を承認する一方で，Cadbury判決に抵触しないようなCFC税制の構築（実質的目的審査要件を加えて"wholly artificial arrangement"に適用を限定し，国内外の子会社に等しく適用する）が可能であること，および，Cadbury判決以降に出たECJの判決の読み方として，"partly wholly artificial"な取引・取極めを対象とするCFC税制もEU法は許容する（その限りでCadbury判決の射程は限定される）可能性がある，と主張する[22]。もっとも，最後の点に関しては，OECDの読み方は判例の位置づけを正確に捉えておらず，未だCadbury判決がこの分野を支配する判例法である，との批判[23]があり，こちらの批判の方が説得的に思われる。すなわち，

---

21)　Kane, *supra* note 7, p. 324. ただしKane教授自身はCFC税制を親会社居住地国ではなく第三国（源泉地国）の課税ベース保護のために動員することに国際的な協調が実現する見込みは乏しいとして，BEPSプロジェクトがこの方向を目指すことには懐疑的である。現在の視点から振り返るとき，同教授の指摘は正鵠を射ていたと評価されよう。

22)　*Final Report*, para. 22.

23)　Christiana HJI Panayi, "The Compatibility of the OECD/G20 Base Erosion and Profit

最終報告書の主張にもかかわらず，EU 法上許容される CFC 税制の射程は依然としてかなり限定されているとみるべきであろう。

第 1 章を通じて，本来ならば興味深い論点についていずれも表層的な検討にとどまっている，という印象を拭えない。次章以下で勧告される構成要素（building blocks）がベスト・プラクティスを踏まえた指針に過ぎず，採否も含めて各国の裁量に大幅に委ねられたものにとどまっていることが，最終報告書における「熱量」の不足をもたらしているのではないかとも思われる。

3　CFC の定義（第 2 章）

この章では，①CFC とされうる外国組織体の範囲，②CFC 税制適用対象を画する「支配関係」要件，が検討されている。

このうち後者は，居住者・内国法人が直接・間接に 50 パーセント超の支配関係[24]を有する外国法人を CFC 税制の適用対象とする，という基本方針とともに，この支配関係の認定を回避する行為を防ぐために，(ア)CFC 税制の適用対象か否かが問題となる外国子会社（以下，便宜上「判定対象外国法人」〔租特令 39 条の 14 の 2 第 2 項 1 号参照〕と呼称する）の株主が相互に非関連者であるものの協調行動をとっており事実上支配グループを形成していると判断するルールや，(イ)判定対象外国法人の株主たる内国法人が同じく株主たる外国法人と共通の親会社の下にある場合に当該外国法人の持分をも合算して国内株主グループの支配関係を認定するルールの採用を勧告している[25]。これらは，かなり細

Shifting Proposals with EU Law," *Bulletin for International Taxation.* January/February 2016, p. 95, pp. 100–101.

24)　最終報告書は，支配関係の類型として，①議決権を通じた「法的支配」のみならず，②剰余金や残余財産分配等を支配する「経済的支配」，③法人の居住地判定の際に用いられる管理支配基準と同様の発想に基づく「事実上の支配」，④連結対象となっている外国子会社を支配下法人とみる方法，を挙げて，（例えば①が回避される可能性を念頭に）①〜④のいずれかが満たされれば「支配関係あり」とすべきであるとしている（*Final Report*, para.35）。我が国では，平成 29 年度改正前にも既に①と②は法律上要件とされていた（平成 29 年度改正前の租特法 66 条の 6 第 2 項 1 号イ〜ハ）が，平成 29 年度改正後の租特法 66 条の 6 第 2 項 1 号ロによって新たに③も要件に加えられた。なお，④については最終報告書も①〜③の要件で実質的にカバーされるであろうとしており，今回の改正でも特段措置されていない。

25)　平成 29 年度税制改正は，(イ)については租特令 39 条の 14 の 2 第 2 項 2 号で対応規定を

かい議論に踏み込んではいるものの，従来の考え方の延長線上にあるものと言え，さほど違和感はない。

これに対して前者は，典型的な法人以外の組織体（信託や組合など）であって各国間で異なる性質決定がなされるハイブリッド・エンティティを主に念頭に置いた勧告であり，BEPS プロジェクトの特徴を色濃く反映したものであるため，以下に少し詳しく紹介する。

CFC 税制は従来，「CFC ＝独立の納税義務の主体となる法人」を想定してきた。もし外国組織体が課税上透明扱いを受けるのであれば，親会社に所得が直接に帰属することになり，そもそも CFC 税制適用の必要がなくなるのであるから，これは当然の想定とも思える。ところが，最終報告書では，親会社居住地国と CFC 所在地国で CFC の課税上の扱いが異なる場合に CFC 税制の実効性が損なわれ，BEPS 懸念を招来する（*Final Report*, paras.26-27）として，以下の例を挙げている（以下，親会社 a の居住地国を A〔高税率国〕，ハイブリッド・エンティティ b および c の所在地国を B〔軽課税国〕および C〔高税率国〕とし，親会社 a は b を 100 パーセント支配し，b は c を 100 パーセント支配する関係にあるものとする）。

【例1】A 国税法は b を納税義務の主体と認識するが，B 国税法上は b を課税上透明扱いしている場合：この場合，A 国 CFC 税制上は b を確実に CFC として適用対象に取り込む必要がある。さもなくば，B 国税法上は透明扱いとされる外国組織体に所得を流し込むことで，簡単に CFC 税制を潜脱できてしまう（*Final Report*, para.27）。

【例2】c が C 国外の軽課税国に設けた PE を通じて所得を得ており，C 国税法上は国外所得として課税を免除されている場合：この場合，A 国は c に対する CFC 税制の適用上，この PE 帰属所得を c の CFC 所得に含めるか，PE を c とは独立の CFC として扱って PE 帰属所得を CFC 所得として親会社に合算するか，いずれかの対応をとる必要がある（*Final Report*,

---

新たに措置する一方，㋐については特段の措置を行っていない。最終報告書も㋐については「この方法はかなり大きな行政コスト・税務協力コストを生じさせるため，必ずしも一般的ではない」と指摘し（*Final Report*, para.39），現実に導入することの困難さには理解を示すものと読める。

para.28）。

【例3】 A国税法がcを透明扱いとする（bの一部として扱う）一方で，B国および C国の税法はcを納税義務の主体と認識している状況で，cからbに利子等が支払われた場合：この場合，利子等の費用控除によってC国（高税率国）の税源が浸食され，B国（軽課税国）への所得移転が生じているが，A国税法上はcとbは一体として扱われるため，A国CFC税制上はこの支払が認識されず，bのCFC所得に算入されることもない。なお，cからbへの支払について，源泉地国Cと居住地国Bの間に性質決定のミスマッチは存在しないので，BEPS行動2のハイブリッド・ミスマッチ取極めを無効化するルールの適用はないことに注意が必要である（*Final Report*, paras.29, 31）。

このうち，【例1】は，CFC税制上の「外国法人」の定義が親会社の課税関係に適用される一般のルールと整合的であれば済む問題である。【例2】は，CFCの所得はCFC税制を適用する親会社国Aの税法に従って算定されるべき，との勧告（→本節6）によれば，親会社居住国が国外所得免除方式を徹底している場合にのみ問題となる。すなわち，我が国（や米国）の税制との関係ではいずれも問題を生じないと思われる。

これに対して【例3】は，（名指しこそしないものの）明らかに米国のCheck-the-Box規則が作り出す抜け穴をターゲットとしたものとなっている[26]。最終報告書は，BEPS行動2が直接に適用されないことを踏まえて，【例3】のような場面に「修正ハイブリッド・ミスマッチ・ルール（modified hybrid mismatch rule）」を設けるべきことを勧告している。これは，

①企業グループ内支払が既にCFC所得に算入されていない場合であって，

②親会社居住国（A国）がもしこれら関連会社（bおよびc）の所在地国（B国およびC国）と同様の性質決定をこれら主体ないし取引について行っていたならば，この支払をCFC所得に算入していたであろうと判断される場合に，

---

26) See, Amanda Athanasiou, "Lack of Consensus on CFC Rules Likely Here to Stay," *Tax Notes International*, April 20, 2015, p. 208.

当該この支払を CFC 所得に算入するよう，親会社居住地国の CFC 税制において措置することを求めるものであり[27]，（その名が示すように）BEPS 行動 2 で勧告されるハイブリッド・ミスマッチ・ルールと極めて似た性質を持つことが見て取れる。

さて，我が国には Check-the-Box 規則はないが，【例3】と類似の問題は凡そ生じないのであろうか。デラウェア州 LSP 課税事件最高裁判決（最判平成 27 年 7 月 17 日民集 69 巻 5 号 1253 頁）の枠組みによれば，相手国で透明扱いを受ける組織体を我が国税法が「外国法人」として扱う場面は今後も生じそうであるが，この場合には CFC 税制の適用範囲は広がるので最終報告書の観点からは問題がない。逆に，相手国で課税主体扱いを受ける組織体を敢えて我が国で透明扱いする場面が現実にどれだけありうるかは，定かではない。理屈の上では，例えば我が国の法人課税信託のような特別規定により当該国税法上は納税義務の主体とされているような信託・組合について，我が国税法上はパススルー扱いとする可能性は否定できず，その場合には【例3】と同様の事態が生じる。もっともこれが立法措置を必要とするほどに現実的なリスクであるかは疑わしい。平成 29 年度税制改正後の我が国の外国子会社合算税制は修正ハイブリッド・ミスマッチ・ルールを取り入れていないが，現実的な判断と言えるのではないか。

4　CFC 税制適用の閾値要件（第3章）

CFC 税制の適用範囲を限定し税務執行資源を効果的に活用するために，租税回避リスクの小さい類型については CFC 税制の適用を免除する閾値要件を設けるべきことが勧告されている。具体的には，最低額（de minimis）基準，租税回避基準，実効税率基準を比較検討した上で，親会社居住地国の税率と比較して有意に低い（meaningfully below）実効税率[28]の CFC を対象とするトリ

---

27)　なお，2015 年 4 月の公開討議草案の段階では，本文①・②の要件に「企業グループ内支払が base-eroding である場合」という要件を加える "narrow option" も併せて提案されていたが，最終報告書では要件①・②のみからなる（公開討議草案では "broad option" と呼ばれていた）選択肢が採用された。Base-eroding 要件を加えない方が従来の CFC 税制の発想とは親和的であると言えよう。See, Amanda Athanasiou, "Final CFC Report Leaves Options Open," *Tax Notes International*, October 12, 2015, p. 114.

ガー税率を設けることを是としている。他の選択肢を採らない理由として，最低額基準はグループ企業構造を細分化することでCFC税制の適用を回避する道を開く，租税回避基準（租税回避目的の場面に限定してCFC税制を適用する）はCFC税制の実効性を低下させる，ということが挙げられている。

5　CFC所得の定義（第4章）

　この論点は，CFC税制の構成要素の中でも特に各国間の隔たりが大きく，公開討議草案の段階では勧告案すら示されていなかった[29]。最終報告書でも，「CFC税制は，BEPS懸念を生じさせる所得について親会社居住地国の支配株主に帰属させることを確保するような所得の定義を備えるべきである。同時に，CFC税制が各国の国内政策枠組みとも整合するような柔軟性を必要とすることも（この報告書は）認識する。各国は，この章で示された選択肢を含め，CFC所得を定義するルールを自由に選択できる。その選択は，自国が直面するBEPSリスクの程度を勘案しつつ行われることとなるだろう」（*Final Report*, para.73）として，一応「勧告」の形はつけたものの，実質的には，CFC所得の定義の選択肢を列挙した公開討議草案から進展しておらず，各国間の意見の収斂が得られなかった事情を窺わせるものとなっている。

　第4章で挙げられている選択肢は全ての可能性を尽くしたものではなく，広狭どのような定義を採用するかについても，第1章で触れたように，各国がCFC税制を必要とする租税政策的背景に応じて異なる判断が働きうる，と述べられている（*Final Report*, para.74）。公開討議草案の段階では，CFCに帰属する全所得をCFC所得とする方法（full-inclusion）ではなく，所得移転の懸念

---

[28]　実効税率は，CFCが実際に支払った税額を，親会社居住地（CFC税制適用）国の所得算定ルール（またはIFRSのような国際会計基準）に従って算定された所得で除して求めることが想定されている（*Final Report*, para.66）。

[29]　公開討議草案では，①実効的なCFC税制がCFC所得の定義として備えるべき要素の確認，②BEPS懸念をもたらす所得をどのように特定するかの検討，③CFC所得を正確に親会社／株主に帰属（合算）する方法に関する2つのアプローチ（(a)所得類型〔categorical〕アプローチと(b)超過利潤〔excess profit〕アプローチ）の比較検討，④transactionalアプローチかentityアプローチかの比較検討，という論点整理のみが行われていた。

が大きい類型に限って CFC 税制の合算対象とする方法（partial-inclusion）を優先させるかのような書きぶりとなっていたが，最終報告書では，全世界所得課税方式の下での課税繰延べを問題とする立場から full-inclusion を選択することもありうる，と中立的なトーンに後退している（最終報告書は明示しないが，米国企業の国外所得に低い税率の発生主義課税を行うとする当時の米政権の提案に配慮したものとも推測できる）。

　その上で，最終報告書は，①所得類型に着目し BEPS 懸念の強い類型を CFC 税制の対象とする方法（categorical analysis），②CFC 自身が実質的な経済活動に従事した結果得られた所得か否か，を分析する方法（substance analysis），③超過利潤分析（excess profit analysis），④ transactional アプローチか entity アプローチかの比較検討，に分けて検討を加えている。多少項目建ては変わっているものの，公開討議草案から議論が実質的に進展した点はほとんどなく，後述するように，いくつかの点ではむしろ後退した印象すら受ける。

　①で基本となるのは，配当，利子，保険所得，ロイヤルティその他知的財産所得，販売および役務提供所得，といった法的分類に立脚し，地理的移転が容易であり当該国の CFC 税制が対処しようとしている問題を惹起するリスクの大きい類型の所得を CFC 税制の適用対象とする，という方法であるが，同じ「配当」や「ロイヤルティ」の中にも BEPS リスクの点では程度の差があるため，このアプローチ単体では限界がある。そこで，所得の基因となる取引の相手方との関連性（「非関連者基準」）や所得の基因となった活動が行われた場所（「所在地国基準」）にも着目して CFC 税制の適用の有無を線引きすることが考えられ，現に各国の CFC 税制で実践されている旨の説明がある。我が国の経験からしても，特段目新しい点はないと言えよう。

　②は，CFC 自身が所得を稼得する機能や活動を有しているのかについて（①が形式的に判定しようとするのに対して）個別事情を踏まえた実質的判断に依らしめる方法として説明されている。実質分析は BEPS 懸念のある所得を過不足なく捕捉する正確性の観点からは有用であるが，CFC 税制において全面的に実質分析を行うのは当局・納税者双方に大きなコストであるから，①の形式基準との組み合わせが示唆され（*Final Report*, para.84），その際の要素としては，CFC 従業員による貢献の多寡，CFC の機能，CFC が当該国に擁する従業員お

よび物的施設, BEPS 行動 5 のネクサス・アプローチの応用などが候補として挙げられている。この内容も公開討議草案からほとんど変化がない。

③は, CFC の実質的貢献に基づき CFC に帰属すべき所得 (通常収益) を理論的に算定し, それを超える部分 (excess profits) を親会社に帰属すべき CFC 所得とする考え方であり, CFC が得た所得から (通常のリスク投資収益率)×(CFC の積極事業に貢献している資本)＝(通常収益) を控除した部分となる。これは, 無形資産からの所得やリスク移転を通じた所得移転を伴う多国籍企業グループの課税手段として PE 課税や移転価格税制の文脈でも提案される考え方[30]に通底しており, 経済理論的には一定の裏付けがある。もっとも, 通常収益の算定は相当程度擬制的であるし, 現実の立法例もないため, 公開討議草案が超過利潤アプローチを提案したことに対しては, 経済界からの厳しい批判が聞かれたところである。加えて, 超過利潤アプローチの下では相当程度の税源が米国に帰属することになり, この点でも国際合意の調達は困難となる[31]。最終報告書でも超過利潤アプローチに関する記述は維持されたが, OECD/G20 としてこれをどの程度推奨する意図があるのか, 位置づけは明確ではない。

また, 上記①〜③のいずれを (あるいはその組み合わせを) 採用するにせよ, CFC 所得の画定を CFC 単位で行う entity アプローチをとるのか, 個別の取引ごとに判定する transactional アプローチをとるのか, という問題は避けて通れない。この選択肢は, 我が国の外国子会社合算税制の導入時に既に意識されていた[32]が, 突き詰めると制度執行の簡便性および予測可能性 (entity アプローチが優れる) と, 政策上親会社所得に合算すべき CFC 所得の正確な捕捉 (transactional アプローチ) のトレード・オフ問題ということになろう。もちろん, 平成 29 年度改正前の我が国の制度のように, 両者のハイブリッドであると評価される制度もありうる (*Final Report*, p. 55, fn.21)。最終報告書は transactional アプローチの方が BEPS 行動 3 の目的にも適合的であるし, EU 法との緊張関

---

30) See, e.g., Romero J.S. Tavares, "Multinational Firm Theory and International Tax Law: Seeking Coherence," *World Tax Journal*, June 2016, p. 243.

31) 参照, 渡辺徹也「有効な CFC 税制の構築 (BEPS プロジェクト行動 3) ——CFC 税制を再検討する上でのいくつかの論点」21 世紀政策研究所『グローバル時代における新たな国際租税制度のあり方』(2016 年) 94 頁。

32) 髙橋元監修『タックス・ヘイブン対策税制の解説』(清文社, 1979 年) 91 頁。

　　　　　　　　　　　　　　⑤　行動 3（有効な CFC 税制の構築）最終報告書

係 も 緩 和 さ れ る，と 指 摘 す る（*Final Report*, para.97）も の の，は っ き り と
transactional アプローチを推奨するには至らない。結局，①〜④全体を通して，
諸アプローチの利害得失を整理し，CFC 税制を導入・改正する各国の判断に
委ねる，という態度がとられている。

　なお，BEPS プロジェクトの一環として CFC 税制を位置づけるのであれば，
親会社で合算対象となる CFC 所得を，親会社国の課税ベース浸食に起因する
所得に限るのか，第三国たる源泉地国の課税ベース浸食を伴う所得も含むのか
が「重要な政策上の問い」（公開討議草案のパラ 94）のはずであるが，最終報告
書ではパラ 80 がこの点に簡単に触れるのみで，公開討議草案における問題提
起を回収しないままに終わっている，と評価することができよう。

6　CFC 所得計算の方法（第 5 章）・所得帰属（合算）の方法（第 6 章）

　これらの論点に関しては，公開討議草案において示された案がそのまま最終
報告書の勧告として採用されている。

　まず，CFC 所得計算の方法については，① CFC 所得の算定には親会社居住
地国の課税所得算定ルールを用いるべきであり，② CFC の損失の親会社にお
ける利用には制限を設けるべきである，という方針が勧告されている。理由と
して，①は，これが BEPS 行動計画の趣旨にも適合的であり，行政コストも
節約できる（*Final Report*, para.101），②は，CFC 損失を親会社や他の国の CFC
の利潤と相殺させると CFC 所在地国における損失の操作を誘引する（*Final
Report*, para.103），という点が挙げられている。損失の利用を制限することで企
業グループ全体として実際の所得よりも過大な課税所得を認識する可能性があ
るが，この問題は当該 CFC の CFC 所得の算定上，損失の繰り越しを認める
ことで対応すべきである，と述べられている。

　次に，所得帰属（合算）の方法については，① CFC 所得の帰属を受ける株
主は，閾値となる支配水準（minimum control threshold）を超える持分を有する
者に限る（が，各国が他の方法を選択することも妨げない），②各株主に帰属させる
CFC 所得額は，それぞれの持分割合・保有期間を考慮して決定する，③株主
への所得合算の時期および④合算される所得の租税属性は，各国が既存の国内
法と整合するように決定すればよい，⑤親会社居住地国の税率を適用する，と

131

いう5段階の手法が勧告されている[33]。

　第5章・第6章は技術的で概ね異論の余地もない内容と思われる。にもかかわらず最終報告書において勧告とされているのは，この報告書（あるいはBEPS行動3）の目標が，現時点で整備されたCFC税制を持たない国にいわば「標準装備のCFC税制」を導入させることにあるからかもしれない。その分，既にCFC税制を備えた国にとっては，あまり意味のない内容であると評価できよう。

7　二重課税の防止・排除（第7章）

　この論点に関しては，公開討議草案において示されていた勧告案（①）に，新たな内容（②）が加筆されている。

　①　公開討議草案では，CFC税制の適用に伴って二重課税が生じうる場面として，

　　　あ親会社等に合算されたCFC所得につき外国でも法人税が課される場合

　　　い同じCFC所得に対して複数の国がCFC税制を適用し合算課税する場合

　　　う既に合算済みのCFC所得が配当として株主等に実際に支払われた場合，または株主が株式を第三者に譲渡した場合

　　が挙げられており，あいについては親会社等に（間接）外国税額控除を与えることとし，うについては親会社等で受取配当を免税とすることで，二重課税を防止・排除すべきことが勧告案として提案されていたが，これらはそのまま最終報告書でも勧告とされている（*Final Report*, paras.122-123）。もっとも，うに関しては，「既に合算課税済みのCFC所得」と「現実の受取配当」の対応関係が常に明確とは限らず[34]，まして株式譲渡益の場

---

33)　それぞれ理由としては，①は，CFCの活動に影響を及ぼしうる者に課税を限定するべき，②は同様に，当該者が影響力を持ち得た場合に合算課税の対象とするので，あるCFC株主が課税期間の一部分のみ同株式を保有していた場合にはそのことも考慮に入れるべき，⑤については，代替案として top-up tax［親会社国税率（例：30パーセント）ではなく一定の最低税率（例：12パーセント）で妥協する］があるが，これはCFC税制の抑止力を低下させる，と説明されている。

34)　例えばA国所在の親会社がB国（高税率国）所在の子会社を通じて間接的にC国（軽

5 行動 3（有効な CFC 税制の構築）最終報告書

合に「合算課税済みの CFC 所得」対応部分のみを非課税とすることは容易ではない，という問題が指摘されている（para.134）。

なお，(い)に関しては，例えば親会社居住地国 A と，子会社居住地国 B が，孫会社の CFC 所得にそれぞれの CFC 税制を適用した場合，A 国が B 国 CFC 税制によって子会社が負担した税額をも親会社における外国税額控除の対象とすべきであるとする（para.126）点が目新しい。CFC 税制を用いて BEPS 懸念に対応するには，まず各国の CFC 税制を重畳的に適用させて間隙が生じないようにした上で二重課税を排除するという仕組みの方が好ましい，という発想（ちょうど，「国外所得免除方式よりも全世界所得課税方式＋外国税額控除の方が，国際的二重非課税を生じさせにくい」のとアナロジーである[35]）の上で，重畳適用の場合の優先順位（子会社国 CFC 税制が親会社国 CFC 税制に優先的に適用される）を明らかにした（paras.128-130）ということであろう。

② 最終報告書では，上記(あ)〜(う)に加えて，第三国による移転価格税制の適用によって，いったんは CFC 所得として合算課税された所得が，第三国により課税される場面なども想定して，二重課税を防止・排除する措置を講ずべきとの勧告が盛り込まれている。CFC 税制と移転価格税制の交錯は新しい問題ではなく，公開討議草案においてもこの論点への言及はあったが（公開討議草案のパラ 168），最終報告書は，これを勧告に盛り込むことで，CFC 税制と移転価格税制の交錯による二重課税を防止・排除するための具体的な対応策を改めて検討すべきことを各国に促すことを選択したものと理解できる[36]。

課税国）所在の孫会社を支配しており，孫会社の CFC 所得が A 国で親会社に合算課税されたのちに，B 国子会社からの配当が行われたという場合，この配当をどう扱うべきかという問題が生じる（*Final Report*, para.132）。

35）　なおこの点に関しては，BEPS 行動 8-10 公開討議草案 45 頁において「Option 5」として，CFC が超過利潤を得ている場合には親会社が CFC 税制を適用すべきこと（primary rule），親会社居住地国が CFC 税制を適用しない場合には他の法域に超過利潤に対する課税権を与えること（secondary rule），という大胆な案が盛り込まれていた（後に，BEPS 行動 3 パブリック・コンサルテーションにおいて否定的な方針が確認され，行動 8-10 の最終報告書からは姿を消した）ことが目を惹く。

36）　*Final Report*, p. 69, fn.4 では，A 国親会社が B 国（軽課税国）子会社と C 国（高税率

133

Ⅳ　最終報告書に対する反応，および若干の検討

　既に述べたように，最終報告書は，公開討議草案とほぼ同一の内容にとどまり，いくつかの論点についてはむしろ各国の選択に委ねられるという面をさらに強調し，国際的なコンセンサスを打ち出すという観点からは後退と評価すべきものとなっている。公開討議草案に対するコメントおよびパブリック・コンサルテーションにおいて，経済界から超過利潤アプローチのような新規の提案に対しての拒否反応や拙速に統一ルールを打ち出すことへの懐疑が示されたのに対して[37]，反対を押し切るだけのコンセンサスがBEPSプロジェクトに参画する各国政府間で得られなかった，ということであろう。パブリック・コンサルテーションにおける議論からは，BEPS行動3に関しては，米国が（例えば超過利潤アプローチなど）高い水準の国際合意を目指して議論を主導する立場にあったことが窺われる。しかし，コンセンサス形成に成功せず，やむを得ず極めて緩い「指針」としての構成要素（building blocks）を示すにとどまった，という構図が窺われる[38]。事実，最終報告書の内容について，米国の関係者

　　国）子会社を有しており，B国子会社のCFC所得について親会社に合算課税した後に，B国子会社とC国子会社の間の取引についてC国の移転価格税制が適用され，C国に税源が移された（B国子会社の所得が減少した）という例を挙げて，A国はこの場合，いったんは合算課税したB国子会社のCFC所得について事後的に修正する救済を与えるべきであるとする。

37)　日本経団連は，コンプライアンス費用の観点からはentityアプローチにも利点があること，販売・サービス所得を一律に受動的所得とするのは問題があること，超過利潤アプローチは不確実性が大きすぎることから反対であること，等詳細なコメントを公表した（https://www.keidanren.or.jp/policy/2015/044.html）。また，2015年5月12日に開催されたBEPS行動3のパブリック・コンサルテーションでは，公開討議草案に対して，BIAC等の代表から，移転価格税制と大幅に交錯するような主観的な基準が盛り込まれていること，超過利潤アプローチのような不確実なルールが提案されていること，EU法との整合性への過度の配慮が草案をゆがめていること等が批判され，entityアプローチとtransactionalアプローチのいずれが優れているかについてもさらに実情を精査すべきこと等の指摘がなされた。概要につき参照，http://www.ey.com/GL/en/Services/Tax/International-Tax/Alert--OECD-holds-public-consultation-on-BEPS-Action-3-on-CFC-rules。

38)　See, e.g., Christiana HJI Panayi, "International Tax Law Following the OECD/G20 Base Erosion and Profit Shifting Project," *Bulletin for International Taxation*, Novem-

からは失望の声が聞かれるところである[39]。

　CFC 税制の分野におけるコンセンサス形成を困難にしたのは，冒頭にも述べたように，各国の国際租税制の基本構造（全世界所得課税と国外所得免除の相違）次第で，CFC 税制の位置づけも到達目標も大きく異なる，ということである。米国が BEPS プロジェクトを奇貨として CFC 税制の国際的な強化を企図した背景には，いまや自国のみが全世界所得課税方式を維持する中で，米国企業の国際競争力の回復を図るという動機があったとみるのは，あながち邪推とはいえないであろう[40]。しかし，欧州各国は国外所得免除方式を前提とするため，CFC 税制の目的を米国と共有しておらず，したがって何が「実効的な」CFC 税制かについても意見の一致を見ることが困難であったと考えられる。このことは例えば，BEPS 対策の一環として CFC 税制を位置づける場合には重要な意味を持つはずの foreign-to-foreign stripping 対策の位置づけについてコンセンサス形成を困難にするばかりか，議論の混乱を招いている[41]。最終報告書がこの論点について踏み込んだ検討を欠くのも宜なるかなである。

　かくして極めて弱い「指針」にとどまった BEPS 行動 3 の最終報告書が，今後の国際租税秩序に積極的なインパクトをもたらすことは考えにくい。確かに，従来頑なに CFC 税制の導入を拒否してきた感もある[42]ベルギーが，Cay-

---

　　ber 2016, p. 633.

39)　Ryan Finley, Stack Gives U.S. Perspective on BEPS Recommendations, *Tax Notes International*, Oct.19, 2015, p. 213〔214〕.

40)　同様の理解として例えば参照，Panayi, *supra* note 38, p. 635. なお，日本経団連も「世界で最も厳格とされる CFC 税制が適用される日本の産業界の立場からすれば」他の先進国の CFC 税制が強化されることでこれらの国を本拠とする多国籍企業に対する日本企業の国際競争力が回復することを期待する，という姿勢を示していた。経団連コメント・前掲（注 37）参照。

41)　Kimberly S. Blanchard, Esq., BEPS Action 3 : How Not to Engage with CFC Rules〔http://www.bna.com/beps-action-not-n17179928956/〕は，米国が高税率国 CFC から軽課税国 CFC への利益移転を CFC 税制で対処するのは，最終報告書が示唆するように第三国の課税ベース保護のためではなく，資本輸出中立性の観点から，米国企業の軽課税国への投資を不当に有利にしないためである，と指摘する。さらに，最終報告書で「BEPS 懸念をもたらす」とされている問題の多くは，全世界所得課税方式の下では問題にならない（例えば，第 2 章での【例 2】〔PE を用いた CFC 税制逃れ〕など）とも指摘する。

42)　See, von Frenckell, *supra* note 9.

man Tax と通称される CFC 税制を 2015 年の税制改正で導入するなど，若干の変化はあるものの，内容的にも[43]時系列的にも，BEPS プロジェクトの成果とみるのは困難であろう[44]。

V　平成 29 年度税制改正後の外国子会社合算税制

　我が国の外国子会社合算税制は，当初の entity アプローチから，平成 22 年度改正による資産性所得の合算課税導入を経て，ハイブリッド型の仕組みと評価されていた（*Final Report*, p. 55, fn.21）。Ⅲでみたように，最終報告書は entity アプローチに対する transactional アプローチの優位性を宣言するには至らず，我が国の外国子会社合算税制は BEPS プロジェクトとの関係で改正を迫られていたというわけではない[45]が，日本が BEPS プロジェクトを主導してきたことを受けて，平成 29 年度税制改正では外国子会社合算税制の抜本的な見直しに踏み切ったところである。改正後の外国子会社合算税制（以下「新税制」と表記する）では，合算対象の画定を基本的にエンティティの属性ではなく所得の属性に着目して行う，所得アプローチ（最終報告書の「transactional アプローチ」に対応）を基本とする制度に移行した。

　本稿は同改正の解説を目的とするものではなく，またその紙幅もないが，Ⅲで検討を加えた最終報告書の内容と簡単に対照しておくことにも一定の意味があろう。

　財務省の資料によると，新税制の特徴として，以下の 7 点が挙げられている[46]。

---

43)　同税制の対象はベルギー居住者である個人および非法人企業（ベルギー居住者たる法人企業には適用なし）に限定される。主として信託その他の法人格のない受託取極め fiduciary arrangement や，外国法主体（有利な税率に服しているもの）について，Look-Through Taxation（設定者が直接 beneficiary であるとみなし，租税属性も維持）を行うものである。必然的に，現実分配時には課税しないことで二重課税を防止する仕組みとなっている。

44)　Smet & Derouck, *supra* note 9, p. 523 には，BEPS との関連は触れられていない。

45)　渡辺・前掲（注 *31*）98 頁。

46)　財務省・税制改正パンフレット前掲（注 *3*）16 頁。

5 行動 3 （有効な CFC 税制の構築） 最終報告書

①トリガー税率の廃止

②ペーパーカンパニー・事実上のキャッシュボックス・ブラックリスト国所在の会社（「特定外国関係会社」租特法66条の6第2項2号イ〜ハ）は会社単位で「適用対象金額」を親会社等株主に合算課税。ただし当該会社の所在地国における実効税率が30パーセント以上である場合は，会社単位の合算課税からは除外（同条5項1号）

③②以外の法人について，事務負担軽減措置として，所在地国における実効税率が20パーセント以上の場合には，外国関係会社の種類（※）に応じて，会社単位の合算課税の対象から除外

※(a)事業基準・実体基準・管理支配基準・所在地国基準または非関連者基準（業種に応じていずれかを適用）のいずれかを満たさないもの（「対象外国関係会社」〔同条2項3号〕）については，所在地国における実効税率が20パーセント以上の場合には，会社単位の合算課税の対象から除外。これに対して，(b)上記基準の全てを満たすもの（「部分対象外国関係会社」〔同条2項6号〕）については，一般的に，会社単位の合算課税の対象とはしない（ただし，後述⑦の資産性所得の合算課税の対象にはなりうる）。

④支配関係の判定について，実質支配基準を導入し（同条1項2号・5号），持分割合の計算方法を見直し（同条1項1号）

⑤適用除外となる企業の範囲の合理化：実体ある企業（一定の要件を満たす航空機リース会社）が課税対象に含まれていたのを除外（同条2項3号イ最終括弧書，租特令39条の14の3第11項）し，製造子会社にかかる判定方法を整備（来料加工案を念頭に置いた改正：租特令39条の14の3第20項3号括弧書）

⑥適用除外要件の濫用への対処：関連者取引の判定方法の整備（契約等で拘束された非関連者を介在させることによる回避に対処：租特令39条の14の3第16項）

⑦資産性所得の合算課税（※）の範囲（租特法66条の6改正前4項→新6項）を拡充・再定義

※この課税の適用を受けるのは，上記③の「部分対象外国関係会社」のうち，所在地国における実効税率が20パーセント未満かつ当該金額（「部分適用対象金額」）が2000万円以上であるもの（租特法66条の6第10項）。

137

これらを本稿の検討対象たる BEPS 行動 3 最終報告書の内容と比較すると，以下の 4 点を指摘できよう。

　第 1 に，新税制は，従来よりも一段と所得アプローチ（transaction アプローチ）に軸足を移したものの，②のようにエンティティの属性に着目する要素も残している。①のトリガー税率の廃止は，最終報告書第 3 章の勧告内容と一見相違するが，実効税率による閾値要件を新税制適用判定の入口段階ではなく，負担軽減措置として位置づけ直しており，むしろ最終報告書の趣旨をうまく捉えたものと評価できよう。

　第 2 に，形式的要件の機械的適用を旨としてきた（そのように判例上も理解されてきた）我が国の外国子会社合算税制であるが，新税制では改正点④・⑤が示すように，実質分析の要素を取り込むものとなっている。最終報告書では，形式的要件による行政コストの節約および予測可能性の確保と実質的要件による対象所得把握の精度向上のバランスが繰り返し論点として指摘された上で，具体的な選択は各国に委ねるとされていた。新税制は，実質分析に重心を（多少）移しつつ，それに伴うコストの増大については，実効税率 20 パーセント基準で適用対象から全部または一部除外することで配慮したものと考えられる。その他，改正点⑤・⑥にみられるように，我が国を本拠に国際展開する企業グループが実体的な経済活動を行っている場合にはこれを阻害しないようにしつつ，BEPS 懸念を伴う人為的な所得移転には厳しく対応するという方針は，歓迎されるべきものであろう。

　第 3 に，資産性所得を中心とする「部分適用対象金額」の範囲が拡充された（例えば，旧税制では債券の利子・償還差益のみが合算されていたが，新税制では利子全般が対象となった〔租特法 66 条の 6 第 6 項 2 号〕）ことは，これら所得が日本のみならず第三国の税源浸食リスクを伴うことからすれば，CFC 所在地国において実効税率 20 パーセント未満の場合には外国関係会社やその事業の属性を問わず合算課税の対象とすることで，（必ずしも強調はされていないものの）foreign-to-foreign stripping への対応を強化したものと評価することはできよう。

　第 4 に，最終報告書におけるコンセンサスを阻害した，CFC 税制の基本的性格に関する見解の隔たりとの関係で，我が国の新税制はいかなる評価を受けるであろうか。この点，平成 21 年度改正の外国子会社配当益金不算入制度の

5 行動3（有効なCFC税制の構築）最終報告書

導入がCFC税制の性格を変えたのか，という問題が夙に論じられてきた[47]が，平成29年度改正は，実効税率20パーセント基準の拡充によって（旧税制の下では資産性所得の合算課税は税率の如何にかかわらず行われていたが，現行税制は現地実効税率が20パーセント以上であればそれが日本企業にとって最終的な税率となる），さらに一歩，テリトリアル方式に近づいたという見方もできる。他方，上記第3点で指摘したforeign-to-foreign strippingへの対応の実質的強化は，我が国の新税制が，（欧州のCFC税制に見られるように[48]）自国（親会社居住地国）の課税ベースを浸食する偽装的な所得移転を捕捉するという意味に限定された租税回避対策を主眼とする制度とも異質であることを示すように思われる。

　本稿が最終報告書の検討を通じて明らかにしたことは，BEPS行動3が当初のスローガンとして掲げていた「BEPS対応としてのCFC税制」が，全世界所得課税方式（課税繰延対策としてのCFC税制）と国外所得免除方式（自国課税ベース浸食への対抗策としてのCFC税制）の間で引き裂かれ，中途半端なものに終わった，という経緯であった。この点で，我が国の新税制は，「BEPS対応としてのCFC税制」を（極めて例外的なことに）正面から追求したハイブリッド型[49]モデルという評価が可能かもしれない。

---

47)　例えば，渡辺・前掲（注31）91頁以下。

48)　英国のCFC税制はforeign-to-foreign strippingには対応しない。See, Athanasiou, *supra* note 26, p. 208.

49)　「entityアプローチとtransactionalアプローチのハイブリッド」という意味ではなく，全世界所得課税方式と国外所得免除方式の中間領域という意味である。

6 行動5：有害な税制への対抗

渕　　圭　吾

I　はじめに

本稿は，2015年に公表された，BEPSプロジェクト行動計画5最終報告書（以下，「本報告書」という）[1]の内容を紹介し，本報告書の指し示す方向について若干の考察を加えるものである[2]。一部または全部の所得について税率を引き下げたり，租税に関する執行を緩和したりすることによる，国家間の租税競争については，1998年に公表された「有害な租税競争──生じつつある世界的問題」という報告書（以下，「1998年報告書」という）において検討が行われていた[3]。1998年報告書ではタックス・ヘイブンと有害な租税優遇措置が二本柱とされていた。これに対して，本報告書では1998年報告書の問題設定を継承しつつ，若干修正している。すなわち，本報告書は，第4章で有害税制（harmful tax practices）[4]に対して実質的活動要件（substantial activity requirement）を課す

---

1) OECD, Countering Harmful Tax Practices More Effectively, Taking into Account Transparency and Substance, Action 5 – 2015 Final Report, 2015. 本報告書の翻訳を含む文献として，本庄資「国際課税における重要な課税原則の再検討（第18回）：BEPS Action 5（有害税制）の主要論点をめぐるビジネス界・主な租税実務家の意見とOECD勧告に係る今後の展開」租税研究797号（2016年）375頁がある。

2) 最終報告書に至る過程で，2014年に成果物が公表されていた。その内容についての解説として，吉村政穂「BEPS行動5：有害税制への対抗──パテントボックスに関する基準の提示とルーリングに関する情報交換」21世紀政策研究所『グローバル時代における新たな国際租税制度のあり方──BEPS（税源浸食と利益移転）プロジェクトの討議文書の検討（報告書）』（2015年）33頁がある。併せて参照されたい。

3) OECD, Harmful Tax Competition: An Emerging Global Issuer, 1998. 同報告書についての同時代における紹介・評価として，岩﨑政明「法人税の国際的競争と調和──EUおよびOECDの動向の考察」租税法研究26号（1998年）27頁，34～37頁。同報告書への言及として，渕圭吾「国際租税法におけるOECDの役割とその位置づけ」日本国際経済法学会年報24号（2015年）15頁，25頁。

140

ことを提案し，また，第5章でルーリング（rulings）に関する透明性の向上の
ための枠組みを提案している。やや乱暴にまとめると，1998年報告書におい
ては基本的には実体法・手続法両面での制定法の仕組みの不備が問題視されて
いたのに対して，本報告書は一歩踏み込んで(1)実体法レベルで有害税制と言い
得るための要件を明確化し，また，(2)手続法レベルでの透明性確保のために制
定法の仕組みだけではなく執行（法解釈・事実認定）の実態をも規制の対象に含
めたのである。

　以下，まず，本報告書のうちBEPSプロジェクトに至るまでの検討の経緯
を説明する第1章から第3章の内容を紹介する（Ⅱ）。次に，有害税制に関し
て実質的活動要件を提示する第4章の内容につき，知的財産権に関する租税優
遇措置とそれ以外の租税優遇措置を区別して述べる（Ⅲ）。続いて，ルーリン
グに関する透明性の向上のための枠組みを示す第5章の内容を紹介する（Ⅳ）。
さらに，本報告書の第6章・第7章及び付録に盛り込まれた事項のうち重要と
思われるものを紹介する（Ⅴ）。最後に，若干の分析を行い（Ⅵ），この分析に
関係する限りで簡潔にEU（European Union）における国家補助（state aid）の
観点からの税制に対する規律について紹介する。なお，本文中での文末の
[　]の中の数字は本報告書の段落番号を示すものである。

Ⅱ　BEPSプロジェクトに至るまでの検討の経緯

1　1998年報告書と本報告書の関係

　第1章では，次のように1998年報告書と本報告書との関係が示されている。
　「BEPS行動計画5は，有害税制フォーラム（Forum on Harmful Tax Practices:
FHTP)[5]に対して，(1)優遇措置に関するルーリングについての強制的自動的交
換を含む透明性の向上，及び，(2)あらゆる優遇措置について実質的活動を要求
すること，に重点を置いて有害税制に関するこれまでの成果を改定することを

　4）　Harmful tax practicesは有害税制というよりも「有害な租税に関する執行」とでも訳す
　　　べきであるが，通例に従って有害税制と訳しておく。
　5）　OECD租税委員会内の一組織である。OECD租税委員会の組織については，淵・前掲
　　　（注3）23〜24頁も参照。

求めた」[1]。

「1998年報告書が有害税制に関するOECDの作業の基礎をなし，また，同報告書によって有害税制フォーラムが作られた。同報告書は，地理的に可動である活動，例えば，金融活動や無形資産の提供を含むその他の役務提供活動，に関する有害税制に対抗するための手段を開発すべしという諸大臣による要求に応じて公表されたものである」。「有害税制の分野でのOECDの作業の目標は，可動である活動に適用され，他国の課税ベースを不公平に浸食し，潜在的に資本及び役務提供の場所を歪める措置（regimes）によってもたらされる諸問題に取り組むことで租税制度の完全性（integrity）を確保することにある。有害税制はまた，労働，資産，消費といったより可動性の低い課税ベースの一部の望ましくない移転の原因となり得て，課税庁と納税者に執行コストと遵守のための負担を増大させ得る」[2]。

「（有害税制に関する）作業は，可動な金融及び役務提供活動の場所に対して課税が与える歪みをもたらす影響を減少させ，もって自由かつ公平な租税競争が行われ得る環境を促進することに関するものである」[3]。

ここでは，問題は租税優遇措置によって実体経済活動が歪められることである，という認識が示されているように読める。1998年報告書において示された懸念の重要性は失われていないが，懸念の対象には変化が生じた。今回は，伝統的なリング・フェンシング（ring-fencing）6)よりも特定の種類の所得について法人税率を一律に引き下げることがより問題視されている [4]。

2 1998年報告書以後の検討状況

第2章では，1998年報告書及びその後のOECDにおける検討状況が簡潔に要約されている。

1998年報告書は有害税制に関する作業を3つに分けていた。第1にOECD諸国における優遇措置（preferential regimes），第2にタックス・ヘイブンにおける優遇措置，第3に非OECD諸国における優遇措置である。そして，優遇

---

6) 国内市場に影響が及ばないようにしつつ，外国企業に対してのみ租税優遇措置を与えること。1998年報告書62段落（26～28頁）参照。

措置が潜在的に有害であるかどうかを判断するために4つの主要要素と8つのその他の要素が設定された。また，タックス・ヘイブンの定義についても4つの要素が設定されている。1998年報告書の後，4回にわたり進捗報告書が公表されたほか，優遇措置を審査するにあたっての基準を示した適用要領（application note）も示された [7]。

その後，タックス・ヘイブンの問題はグローバル・フォーラムで扱われるようになり [8]，有害税制フォーラムは優遇措置及びそれに対する対抗手段に集中することになった [9]。

3　1998年報告書における判断枠組み

第3章では，1998年報告書における，ある租税優遇措置が有害な優遇措置であるかどうかを判断するための枠組みが紹介されている。この枠組みは3段階から成る [10]。

第1段階では，(1)ある措置が有害税制フォーラムの作業の範囲内であること，及び，(2)ある措置が租税優遇措置であることが判断される。

(1)についての要件は2つに分かれる。まず，地理的に可動な活動からの所得（income from geographically mobile activities）に関するものでなくてはならない。金融活動や，無形資産の提供を含む，その他の役務提供活動がその例である。工場や建物への投資を促進するための優遇措置は，対象外である [11]。次に，優遇措置は所得課税（business taxation）に関するものでなくてはならない。消費税（consumption taxes）は対象外である [12]。

(2)については，当該国における課税の一般原則（the general principles of taxation in the relevant country）との比較によって優遇措置であることを判断する [13]。

第2段階では，4つの主要要素及び8つのその他の要素を用いて，優遇措置が「潜在的に有害（potentially harmful）」であるか否かが判断される。行動計画5最終報告書で中心的役割を果たす「実質的活動（substantial activity）」も既にその他の要素の1つとして登場している [14]。

4つの主要要素とは，(a)当該措置が地理的に可動な金融またはその他の役務提供活動からの所得に対して全く租税を課していないあるいは低率の実効税率

しか適用していないこと，(b)当該措置が国内経済から隔離されている（ring-fenced）こと，(c)当該措置が透明性を欠いていること，例えば，措置の詳細やその適用関係が明らかでない，あるいは，当局の監督や財務情報の開示が不十分である場合，(d)当該措置について実効的な情報交換が行われていないこと，である [15]。

8つのその他の要素とは，(a)課税標準の定義が人為的（artificial）であること，(b)移転価格に関する国際的な諸原則に従っていないこと，(c)国外源泉所得が居住地国課税の対象から除外されていること，(d)税率または課税標準を交渉によって決められる（negotiable）こと，(e)秘密規定の存在，(f)租税条約の広いネットワークへのアクセス，(g)当該措置が租税負担を最小化する手段として宣伝されていること，(h)当該措置がもっぱら租税目的（purely tax-driven）であり実質的活動を含まない行為またはアレンジメント（operations or arrangements）を促進すること，である [16]。

ある措置が潜在的に有害と言えるためには，4つの主要要素のうちの第1のものが極めて重要であり [17]，他の諸要素は総合考慮の対象となるに過ぎない [18]。

第3段階として，潜在的に有害であると判断された優遇措置が実際に有害（actually harmful）であるかどうかが判断される [19]。その際の考慮要素は，(a)当該措置が重要な新たな活動を生むというよりも活動をある国から別の国（すなわち当該措置を提供する国）に移しただけであるか，(b)当該措置を提供した国における活動の存在や水準が投資ないし所得の額と相応しているか，(c)当該措置が活動の場所についての主たる動機であるか，といった事柄である [20]。経済効果と有害な効果とを考量して，当該措置が有害な優遇措置であると分類される [21]。

もっとも，ある優遇措置が実際に有害であると判断されることには勧告的効果しかないようである [22]。

Ⅲ 有害税制に関する「実質的活動要件」

1 序 論

行動計画5はあらゆる優遇措置について実質的活動を要求している。これは，BEPSプロジェクトの第2の柱である，価値創造の場所と課税所得発生の場所とを一致させるという考え方に整合的である。実質的活動を要求するという考え方は1998年報告書にも見られたが，同報告書はこの点について詳しく説明していなかった［24］。今回は，1998年報告書の4つの主要要素と並んで，実質的活動が考慮される［25］。

2 知的財産権に関する租税優遇措置

知的財産権に関する所得に対する租税優遇措置（IP regimes）は，課税ベースの浸食をもたらしかねない。もっとも，知的財産権を多く用いる産業が各国の成長や雇用を促進することを考えると，研究開発（R&D）に対して各国が税制上の誘因を与えることは自由であるはずである。そこで有害税制フォーラムは，知的財産権に関する特定の措置を推奨するのではなく，R&Dに便益を与えるが他国に有害な影響を与えない知的財産権に関する措置の外枠を示すことにした［26］。

有害税制フォーラムは，実質的活動を要求するにあたって，3つの異なるアプローチを検討した。第1の価値創造アプローチ（value creation approach）では納税者に一定数の重要な開発活動を行うことを求める。第2の移転価格アプローチ（transfer pricing approach）では納税者が優遇措置を提供する国に一定水準の重要な機能を置き，納税者が節税メリットを生む資産の法的所有者であり・この資産を使用しており・この資産についての経済的リスクを負っている場合に優遇措置を認める。しかし，有害税制フォーラムは第3の関連性アプローチ（nexus approach）を採用する［27］。

関連性アプローチは，知的財産権に関する優遇措置の便益が，納税者が研究開発活動を行っている限りで与えられているかどうかを審査する。本アプローチは，研究開発に対する税額控除（R&D credits）その他の，知的財産権の創出

段階で費やされた支出に適用される，着手段階での（front-end）租税優遇措置に関する基本原則に基づいている。こうした着手段階での租税優遇措置においては，租税便益を計算するために支出が用いられているので，便益と支出が直接結びついている。関連性アプローチは，この（着手段階での租税優遇措置に関する）原則を事後的に助成が行われる（back-end）租税優遇措置，すなわち，知的財産権の創出・使用後に得られる所得に適用される租税優遇措置へと拡張するものである［28］。

　このように，支出が実質的活動の代用（proxy）として用いられている。ここで重要なのは支出の額ではなく開発活動に直接関連する支出の割合（proportion）である。知的財産権から得られた全所得のうち知的財産権に関する優遇措置の便益を受け得る所得の割合は，研究開発に関する全支出のうちの適格支出（qualifying expenditures）の割合によって決まる。単に金銭を支出しただけである場合，他人による研究開発活動のために支出した場合には，それによって得られた所得は知的財産権に関する優遇措置の便益を受けられない［29］。以下の式のようにまとめることができる［30］。

$$
\frac{\text{Qualifying expenditures incurred}}{\text{Overall expenditures incurred}} \times \frac{\text{Overall income}}{\text{from IP asset}} = \frac{\text{Income receiving}}{\text{tax benefits}}
$$

　この計算においては，あるエンティティによる支出だけが考慮されているのであって，ある知的財産権に関して様々なエンティティが行った支出が考慮されるわけではない［31］。ある知的財産権に関する優遇措置によって実際に便益を与えられた所得の額が関連性アプローチによって定められた（上記の）所得額を上回らない限りで，当該措置は実質的活動要件を充足する［32］。

　関連性アプローチは適格納税者（qualifying taxpayers）に適用される。適格納税者には，内国法人，外国法人の国内 PE，内国法人の国外 PE であって便益を提供する国で納税義務を負うものを含む［33］。

　関連性アプローチの下で，ある知的財産権に関する優遇措置に基づく租税便益を受ける資格のある知的財産権（IP assets）は特許権（patents）及びその他

の知的財産権であって特許権と機能的に同等と言えるものである [34]。

具体的には，第1に，広義の特許権，すなわち，実用新案権（utility models），植物（plants）及び遺伝素材（genetic material）に保護を与える知的財産権，希少疾病用医薬品の指定（orphan drug designations）[7]，特許権の存続期間の延長（extensions of patent protection）[8]を含む [35]。

第2に，著作権法で保護されたソフトウェア（に対する著作権）も，新規性[9]，非自明性[10]，及び実用性[11]という特許権の基本的な性質を満たすので，特許権と機能的に同等と言える [36]。

第3に，それ以外の特許権と機能的に同等の知的財産権であって税務官庁とは独立した政府機関によって認証されたものも，租税便益を受ける資格を有する。ただし，納税者が一定の規模以下であることが条件である上，こうした租税便益を提供する政府が有害税制フォーラムに情報提供をして同フォーラムの審査に合格したものでなくてはならない [37]。

関連性アプローチにおいては支出，知的財産権，及び所得の相互間の関連性を審査するので，商標のようにその価値が市場に由来する知的財産権は対象とならないことに注意する必要がある [38]。

適格支出（qualifying expenditures）は，適格納税者による，知的財産権に直接関係する支出である。すなわち，実際の研究開発活動のための支出のみが含まれる[12]。適格支出には，支出の年度に費用計上されるもののみならず，資産として計上されて将来減価償却の対象となるような支出も含まれる [39]。各国は，適格支出の30パーセントを限度として，加算（up-lift）をすることができる。すなわち，知的財産権に関する全支出のうち適格支出以外のもの（つまり，知的財産権を他者から取得するための費用及び研究開発活動を関連者に外注する際に支払う費用）について，本来の適格支出の30パーセントを上限として適格

---

7)　医薬品医療機器等法（旧薬事法）77条の2参照。
8)　特許法67条2項参照。
9)　特許法29条1項参照。
10)　日本では，「進歩性」。特許法29条2項参照。
11)　日本では，「産業上の利用可能性」。特許法29条1項柱書参照。
12)　後述（44段落）のように，納税者が自ら研究開発活動を行わなくてはならない，というわけではなく，非関連者に外注する場合の外注費用は適格支出に含まれる。

支出とみなすことができる［40］。この加算の趣旨は，基本的には研究開発活動を自ら行わないと租税優遇を受けられないことを前提に，一定程度，知的財産権の他者からの取得や研究開発活動の関連者への外注を容認することにある［41］。

　全支出（overall expenditures）とは，もし適格納税者が自ら研究開発を行っていたとしたら適格支出になるはずの支出の総和として定義される。すなわち，全支出とは，適格支出に加えて，（適格支出とみなされない）知的財産権を取得するための費用及び研究開発活動を関連者に外注するための費用を含むものである［42］。要するに，関連性比率（nexus ratio）は，(a)納税者自らが支出した研究開発費用（R&D expenditures incurred by the taxpayer itself）及び(b)研究開発活動を非関連者に外注するための費用（expenditures for unrelated-party outsourcing）の和を，(a)，(b)，(c)知的財産権の取得に要した費用（acquisition costs）及び(d)研究開発活動を関連者に外注するための費用（expenditures for related-party outsourcing）の和で除して求められる［43，44］。全支出も適格支出も知的財産権の存続期間にわたってそれぞれ累積し，各年度においてはその時点での全支出と適格支出の比率が関連性比率となる［45］。

　全所得（overall income）は，以下の２つの原則を満たしつつ，各国が移転価格ルールを適用して定義するものである［46］。第１に，全所得は，知的財産権に関する租税優遇措置の便益を得る所得が適格支出の割合と比較して不相当に（disproportionately）高くならないように，定義されなくてはならない。すなわち，全所得は，知的財産権から得られる粗所得ではなくて純所得として定義されなくてはならない［47］。第２に，全所得は知的財産権から得られる所得に限られなくてはならない。知的財産権の使用料（royalties），知的財産権の譲渡（sale）からのキャピタル・ゲインその他の所得，知的財産権に直接関係する製品の売却や方法の使用13)から得られた所得がそこに含まれる［48］。

　関連性アプローチにおいては，知的財産権からの所得の大部分について租税優遇措置の便益を受けるためには，実際の研究開発活動の大部分を適格納税者自身が行わなくてはならない。このため，研究開発活動を外注（outsourcing）

---

13)　要するに方法の発明の場合の実施のこと。

148

6 行動5：有害な税制への対抗

する場合，相手先が非関連者であればそのための支出は適格支出となるのに対して，相手先が関連者である場合にはそのための支出は適格支出とはならない [49]。このようなルールは，実務的に，非関連者への大幅な外注によって納税者が便益を得る可能性は少ないのに対して，関連者への外注の場合はそうではない，ということに基づく。知的財産権の価値は研究開発活動とそうした活動に必要な情報に基づくのであるから，会社が重要な価値創造活動を非関連者に外注することは考えにくい。なお，各国が非関連者の範囲を大学，病院，研究所，及び（納税者と無関係な）非営利法人に限定することも構わない [50]。また，適格支出として認められる非関連者への外注費用に上限を設けても構わない [51]。

　取得した知的財産権の扱い（treatment of acquired IP）については，関連性アプローチの下では，一旦取得した知的財産権の改良に要した支出のみが適格支出となる。知的財産権の取得に要した費用（知的財産権の使用許諾を受ける場合には，使用料）は，全支出には含まれる。関連者からの知的財産権の取得に要した費用は，独立当事者間価格で計上されなくてはならない [52]。

　関連性アプローチにおいては，支出と所得の間の関連性が重要である。このため，知的財産権に関する租税優遇措置を導入する国は，適格支出から優遇対象となる所得が生じたことを確保するために，納税者に追跡（tracking）を義務づけなくてはならない [53]。追跡が現実的でない場合の代替的方法として，複数の知的財産権を利用した製品に着目するアプローチ（product-based approach）もある [55]。

　3つの事例が挙がっている。第1に，A社は旅行用マグ（コップ）に付けるプラスチック製の蓋を作っている。同社は2つの特許権を持っており，1つはコーヒーマグ用であり，もう1つは紅茶マグ用である。これら2つの特許権の研究開発にあたっては同社の従業員による別々のプロジェクト・チームが責任を負っていた。同社は，知的財産権について追跡を行わなくてはならないし，そのためのシステムを構築しなくてはならない。第2に，B社は数多くのプリンターを製造しているが，それらは3つの製品群に分けられる。オフィス用複合機，家庭用小型プリンター，デジタル写真用本格的プリンター，である。プリンターの開発にあたって，250の特許権が生み出された。このうち，100は

149

3つの製品群に共通に用いられ，残りは1つの製品群あたり50の特許権が用いられる。同社の従業員は製品群に特化して研究開発を行っている者と，一般的ないし実験的な研究開発にあたっている者とに分けられる。そこで，B社は製品群ごとの追跡を行わなくてはならず，また，そのためのシステムを構築しなくてはならない。第3に，C社は薬品に関する数多くの特許権を保有している製薬会社である。1つの薬品に多くの特許権が用いられ，また，1つの特許権が多くの薬品に用いられている。もっとも，同社が開発している薬品は大きく4つの病気に関するものに分けられ，これらの4つの病気をまたいで用いられる薬品は存在しない。同社としては，個々の特許権・薬品にまで追跡を行うことはできないが，4つの病気のどれに関するものであるかの追跡を行わなくてはならず，また，そのためのシステムを構築しなくてはならない [59]。

既得権とセーフガード（grandfathering and safeguards）[62]。

反証可能な推定（rebuttable presumption）としての制度設計をしてもよい [67]。

3 知的財産権以外に関する租税優遇措置

考え方は知的財産権に関する租税優遇措置の場合と基本的に同じである [71]。本社機能に関する租税優遇措置（headquarters regimes），配送センター，サービス・センターに関する租税優遇措置（distribution and service centre regimes），金融活動，賃貸借活動に関する租税優遇措置（financing or leasing regimes），ファンド・マネジャーの受ける手数料への租税優遇措置（fund management regimes），銀行業・保険業への租税優遇措置（banking and insurance regimes），船舶・配送関係への租税優遇措置（shipping regimes），持株会社に対する租税優遇措置（holding company regimes）についての検討が行われている。

Ⅳ　ルーリングに関する透明性向上のための枠組み

1　序　　論

一定のルーリング（その意味は2で後述する）に関する強制的自動的情報交換を含めて，透明性を向上させることが，行動計画5の下での第2の優先事項で

ある［89］。透明性の向上は，3段階で行われる。第1に，租税優遇措置に関するルーリング（rulings related to preferential regimes）についての強制的自動的情報交換の枠組みを策定する。この枠組みは有害税制フォーラムの2014年進捗報告書で示されており，修正を加えたものが本報告書に収められたガイダンスである。第2に，有害税制フォーラムは透明性をさらに向上させられるか検討し，また，OECD及び関係諸国におけるルーリングの形態での各種措置（ruling regimes）について検討した。そして，結論として，ルーリングに関する情報交換の欠如がBEPSの懸念を生ぜしめるようなあらゆる場合において強制的自動的情報交換を実行することを要求すべきである，という結論に達した。例えば，事前確認制度（advance pricing arrangements: APA）自体は優遇措置ではないが，執行上の優遇措置がAPAやアドヴァンス・ルーリング（advance tax ruling: ATR）の仕組みを通じて行われることがあり得る。厳密に線引きをするのではなく，広めに開示させることにした。

　第3に，有害税制フォーラムはルーリングの形態での各種措置の制度設計及び運用の枠組みについて一般的なベスト・プラクティス（general best practices）を定めた［90］。

　上記第1段階及び第2段階を合わせて，ここでは，OECDで合意された，ルーリングに関する強制的自動的情報交換の枠組みについて説明する。対象となるルーリングは，特定の納税者に関するもの（taxpayer-specific rulings）であって，6つのカテゴリーに分けられる［91］。本枠組みは，他国の租税行政庁にとって必要な情報が交換されることを確保しつつも，当事国に不要な執行上の負担を与えないことを旨とする。本枠組みは，2004年の統合版適用要領（Consolidated Application Note）の定めるガイダンスに基づいており，また，2010年の税務行政執行共助条約（Convention on Mutual Administrative Assistance in Tax Matters），及び2011年2月のEU理事会指令（2011/16/EU）[14]をも参考にしている［92］。

---

14)　この指令に対する改正提案につき，加藤浩「EUにおける税の透明性の確保——ルーリングに関する自動的情報交換」レファレンス778号（2015年）25頁，31頁以下参照。

2 自動的交換が適用されるルーリングの種類

　ルーリング（rulings）とは，「特定の納税者または納税者の集団に対してその課税に関する状況について課税庁が提供する助言，情報，または約束であって，当該納税者または納税者の集団が信頼を置くことができるものである（any advice, information or undertaking provided by a tax authority to a specific taxpayer or group of taxpayers concerning their tax situation and on which they are entitled to rely）」[95]。もちろん，ルーリングは広義には一般的なものも含むが，ここで強制的自動的交換の対象となるのは特定の納税者または納税者の集団に対するもののみである [96]。なお，特定の納税者に対するルーリング（taxpayer-specific rulings）は，取引の前または後に，しかし納税申告よりは前に，納税者の要求に応じて出されるものである [97]。このうち，アドヴァンス・ルーリングは取引前に出されるものであって，制定法の手続に基づくもしくは執行上の実務に基づくルーリングまたはクリアランスという形式をとる [98]。移転価格に関する APA は，他のルーリング手続よりも厳格な手続によって示されるものである [99, 100]。これに対して，全納税者に適用される一般的ルーリング（general rulings）に対しては本報告書が提示する枠組みは適用されないが，ベスト・プラクティスは適用される [102]。

　以下，自動的交換が適用される 6 つのカテゴリーのルーリングについて見ていく。

　第1に，租税優遇措置に関する特定納税者に対するルーリング（taxpayer-specific rulings related to preferential regimes）がある。こうしたルーリングについては，既に 2014 年進捗報告書で「フィルター・アプローチ（filter approach）」を用いることが示されている。すなわち，国際的な（cross-border），特定納税者に対する（taxpayer-specific）ルーリングであって，(1)有害税制フォーラムの作業の範囲内の，(2)租税優遇を与える（preferential），(3)実効税率が低いまたは零であるという要件を満たす措置（regimes）に関するものについて，自動的情報交換の義務が課される [103]。この自動的情報交換義務は，潜在的または実際に有害でない措置に関するルーリングにも適用される [104]。

　第2に，移転価格に関する一方的なルーリング（cross-border unilateral APAs and any other cross-border unilateral tax rulings (such as ATRs) covering transfer pricing or the application of transfer pricing principles) がある。こうした一方的なルーリングが自動的情報交換の対象となっているのは,「それらが優遇措置であるからではなく,透明性を欠く場合には,それらは歪みをもたらし,BEPSの懸念を生ぜしめ,また,直接または間接に他方当事国の租税ポジションに影響を与える,という可能性があるからである」[109]。この自動的情報交換義務には行動計画13による移転価格文書化義務との相互作用が存在するが,自動的情報交換義務の方が潜在的には広い範囲をカバーすると言える[110, 111]。

第3に,納税者の会計・商業帳簿上の直接の根拠なしに課税所得を一方的に下方修正する,国際取引に関するルーリング(cross-border rulings providing for a unilateral downward adjustment to the taxpayer's taxable profits that is not directly reflected in the taxpayer's financial/commercial accounts)がある。(オランダの)みなし資本ルーリング(informal capital or similar rulings)がその例である[113]。このような下方修正を提供する措置は,潜在的には低率の課税ないし課税がないということを意味しており,多国籍企業はこうした措置を提供する国に所得を移転する(shift profits)誘因を持つ。ルーリング等の存在により下方修正が予期可能な場合に,こうした誘因が存在する。この場合,実効的な情報交換によって初めて他方当事国はその移転価格税制を適用できる。というのは,上記下方修正は帳簿に基づかないものであり,また,遡及的に行われる場合もあるからである[114]。

超過所得ルーリング(excess profits rulings)[15],みなし資本ルーリングその他の同様のルーリングは,親会社その他の関連者からの資本拠出(金銭出資,現物出資)があるとみなして,実際には支払っていない支払い利子について支払いがあるとみなすといったことを通じて,課税所得を減額修正する。あるいは,親会社から子会社への商品の低額譲渡に際して,時価との差額分につき子会社が親会社に対して支払ったと(税法上)みなすことにより,子会社の課税所得が低く抑えられる[115]。

---

15) ベルギーの例。《http://ec.europa.eu/competition/elojade/isef/case_details.cfm?proc_code=3_SA_37667》《http://europa.eu/rapid/press-release_IP-16-42_en.htm》

第4に，恒久的施設の認定または恒久的施設に帰属する所得に関するルーリング（PE rulings）がある［117］。

第5に，関連当事者間の資金移動のための導管となっているエンティティに関するルーリング（related party conduit rulings）がある［118］。

最後に，自動的情報交換がなかったら BEPS の懸念を生ぜしめるようなあらゆる種類のルーリングがある［120］。

3 情報を受領する国

一般的には，(a)ルーリングの対象となる取引，または，有利な取扱いを受ける関連当事者からもたらされる所得を生むような取引を行う納税者のあらゆる関連当事者の居住地国，及び，(b)直接の親会社及び最終的な親会社の居住地国，がルーリングに関する情報を受領する［121］。

4 本枠組みが適用されるルーリング

本枠組みは過去のルーリング［126］及び将来のルーリング［129］に適用される。

5 交換の対象となる情報

情報交換は，2 段階の過程で行われる。第 1 段階では，ルーリングに関する要約と基本的な情報が提供される［130］。第 2 段階では，ルーリング自体の提供が要請される［131］。

Ⅴ　各国の租税優遇措置へのあてはめ・その他

本報告書第 6 章では，知的財産権に関する租税優遇措置，知的財産権以外に関する租税優遇措置，及び，課税所得を下方修正するルーリングについて，検討結果が示されている。

知的財産権に関する租税優遇措置（本報告書表 6.1 参照）については，1998 年報告書の基準及び実質的活動基準に基づいて検討が行われている。そして，いずれの租税特別措置も本報告書が提示した関連性アプローチに合致しないと結

論づけられている［148］。

　他方，知的財産権以外に関する租税優遇措置（本報告書表6.2参照）について
は，有害でないとはっきり認定されているものが少なくない［149］。

　課税所得の下方修正については，ルーリングの情報交換のみならず，ルーリ
ングが存在しない場合の課税所得の下方修正についても情報交換が行われるべ
きことが指摘されている［151］。

Ⅵ　若干の検討

1　「有害税制」が意味することの変化

　本報告書を読んでまず感じたのは，一口に有害税制と言ってもその意味する
ところは1998年報告書の頃とは異なるものになってきているということであ
る。かつては，租税実体法レベルでの租税優遇措置が問題視されていた。これ
に対して，現在では，租税手続法ないし実際の租税手続のレベルにも厳しい視
線が向けられている。また，かつては，租税優遇措置の存在による実体経済活
動への歪みが問題視されていたが，現在では，一般論としてはそのような歪み
に言及があるものの，実際の提言においては租税優遇措置としての実質を欠く
もの，すなわち，実体経済活動へ歪みをもたらすことなく単に他国の税収を減
らす措置がむしろ糾弾の対象となっている。

2　「租税」と切り離された「租税優遇措置」の審査

　第2の柱である透明性向上に関する議論枠組みがEUの国家補助（state aid）
についての議論状況に大きく影響されていること（Ⅶ参照）も考慮すると，次
のようなことが指摘できる。

　まず，各国がその主権に基づいて決定することができると考えられている
「租税制度」から，租税以外の政策目的のために設けられた（実体法上の）「租
税優遇措置」及び特定の納税者に便益を与え得る機能を果たす手続法上・実際
上の各種「措置」が切り離されて把握されている。このような切り離しは，伝
統的に国際的二重課税を避けることが主要な課題とされてきた国際課税の世界
においては重大な意味を有する。というのは，租税優遇措置を含む各種措置を

租税制度とは区別されたものととらえるや否や，他国の租税制度がそれらの（租税制度ではない）措置を尊重する必要は必ずしもないということになるからである。実際，租税優遇措置以外の様々な政策手法，すなわち補助金や各種の規制は既に EU において国家補助に該当するかどうか，厳しく審査されてきた。租税優遇措置であるか否かを判定するベースラインとして包括的所得概念を援用するかどうかはともかく，租税優遇措置を他の政策手法と同列に論じることそれ自体は，むしろ当然のことである。

　次に，租税優遇措置を含む各種措置が，本当にそれが標榜するところの政策目的の実現に役立つものであるのか，それとも単に特定の納税者に対して便益を供与するものに過ぎないのか，審査されている。政策目的実現の手段として役に立ち得るものであるとすれば，それによって他国の税収や政策が影響を受ける[16]。ところが，各種措置が標榜されている政策目的の実現の手段としては役に立たず，むしろ，当該措置を設定した国に一定の資産（例えば，知的財産権）や負債が帰属していることを認証することを通じて，（現在の国際課税の枠組みでは，他国における課税関係を尊重せざるを得ない）当該国以外の諸国における税額を減少させる機能のみを果たしている場合がある。本報告書は，こうした見せかけの租税優遇措置を廃止させるべく，国際的な圧力をかけようとしているわけである。

3　租税をめぐる「市場」：国家間競争に対する競争法の出現？

　さらに，より大きな文脈に位置づけるとすれば，次のようなことが言えるかもしれない。すなわち，行動計画5は，国家による租税を通じた資金調達について国家間の競争が存在すると理解した上で，この国家間競争に対して競争法的発想に基づく規制を行おうとしているのではないか[17]。これは，事業者間

---

16)　こうした影響について他国が手をこまねいていなくてはならない必然性はない。対抗策をとることも十分に考えられる。しかし，本報告書はこうした影響についてはやむを得ないものと見ているようである。

17)　なお，国家間の通貨をめぐる競争について競争法的視点を指摘する論者もある（この点は，藤谷武史の指摘に負う）。以下の文献を参照。Thomas Cottier and Lucía Satragno, *The Potential of Law and Legal Methodology in Monetary Affairs, in:* Thomas Cottier, et al. (eds.), The Rule of Law in Monetary Affairs: World Trade Forum, Cambridge Uni-

の競争または生産される商品間の競争に着目している．EU 競争法における国家補助に対する規律（EU 機能条約 107 条）とは次元が異なる．EU 競争法は，事業者＝納税者間の財・サービスの提供にかかる市場における競争を問題としている．例えば，スターバックスとダルマイヤーの間のコーヒーの販売に関する市場における競争に着目している．日本の独禁法の文脈に位置づけるならば，独禁法 2 条にいう（違反主体としての）「事業者」はこれらの事業者＝納税者である．しかし，行動計画 5 は，こうした事業者＝納税者が競争している市場ではなく，国家間の税収をめぐる「市場」に着目しているととらえることができる．ここでも日本の独禁法の文脈に位置づけるならば，独禁法 2 条にいう（違反主体としての）「事業者」は国家である．これまで国家主権の本質的要素であると理解されてきた課税権[18]についてこのような競争法的な規律が及ぶとすれば，そこには極めて大きな発想の転換が存在すると言わざるを得ない[19]．その意味で，行動計画 5 は租税競争に関してこれまでになかった新しい（そして意欲的な）枠組みを打ち出したものと評価できる．

4 ルーリングの位置づけについて

最後に，ルーリングの位置づけについて触れておきたい．金子宏は，かねてより，租税法律主義が納税者の予測可能性を確保するという機能を重視し，このような立場から納税者が課税関係について事前に確証を得ることの重要性を強調し，アドヴァンス・ルーリングの必要性を説いてきた[20]．また，このような見解に従って，現実にも，納税者の求めに応じて課税庁がその見解を公表

---

versity Press, 2016, 411, 428.

[18] 藤谷武史「市場のグローバル化と国家の制御能力──公法学の課題」新世代法政策学研究 18 号（2012 年）267 頁，276〜279 頁がこの点に関する現状とその限界を要領よく整理している．

[19] ただし，現在のところ EU 競争法において問題とされているのは，国家の一般的な課税権行使ではなく，むしろ，そこからの乖離というべき（そして場合によっては特に達成すべき政策目的すら存在しない）租税優遇措置であることに注意が必要である．

[20] 金子宏「市民と租税」同『租税法理論の形成と解明 上巻』（有斐閣，2010 年）3 頁，24〜25 頁（初出 1966 年），同「財政権力──課税権力の合理的行使をめぐって」同書 89 頁，97〜102 頁（初出 1983 年），同「アドヴァンス・ルーリングについて」同書 159 頁（初出 1994 年）．

する制度が導入されてきた。もちろん，一般的な課税ルールが公表され，それによって納税者の予測可能性が確保されることは望ましい。しかし，特定納税者との関係での課税ルールが公表されない形で示されることは，課税庁（租税行政庁）と特定納税者の癒着を招き，租税法律主義が拠って立つところの民主主義と真っ向から反する[21]。日本においても，課税に関するルールは一般的なものでなくてはならない，という基本原則を改めて強調する必要があるように思う。

Ⅶ　補論：EUにおける国家補助の観点からの税制への規律

　EU機能条約107条1項は，次のように定めている。「本条約に別段の定めがある場合を除き，加盟国によって，または，加盟国の財源を通じて供与される，特定の事業または特定の商品の生産を優遇することにより競争を歪めるまたは歪める恐れがあるあらゆる補助は，その形態を問わず，加盟国間の通商に影響を及ぼす限り，域内市場と両立しない」[22]。この規定が，EUにおいて国家補助の観点から税制に対して規律を行う根拠規定となっている。

　さて，2014年6月11日，欧州委員会（European Commission）は，アイルランド＝アップル，ルクセンブルク＝フィアット，オランダ＝スターバックスの移転価格に関するアドヴァンス・ルーリング（advance tax rulings）についての手続を開始した[23]。同年10月7日には，ルクセンブルク＝アマゾンについて

---

21)　例えば，2011年10月11日の英国ガーディアン紙（David Leigh記者）は，大手証券会社ゴールドマン・サックスが失敗した租税回避取引に関する（日本法にいう）重加算税に関して英国歳入関税庁から寛大な扱いを受けたことを報じている。

22)　翻訳に際して，多田英明「EUにおける国家補助規制の概要」競争政策と公的再生支援の在り方に関する研究会第4回会合資料（2014年）1頁及び白石忠志「金融危機・事業再生と公的支援規制」金融研究34巻3号（2015年）101頁，104頁を参照した。EUにおける国家補助規制に関する議論の紹介及びその日本法への示唆については，白石忠志「公的支援と競争政策」ジュリスト1401号（2010年）47頁，多田英明「競争法の観点からみた国家補助規制――EU競争法の議論を参考に」公正取引746号（2012年）44頁，及び，大久保直樹「CPRC共同研究報告書『EU国家補助規制の考え方の我が国への応用について』」公正取引758号（2013年）56頁を参照。

23)　以下，次の文献に依拠している。Richard Lyal, *Transfer Pricing Rules and State Aid,* 38 Fordham Int'l L. J. 1017（2015）.

6 行動 5：有害な税制への対抗

同様の手続を開始した。さらに，2015 年 2 月 3 日，ベルギーの excess profit tax に関する手続を開始した[24]。

　これらの手続の開始は，従来の国家補助に関する実務から乖離するものではない[25]。むしろ，ECSC 条約の時代からの動きを進めたものに過ぎない。方針転換があったとすれば，それは加盟国が行動要綱（Code of Conduct for Business Taxation）に合意し，委員会通知（Commission Notice on the application of the State aid rules to measures relating to direct business taxation）が出された，1990 年代末においてであった[26]。また，欧州委員会がルーリングや移転価格について国家補助の観点から審査したのは今回が初めてではない。2003 年にベルギー，ルクセンブルク，ドイツ，フランスの移転価格に関するルーリングについて決定を下していた。

　移転価格に関するルーリングないし事前確認制度の機能は，事業者に同一法人グループ内の会社間（または同一会社内の施設間）の財産及び役務の移転の税法上の取扱いについて法的安定を与えることである。ところが，実際にはこのようなルーリングや合意を通じて，特定の事業または特定の商品の生産に対して競争を阻害するような国家補助が与えられている（そのことにより EU 機能条約 107 条 1 項に違反している）のではないか，というのが欧州委員会の指摘である。名指しされた国はこのような評価について争っているところであるが[27]，以下，欧州委員会が行った指摘の内容について紹介しよう[28]。

　まず，アイルランド＝アップルについて。以下に登場するアップルの関連会社は，いずれもアイルランドで設立されているがアイルランド居住者ではない。

　Apple Operations Europe はパーソナル・コンピュータを製造する。1991 年

---

24) その後，2016 年 1 月に国家補助のルールに反して違法との決定が出された。プレスリリースはこちら。《http://europa.eu/rapid/press-release_IP-16-42_en.htm》

25) Lyal, *supra* note 23, 1018.

26) これらについては，森真成「EU における租税優遇措置と EC 条約における国家補助禁止規定との抵触問題」関西大学法学ジャーナル 69 号 160 頁（2000 年）を参照のこと。委員会通知は，2016 年 5 月に出された新しい通知（Guidance on the notion of State aid）によって上書きされたようである。

27) 現在のところ，欧州司法裁判所において以下の訴訟が提起されている。オランダ＝スターバックス：Case T-760/15；ルクセンブルク＝フィアット：Case T-755/15.

28) Lyal, *supra* note 23, 1023-1027.

159

に同社は60～70百万米ドルに達するまで営業費用の65パーセント，それを超える場合は営業費用の20パーセントを純益とみなす旨のルーリングをアイルランド国税庁から得ていた。2007年に改定されたルーリングでは，営業費用の10～20パーセントに知的財産権の（受取）使用料を加算したものが純益とみなされることとなっていた。

Apple Sales International については，1991年のルーリングでは，（同社のアイルランド支店の）営業費用の12.5パーセントが純益とみなされ，2007年のルーリングでは，営業費用の8～18パーセントが純益とみなされていた。

欧州委員会は，以下の点を指摘した。1991年ルーリングは，比準可能性に基づいていない。一種の取引単位営業利益法が用いられているが，営業利益が指標となっている理由が明らかではない。そもそも営業利益は適切な指標ではない。また，65パーセントと20パーセントという数値の差も独立当事者間価格という観点から説明ができない。一定額の資本コストを控除しているがそれについての説明もない。ルーリングが非常に長い期間有効であるのはおかしい。2007年以降の売上高の増大が考慮されていない。

次に，ルクセンブルク＝フィアットについて。

FFT は本店がルクセンブルクにあるフィアットの子会社である。2012年秋に，3年間有効な事前確認をルクセンブルク当局から取得した。これは，株式の一定割合（バーゼルⅡで要求される最低資本金額）に一定の収益率を乗じたものを課税所得とみなす，というものである。

欧州委員会は，以下の点を指摘した。課税庁に大きな裁量がある。3年間課税所得が同じという結果が独立当事者間条件を反映しているか疑問である。取引単位営業利益法以外の方法が適切だったはずである。最低資本金額も一定の収益率も小さすぎる。

ルクセンブルク＝アマゾンについて。

Amazon EU Sàrl はルクセンブルクの有限会社である。その株主は Amazon Europe Technologies Holding SCS という limited partnership（ルクセンブルク税法上透明な扱い）である。2013年11月に，ルクセンブルク当局は Amazon EU Sàrl の税法上の扱いについてルーリングを発した。同社の営業費用とアマゾンの EU でのウェブサイトからの営業収益（上限あり）の4～6パーセントの

うち，少ないほうが同社の課税所得とみなされ，それを超える額は，Amazon Europe Technologies Holding SCS への知的財産権の使用料の支払いとみなされる，というものであった。

2014 年 10 月 7 日の欧州委員会決定は，以下の点を指摘した。実際には比較を行っていないのではないか。OECD が認めた方法を使っていない。ルーリングが何年間も有効なのはおかしい。

最後に，オランダ＝スターバックスについて。

Starbucks Manufacturing BV はオランダの居住者であって，関連法人からコーヒー豆を仕入れ，イギリス所在の limited partnership に知的財産権の使用料を支払っている。2008 年にオランダ税務当局は，取引単位営業利益法に基づき，営業費用の 9〜12 パーセントが課税所得であるとみなすルーリングを発した。

欧州委員会は，以下の点について懸念を表明した。Starbucks Manufacturing BV が委託製造者（toll manufacturer）とみなされるべきか疑問である。営業費用が極度に狭く定義されている。独立当事者間の使用料の計算に基づかずに，残余利益に基づいて使用料が決められている。

7 行動6：不適切な状況での租税条約の特典の付与の防止

園　浦　　卓

I　は じ め に

　2013年7月に公開されたBEPSの行動計画では，条約漁り（treaty shopping）を中心とする租税条約の濫用が最も重要なBEPS問題の1つとして指摘されており，行動計画6（租税条約の濫用防止）では，この分野で取り組むべき課題が示されていた。

　行動6の最終報告書（以下「本報告書」という）は，行動計画6で特定された以下の3つの異なる分野における検討結果により構成されている。

　　A：不適切な状況での租税条約の特典の付与を防止するためのモデル条約の
　　　　規定の策定と国内ルールに関する推奨
　　B：租税条約は二重非課税を生じさせるために用いられることは意図されて
　　　　いないことの明確化
　　C：各国が租税条約を締結する前に一般に考慮すべき租税政策上の検討事項
　　　　の特定

BEPSに効果的に対処するためには，条約漁り等の租税条約の濫用に対処するために最低限必要となる濫用防止規定（ミニマム・スタンダード）をOECDモデル租税条約（以下「モデル租税条約」という）に盛り込むことが不可欠であるとの合意に基づき，上記の3つの分野における結論は，それぞれモデル租税条約の改定案という形で提示されている。

　本報告書で提案されているモデル租税条約の改定案は，下記に掲げるような各国の個別の事情や条約交渉の環境に応じて修正して用いられることが想定されており，したがって，多くの条項においては，代替案とともに一定の柔軟性が確保されている。

○　いくつかの国においては，EU法に基づく憲法上の制約や懸念事項により，

7 行動 6：不適切な状況での租税条約の特典の付与の防止

本報告書において推奨されている規定を文言通り忠実に採用することは難しいこと。

○　いくつかの国においては，本報告書において言及されているいくつかの類型の租税条約の濫用に効果的に対処するための国内法上の濫用防止規定を既に有しており，かかる規定が本報告書における原則に適合し，下記で言及される最低限の保護を提供する場合には，本報告書において提案されているいくつかの規定は採用する必要性がないこと。

○　いくつかの国の裁判所は，様々な形態の国内法及び租税条約の濫用に効果的に対処するための解釈技術（例えば，経済的実態〔economic substance〕，実質主義〔substance-over-form〕など）を発展させており，かかる国においては，下記Ⅱ1(1)(ii)で言及される一般的否認規定は必要ではなく，あるいは，より制限的な形態の否認規定の方が望ましい場合もあること。

○　いくつかの国では，行政能力の制約により，詳細な条約の規定を適用することが困難であり，より一般的な形態の濫用防止規定に修正する必要があること。

　もっとも，簡易な代替案を採用する場合であっても，租税条約の濫用（特に，条約漁り）を防止するために十分な保護条項を導入するという共通の目的には変わりがないことから，本報告書においては，各国が最低限導入すべき対応策（ミニマム・スタンダード）が提示されている。

　各セクションにおける報告事項の概要は以下のとおりである。

1　セクションＡの概要

　本報告書のセクションＡでは，租税条約の濫用を防止するとともに，濫用防止の方策として一定の柔軟性を有する新しい条約濫用防止規定に関する提案がなされている。

　かかる新しい条約濫用防止規定として，まず最初に，条約漁り[1]に対処するために，以下の対応策が推奨されている：

---

1)　かかる条約漁りには，条約の締約国の居住者ではない者が条約の締約国内にペーパーカンパニーを設立するなどの方法により条約の特典を享受しようとする試みを含むとされている。

○　第1に，租税条約の締約国は，条約漁りを含む脱税又は租税回避スキーム
を通じた非課税又は軽減課税の機会を創出することは意図していない旨の明
確なステートメントを租税条約に盛り込むこと（詳細については本報告書のセ
クションB〔後記Ⅲ〕で言及）

○　第2に，条約の特典の付与を一定の条件に合致する法主体に制限すること
を目的とする個別濫用防止規定及び特典制限条項（LOB：Limitation of
Benefit）をモデル租税条約に盛り込むこと。事業体の法的性質，所有関係，
一般的活動を基礎とするこれらの条件は，事業体とその居住地国との間の十
分な関連性の存在を確保することを目的とするものである。かかる特典制限
条項は，いくつかの国によって締結された現行の租税条約に見受けられるも
のであり，様々な形態の条約漁りを防止するのに有効であることが証明され
てきた。

○　第3に，上記の特典制限条項ではカバーされない条約漁りを含む他の種類
の条約濫用に対処するために，取引又はアレンジメントの主要目的を基礎と
するより一般的な濫用防止規定（主要目的テスト〔PPT：Principal Purpose
Test〕）をモデル租税条約に盛り込むこと。PPTにおいては，取引又はアレ
ンジメントの主要な目的が条約の特典を得ることである場合には，かかる特
典を付与することが条約の規定の趣旨及び目的に合致することが証明されな
い限り，これらの特典の付与は否認されることになる。

　本報告書においては，LOBとPPTは，いずれも長所及び短所があり，全て
の国の租税条約に関する政策との関係において必ずしも適切かつ適合的である
とは限らないこと，また，いくつかの国の国内法においては，条約漁りを防止
するための規定が既に整備されており，LOBとPPTを組み合わせて導入する
ことが不要である場合があることも確認されている。

　条約漁りによる歳入の減少のリスクに鑑みて，各国は条約漁りに対する最低
限の対応策（ミニマム・スタンダード）を確保することを確約した。かかる確約
の1つとして，各国が締結する租税条約に，その共通の目的は，脱税や条約漁
り等の租税回避による非課税や軽減課税の機会を創出することではなく，二重
課税を排除することであることを明記することが挙げられる。各国は，この共
通の目的を実現するために，①LOBとPPTの組み合わせ，②PPT単独，又

は③租税条約でまだ対処されていない導管取引に対応するためのメカニズムにより補完された LOB のいずれかを採用するものとされている。

　また，本報告書のセクション A には，条約漁り以外の他の形態の租税条約の濫用に対処するための新しい規定に関する提案も含まれている。これらの規定は，(a)配当に係る源泉税を人為的に低減させることを意図した一定の配当移転取引，(b)主たる利益の源泉が不動産所得である会社の株式に対する源泉地国課税を許容する租税条約の規定の適用を回避する取引，(c)法主体が双方の締約国の居住者に該当する場合，(d)居住地国が第三国に所在する恒久的施設の所得に対して課税しない場合で，株式・債権・権利・資産がかかる所得に対して課税しない又は優遇税制を提供する国に設置された恒久的施設に移転される場合に対処するものである。

　本報告書においては，租税条約における濫用防止の採用のみでは，国内税法の規定を潜脱することを目的とする租税回避スキームに対処するには十分ではないことが確認されている。かかる国内税法の潜脱に対しては，他の報告書から導かれる規定を含む国内法の濫用防止規定によって対処しなければならない。かかる観点から，本報告書においては，租税条約が国内法上の濫用防止規定の適用を意図せずに妨げることがないようにするための OECD モデル租税条約コメンタリー（以下「コメンタリー」という）の改定が提案されている。かかる改定には，①この問題を既に取り扱っているコメンタリーの箇所を拡大するとともに，②（コメンタリーに既に含まれている原則を具体化する）PPT の租税条約への導入は，不適切な状況において租税条約の特典を受けることを目的として取引又はアレンジメントが行われる場合には，締約国は，租税条約の規定の適用を否認する意図であることを明確にするものであると説明することが含まれる。

　本報告書のセクション A. 2. では，租税条約と国内法の相互作用に関する 2 つの特定の問題に言及されている。1 つ目の問題は，租税条約の適用による締約国の自身の居住者に対する課税権の制約であり，かかる問題に対応するために提案されている新しいルールは，租税条約は締約国の自身の居住者に対する課税権を制約するものではないという原則を成文化するものである。2 つ目の問題は，いわゆる出国税に関するものであり，かかる問題に対応するために，居住者（個人・法人を問わない）のために発生したある種の所得に対して，居住

者が居住者でなくなる場合に課税を行うことが租税条約により妨げられるものではないことを明確にするためのコメンタリーの改定が提案されている。

2　セクションBの概要

　セクションBにおいては，行動計画6の要請に基づき，「租税条約は，二重非課税を生み出すために用いられることは意図されていないこと」を明確化するために，租税条約の締約国の共通の意図は，（条約漁り等による）脱税や租税回避の機会を創出することではなく二重課税を排除する点にあることを明確にするためのモデル租税条約の表題及び前文の改定が提案されている。

3　セクションCの概要

　セクションCは，行動計画6により要請される3つ目の分野（締約国が他の締約国と租税条約を締結する決定を行う前に一般に考慮すべき租税政策上の留意事項の特定）に関するものである。セクションCにおいて述べられている政策上の考慮は，各国が低税率国又は非課税国との間で租税条約を締結しないという決定を正当化するために役立つものである。かかる租税政策上の考慮は，状況の変化（例えば，条約の相手国の国内法の変化）により租税条約に関するBEPSの懸念が生じた場合に，過去に締結済みの租税条約を修正するべきか（あるいは終了させるべきか）検討する場合にも関係する。

4　さらなる検討が必要な分野

(1)　USモデル租税条約のLOB条項の改定

　2015年5月末にUSモデル租税条約のLOB条項の改定案が公表されてパブリック・コメントの募集がなされていたところ，USモデル租税条約のLOB条項は，本報告書におけるLOB条項と類似していることから，上記のパブリック・コメントの結果を踏まえて，本報告書におけるLOB条項及びそのコメンタリーについてもさらなる検討が必要であるとされている。

(2)　集団的投資ビークル及びそれ以外のファンド

　LOB条項の集団的投資ビークル（CIVs：Collective Investment Vehicles）に対する適用については，2010年のOECD報告書「集団的投資ビークルの所得に

関する租税条約の特典の付与（The Granting of Treaty Benefits with Respect to the Income of Collective Investment Vehicles）」における結論に即した形で適用されるため，集団的投資ビークルに固有の問題に対処するために追加の修正は不要であるとされている。

他方，集団的投資ビークル以外のファンドについてはさらなる検討が必要とされ，2016年3月24日付で「consultation document on the treaty entitlement of non-CIV funds」と題する諮問文書が公開されており，また，2017年1月6日付で「follow-up work on the interaction between the treaty provisions of the report on BEPS Action 6 and the treaty entitlement of non-CIV funds」と題する討議草案が公開されている。

(3)　年金ファンド

年金ファンドがその組成国において課税を軽減又は免除されている場合においても，当該年金ファンドを当該組成国の居住者として取り扱うべきかという問題についてもさらなる検討が必要とされ，2016年2月29日付で「discussion draft on the treaty residence of pension funds」と題する討議草案が公表されている。

II　セクションA：不適切な状況での租税条約の特典の付与を防止するためのモデル条約の規定と国内ルール

本報告書においては，租税条約上の特典を付与することが不適切な場合として，以下の2つの類型に分けて検討がなされている。

第1．租税条約上の制限を回避しようとする場合

第2．租税条約の特典を利用して国内税法上の規定を濫用しようとする場合

上記の第1の類型は，租税条約に固有の規定を回避する場合であるから，国内税法上の濫用防止規定により，かかる類型に対処することは考えにくい（仮に対処可能としても，より直接的な対策は，租税条約自体に濫用防止規定を盛り込むことである）。他方，第2の類型は，国内法の適用を回避するものであるため，かかる類型の租税回避に対して租税条約上の規定のみで対処することは不可能であり，国内法上の濫用防止規定が必要になるが，その場合には，租税条約と国

内法の相互関係に関する問題が生じることになる。

以下では，それぞれの類型の対応策について，本報告書の内容をより詳細に検討することとする。

1 租税条約上の制限を回避しようとする場合

(1) 条約漁り

租税条約の特典を得ようとする者が最初に満たさなければならない要件は，当該者が「一方の締約国の居住者」であることである。一方の締約国の居住者ではない者が，当該締約国の居住者に対して付与される租税条約上の特典を得ようとするためのアレンジメントが多数存在する。かかるアレンジメントは，一般に「条約漁り（treaty shopping）」と呼ばれる。典型的な条約漁りにおいては，両締約国間の条約の特典を間接的に得ようとする第三国の居住者が関与する。

 (i) 特典制限条項（LOB：Limitation of Benefits）

条約漁りに対処するための個別の濫用防止規定である LOB がモデル租税条約に盛り込まれる。かかるルールは，多数の租税条約（主に米国によって締結されたものであるが，日本及びインドによって締結された，いくつかの条約も含む）において既に規定されているものである。

本報告書で提案されている LOB の具体的な規定には詳細版と簡易版の 2 種類が存在するが，いずれも今後変更がなされる可能性のある草案であり，上記 I 4(1)で言及した US モデル租税条約の LOB 条項の改定に関するパブリック・コメントの結果等を踏まえてさらなる検討が必要であるとされている。

第 X 条（特典を受ける権利）

1. ［2 に規定される「適格者」ではない一方の締約国の居住者に対して条約の特典を否定する規定］
2. ［居住者が適格者である場合の定義（以下を含む）
 a) 個人
 b) 一方の締約国，その地方政府及びその全面的に所有する事業体
 c) 一定の上場されている事業体及びその関連会社

7 行動 6：不適切な状況での租税条約の特典の付与の防止

  d) 一定の慈善団体及び年金基金

  e) 一定の所有要件を充足するその他の事業体

  f) 一定の集団投資ビークル]

3. [適格者ではない者がその居住地国において能動的事業活動に従事しており，当該事業に関連又は付随して一定の所得を取得する場合に，当該者によって取得される当該所得に対して条約の特典を提供する規定]

4. [適格者ではない者が，同等の特典を受ける権利を有している一定の者によって，合意された一定の割合以上を所有されている事業体である場合に，当該者に対して条約の特典を提供する規定]

5. [1 から 4 により特典が否定されるはずの者に対して，一方の締約国の権限ある当局が一定の条約の特典を付与することを許容する規定]

6. [1 から 5 において適用される定義]

 各項の具体的な規定内容については，本報告書におけるコメンタリーの改定案において検討がなされており，かかるコメンタリーにおいて提案されている規定を採用した場合の第 X 条の規定は以下のとおりとなる。

詳細版

1. この条に別段の定めがある場合を除き，一方の締約国の居住者は，特典が付与されるときにおいて，2 に規定する適格者に該当しない限り，この条約により付与される特典（第 4 条 3，第 9 条 2 又は第 25 条の特典を除く。）を受ける権利を有しない。

2. 一方の締約国の居住者は，特典が与えられるはずの時点において以下に該当する場合には，当該時点において適格者に該当する。

  a) 個人

  b) 一方の締約国，一方の締約国の地方政府若しくは地方公共団体又は一方の締約国，一方の締約国の地方政府若しくは地方公共団体が全面的に所有するもの

  c) 法人又はその他の事業体のうち，当該時点を含む課税期間を通じて，以下の i) 又は ii) に該当するもの

   i) その主たる種類の株式（及び不均一分配株式）が一又は二以上の公認の有価証券市場において通常取引されており，かつ，次の A) 又は B) に該当するもの

169

A) その主たる種類の株式が当該法人又は事業体が居住者である一方の締約国に所在する一又は二以上の公認の有価証券市場において主として取引されているもの

B) 当該法人又は事業体の管理及び支配の主たる場所がその居住地である一方の締約国内であるもの

ii) 当該会社又は事業体の株式の議決及び価値の50パーセント以上（及び不均一分配株式の50パーセント以上）が，i) により特典を受ける権利を有する法人又は事業体により直接又は間接に所有されているもの［（その株式が間接に所有されている場合には，各中間所有者がいずれかの締約国の居住者である場合に限る。)］

d) 個人以外の者で次のi) 乃至iii) のいずれかの要件を満たすもの

i) ［各締約国の関連する非営利組織のリスト］

ii) 公認の年金基金（当該者に対する受益持分の50パーセント超がいずれかの締約国の居住者である個人によって所有されている場合又は当該者に対する受益持分の［＿パーセント］超がいずれかの締約国又は以下の要件を充足するそれ以外の国の居住者である個人によって所有されている場合に限る。)

A) 当該他の国の居住者である個人であって，当該他の国及びこの条約の特典が与えられる国の間の二重課税を回避するための条約の特典を包括的に受ける権利を有している個人であり，かつ，

B) この条約の第10条及び第11条に定める所得に関し，当該者が当該他の租税条約の特典の全てを受ける権利を有する当該他の国の居住者であるとしたならば，当該者は，当該条約において，この条約の特典が要求される特定の種類の所得について，この条約に規定する税率以下の税率の適用を受けるであろうとみられること

iii) ii) に規定する者の利益のために資金を投資するために設立されて運営されているもの（当該者の実質的に全ての所得がii) に規定するものの利益のための投資により取得される場合に限る。)

e) 個人以外の者で次のi) 及びii) の要件を満たすもの

i) 課税年度の総日数の半数以上の日において，当該一方の締約国の居住者であり，a)，b) 又はc) i) に基づきこの条約の特典を受ける権利を有する者が，直接又は間接に，その者の議決権及び価値の50パーセント以上（及び不均一

7 行動6：不適切な状況での租税条約の特典の付与の防止

分配株式の50パーセント以上）を占める株式を所有すること

　　ii）　当該課税年度におけるその者の総所得のうちに，その者が居住者とされる締
　　　　約国におけるその者の課税所得の計算上控除することができる支出により，a)，
　　　　b)，c) i）又はd) に基づきこの条約の特典を受ける権利を有するいずれの締
　　　　約国の居住者にも該当しない者に対し，直接又は間接に支払われた，又は支払
　　　　われるべきものの額の占める割合が，50パーセント未満であること

　［f］　集団投資ビークルに関する規定］

3. a)　一方の締約国の居住者は，他方の締約国において取得するそれぞれの所得に関
　　　し，当該居住者が当該一方の締約国内において事業の活動に従事しており，当該
　　　所得が当該事業の活動に関連又は付随して取得されるものであることを条件とし
　　　て，当該居住者が適格者であるか否かにかかわらず，この条約の特典を受ける権
　　　利を有する。ただし，当該事業の活動が，当該居住者が自己の勘定のために投資
　　　を行い又は管理する活動（銀行，［一方の締約国が銀行と同様に取り扱うことに
　　　合意する金融機関のリスト］，保険会社又は登録を受けた証券会社が行う銀行業，
　　　保険業又は証券業の活動を除く。）である場合は，この限りでない。

　　b)　一方の締約国の居住者が，他方の締約国内における事業の活動から所得を取
　　　得する場合又は関連企業から他方の締約国内において生ずる所得を取得する場合
　　　には，当該居住者が当該一方の締約国内において行う営業又は事業の活動が，当
　　　該居住者又は当該関係を有する者が当該他方の締約国内において行う営業又は事
　　　業の活動との関係において実質的なものでなければ，当該所得についてa) に規
　　　定する条件を満たすこととはならない。事業の活動が実質的なものであるか否か
　　　は，全ての事実及び状況に基づいて判断される。

　　c)　この3の規定の適用上，ある者に関連する者が行う活動は，その者が行うもの
　　　とみなす。一方の者が他方の者の受益に関する持分の50パーセント以上（法人
　　　の場合には，当該法人の株式又は受益持分の議決権及び価値の50パーセント以
　　　上）を所有する場合又は第三者がそれぞれの者の受益に関する持分（法人の場合
　　　には，当該法人の株式又は受益持分の議決権及び価値の50パーセント以上）を
　　　所有する場合には，一方の者及び他方の者は，関連するものとする。いかなる場
　　　合にも，全ての関連する事実及び状況に基づいて，一方の者が他方の者を支配し
　　　ているとき，又はそれぞれの者が一若しくは二以上の同一の者によって支配され
　　　ているときは，一方の者及び他方の者は，関連するものとする。

[4.　一方の締約国の居住者である法人は，特典が認められるはずの時点において以下のa）及びb）に該当する場合には，この条約の特典を受ける権利を有する。

　　a）　7以下の同等受益者が当該法人の議決権及び価値の95パーセント以上（及び不均一分配株式の50パーセント以上）に相当する株式を直接又は間接に所有し（ただし，その株式が間接に所有されている場合には，各中間所有者がいずれかの締約国の居住者である場合に限る。），

　　b）　当該時点を含む課税年度におけるその者の総所得のうちに，その者が居住者とされる締約国におけるその者の課税所得の計算上控除することができる支出（ただし，通常の方法における役務又は有体財産の独立当事者間の支払を除く。）により，同等受益者ではない者に対し，直接又は間接に支払われた，又は支払われるべきものの額の占める割合が，50パーセント未満であること。]

5.　一方の締約国の居住者が1から4までの規定に基づきこの条約の全ての特典を受ける権利を有する場合に該当しないときにおいても，当該居住者が受ける権利を有しない特典を付与したとみられる当該一方の締約国の権限のある当局は，当該居住者からの要請に基づき，関連する事実及び状況を考慮の上，当該居住者の設立，取得又は維持及びその業務の遂行がこの条約の特典を得ることをその主たる目的の1つとするものでないと認定するときは，当該居住者が当該特典又は特定の所得若しくは財産に関する特典を受ける権利を有するものとして取り扱うものとする。一方の締約国の居住者によりこの5の規定に基づいて要請が行われた他方の締約国の権限のある当局は，当該要請を拒否する前に，当該一方の締約国の権限のある当局と協議しなければならない。

6.　この規定の適用上，

　　a）　「公認の有価証券市場」とは，次のものをいう。

　　　　i）　［署名の時に合意された有価証券市場のリスト］

　　　　ii）　両締約国の権限のある当局が合意するその他の有価証券市場

　　b）　「主たる種類の株式」とは，法人の議決権及び価値の過半数を占める普通又は一般の株式をいう。ただし，普通又は一般の株式が単独で法人の議決権及び価値の過半数を占めていない場合には，合計して当該法人の議決権及び価値の過半数を占める二以上の種類の株式をいう。二元上場法人に関する取決めに参加する法人については，主たる種類の株式は，二元上場法人に関する取決めを成立させるために発行された特別な議決権のある株式を考慮しないで決定される。

7 行動 6：不適切な状況での租税条約の特典の付与の防止

c) 「不均一分配株式」とは，一方の締約国の居住者である法人の株式で，その株主が，配当，償還金その他を通じて，当該法人の特定の資産又は活動により他方の締約国において生じる利益に対して，不均一により多く参加する権利を有するものをいう。

d) 法人の「事業の管理及び支配の主たる場所」は，役員及び上級管理者が当該法人（当該法人が直接又は間接に所有する子会社を含む。）の戦略上，財務上及び運営上の経営判断を行うための日々の職務を当該一方の締約国において他のいずれの国より多く遂行し，かつ，当該役員及び上級管理者を補佐する職員がこれらの経営判断の準備及び決定のために必要な日々の活動を当該一方の締約国において他のいずれの国より多く行う場合に限り，当該法人が居住者とされる締約国内に存在するものとされる。

e) ［「集団的投資ビークル」の定義］

[f] 「同等受益者」とは，次の i) 又は ii) に規定する要件を満たす他のいずれかの国の居住者をいう。

　i) A) 当該居住者が，2 a)，b)，c) i) 又は d) と類似の規定に基づき，当該国とこの条約の特典が要求される締約国との間の租税に関する二重課税の回避のための包括的な条約の全ての特典を受ける権利を有すること（当該条約に包括的な特典制限条項がない場合には，その者が第 4 条に定める両締約国のいずれかの居住者であるとしたならば，2 a)，b)，c) i) 又は d) に基づき，この条約の特典を受ける権利を有するであろうとみられること。）。

　　B) 第 10 条，第 11 条及び第 12 条に定める所得に関し，当該居住者が，この条約の特典が要求されるこれらの規定に定める所得について租税条約の適用を受けたとしたならば，この条約に規定する税率以下の税率の適用を受けるであろうとみられること。

　ii) 2 a)，b)，c) i) 又は d) によりこの条約の特典を受ける権利を有する一方の締約国の居住者］

g) 「二元上場法人に関する取決め」とは，二の上場された法人が，それぞれの独立した法人としての地位，株主の構成及び株式の上場を維持しながら，次の i) から v) までに掲げる方法を通じて，両法人の経営方針及びそれぞれの株主の経済的利益を統合する取決めをいう。

173

i) 共通又はほぼ同一の役員会を設置すること。ただし，関連する規制により禁じられている場合を除く。

ii) 二の法人の経営管理を統一的に行うこと

iii) 二の法人の間において適用される均等化のための割合に応じて株主に対して均等な分配（一方又は双方の法人の解散に伴うものを含む。）を行うこと

iv) 二の法人の株主が，両法人の利害関係の双方に影響を及ぼす重要な事項に関して単一の意思決定機関として有効に議決権を行使すること

v) それぞれの法人の重要な債務又は業務に対して相互に保証し，又はこれに類する資金の援助を行うこと。ただし，関連する規制によりこれらの保証又は資金の援助が禁じられている場合を除く。

h) 法人ではない事業体に関し，「株式」とは，株式に相当する持分をいう。

1. Except as otherwise provided in this Article, a resident of a Contracting State shall not be entitled to a benefit that would otherwise be accorded by this Convention (other than a benefit under paragraph 3 of Article 4, paragraph 2 of Article 9 or Article 25), unless such resident is a "qualified person", as defined in paragraph 2, at the time that the benefit would be accorded.

2. A resident of a Contracting State shall be a qualified person at a time when a benefit would otherwise be accorded by the Convention if, at that time, the resident is:

a) an individual;

b) a Contracting State, or a political subdivision or local authority thereof, or a person that is wholly-owned by such State, political subdivision or local authority;

c) a company or other entity, if, throughout the taxable period that includes that time

   i) the principal class of its shares (and any disproportionate class of shares) is regularly traded on one or more recognised stock exchanges and either:

      A) its principal class of shares is primarily traded on one or more recognised stock exchanges located in the Contracting State of which the company or entity is a resident; or

      B) the company's or entity's primary place of management and control is in

7 行動 6：不適切な状況での租税条約の特典の付与の防止

the Contracting State of which it is a resident; or

ii) at least 50 per cent of the aggregate voting power and value of the shares (and at least 50 per cent of any disproportionate class of shares) in the company or entity is owned directly or indirectly by five or fewer companies or entities entitled to benefits under subdivision i) of this sub-paragraph, [provided that, in the case of indirect ownership, each interme-diate owner is a resident of either Contracting State]

d) a person, other than an individual, that

i) is a [*list of the relevant non-profit organisations found in each Contracting State*],

ii) is a recognised pension fund, provided that more than 50 per cent of the beneficial interests in that person are owned by individuals resident of ei-ther Contracting State, or more than [__ per cent] of the beneficial inter-ests in that person are owned by individuals resident of either Contracting State or of any other State with respect to which the following conditions are met:

A) individuals who are residents of that other State are entitled to the benefits of a comprehensive convention for the avoidance of double taxation between that other State and the State from which the bene-fits of this Convention are claimed, and

B) with respect to income referred to in Articles 10 and 11 of this Con-vention, if the person were a resident of that other State entitled to all the benefits of that other convention, the person would be entitled, under such convention, to a rate of tax with respect to the particular class of income for which benefits are being claimed under this Con-vention that is at least as low as the rate applicable under this Con-vention; or

iii) was constituted and is operated to invest funds for the benefit of persons referred to in subdivision ii), provided that substantially all the income of that person is derived from investments made for the benefit of these persons;

e) a person other than an individual, if

   i) on at least half the days of the taxable period, persons who are residents of that Contracting State and that are entitled to the benefits of this Convention under subparagraph a), b) or d), or subdivision i) of subparagraph c), of this paragraph own, directly or indirectly, shares representing at least 50 per cent of the aggregate voting power and value (and at least 50 per cent of any disproportionate class of shares) of the person, [provided that, in the case of indirect ownership, each intermediate owner is a resident of that Contracting State], and

   ii) less than 50 per cent of the person's gross income for the taxable period, as determined in the person's Contracting State of residence, is paid or accrued, directly or indirectly, to persons who are not residents of either Contracting State entitled to the benefits of this Convention under subparagraph a), b) or d), or subdivision i) of subparagraph c), of this paragraph in the form of payments that are deductible for purposes of the taxes covered by this Convention in the person's Contracting State of residence (but not including arm's length payments in the ordinary course of business for services or tangible property);

f) [possible provision on collective investment vehicles]

3. a) A resident of a Contracting State will be entitled to benefits of this Convention with respect to an item of income derived from the other Contracting State, regardless of whether the resident is a qualified person, if the resident is engaged in the active conduct of a business in the first-mentioned Contracting State (other than the business of making or managing investments for the resident's own account, unless these activities are banking, insurance or securities activities carried on by a bank or [*list financial institutions similar to banks that the Contracting States agree to treat as such*], insurance enterprise or registered securities dealer respectively), and the income derived from the other Contracting State is derived in connection with, or is incidental to, that business.

b) If a resident of a Contracting State derives an item of income from a busi-

7 行動 6：不適切な状況での租税条約の特典の付与の防止

ness activity conducted by that resident in the other Contracting State, or derives an item of income arising in the other Contracting State from an associated enterprise, the conditions described in subparagraph a) shall be considered to be satisfied with respect to such item only if the business activity carried on by the resident in the first-mentioned Contracting State is substantial in relation to the business activity carried on by the resident or associated enterprise in the other Contracting State. Whether a business activity is substantial for the purposes of this paragraph will be determined based on all the facts and circumstances.

c) For purposes of applying this paragraph, activities conducted by persons connected to a person shall be deemed to be conducted by such person. A person shall be connected to another if one possesses at least 50 per cent of the beneficial interest in the other (or, in the case of a company, at least 50 per cent of the aggregate vote and value of the company's shares or of the beneficial equity interest in the company) or another person possesses at least 50 per cent of the beneficial interest (or, in the case of a company, at least 50 per cent of the aggregate voting power and value of the company's shares or of the beneficial equity interest in the company) in each person. In any case, a person shall be considered to be connected to another if, based on all the relevant facts and circumstances, one has control of the other or both are under the control of the same person or persons.

[4. A company that is a resident of a Contracting State shall also be entitled to a benefit that would otherwise be accorded by this Convention if, at the time when that benefit would be accorded:

a) at least 95 per cent of the aggregate voting power and value of its shares (and at least 50 percent of any disproportionate class of shares) is owned, directly or indirectly, by seven or fewer persons that are equivalent beneficiaries, provided that in the case of indirect ownership, each intermediate owner is itself an equivalent beneficiary, and

b) less than 50 per cent of the company's gross income, as determined in the company's State of residence, for the taxable period that includes that time, is paid or accrued, directly or indirectly, to persons who are not equivalent beneficiaries, in the form of payments (but not including arm's length payments in the ordinary course of business for services or tangible property) that are deductible for the purposes of the taxes covered by this Convention in the company's State of residence.]

5. If a resident of a Contracting State is not entitled, under the preceding provisions of this Article, to all benefits provided under this Convention, the competent authority of the Contracting State that would otherwise have granted benefits to which that resident is not entitled shall nevertheless treat that resident as being entitled to these benefits, or benefits with respect to a specific item of income or capital, if such competent authority, upon request from that resident and after consideration of the relevant facts and circumstances, determines that the establishment, acquisition or maintenance of the resident and the conduct of its operations did not have as one of its principal purposes the obtaining of benefits under this Convention. The competent authority of the Contracting State to which the request has been made will consult with the competent authority of the other State before rejecting a request made under this paragraph by a resident of that other State.

6. For purposes of the preceding provisions of this Article:

   a) the term "recognised stock exchange" means:

   i) [list of stock exchanges agreed to at the time of signature]; and

   ii) any other stock exchange agreed upon by the competent authorities of the Contracting States;

   b) the term "principal class of shares" means the ordinary or common shares of the company, provided that such class of shares represents the majority of the voting power and value of the company. If no single class of ordinary or common shares represents the majority of the aggregate voting power and value of the company, the "principal class of shares" are those classes that in the aggregate represent a majority of the aggregate voting power and value of the company. In the case of a company participating in a dual listed company arrangement, the principal class of shares will be determined after ex-

7 行動 6：不適切な状況での租税条約の特典の付与の防止

cluding the special voting shares which were issued as a means of establishing that dual listed company arrangement.

c) the term "disproportionate class of shares" means any class of shares of a company resident in one of the Contracting States that entitles the shareholder to disproportionately higher participation, through dividends, redemption payments or otherwise, in the earnings generated in the other Contracting State by particular assets or activities of the company;

d) a company's "primary place of management and control" will be in the Contracting State of which it is a resident only if executive officers and senior management employees exercise day-to-day responsibility for more of the strategic, financial and operational policy decision making for the company (including its direct and indirect subsidiaries) in that Contracting State than in any other State and the staff of such persons conduct more of the day-to-day activities necessary for preparing and making those decisions in that Contracting State than in any other State;

e) [possible definition of "collective investment vehicle"]

[f) the term "equivalent beneficiary" means a resident of any other State, but only if that resident

  i) A) would be entitled to all the benefits of a comprehensive convention for the avoidance of double taxation between that other State and the State from which the benefits of this Convention are claimed under provisions analogous to subparagraph a), b) or d), or subdivision i) of subparagraph c), of paragraph 2 of this Article, provided that if such convention does not contain a comprehensive limitation on benefits article, the person would be entitled to the benefits of this Convention by reason of subparagraph a), b), subdivision i) of subparagraph c), or subparagraph d) of paragraph 2 of this Article if such person were a resident of one of the Contracting States under Article 4 of this Convention; and

      B) with respect to income referred to in Articles 10, 11 and 12 of this Convention, would be entitled under such convention to a rate of tax with respect to the particular class of income for which benefits are

179

being claimed under this Convention that is at least as low as the rate applicable under this Convention; or

ii) is a resident of a Contracting State that is entitled to the benefits of this Convention by reason of subparagraph a), b) or d), or subdivision i) of subparagraph c), of paragraph 2 of this Article.]

g) the term "dual listed company arrangement" means an arrangement pursuant to which two publicly listed companies, while maintaining their separate legal entity status, shareholdings and listings, align their strategic directions and the economic interests of their respective shareholders through:

i) the appointment of common (or almost identical) boards of directors, except where relevant regulatory requirements prevent this;

ii) management of the operations of the two companies on a unified basis;

iii) equalised distributions to shareholders in accordance with an equalisation ratio applying between the two companies, including in the event of a winding up of one or both of the companies;

iv) the shareholders of both companies voting in effect as a single decision-making body on substantial issues affecting their combined interests; and

v) cross-guarantees as to, or similar financial support for, each other's material obligations or operations except where the effect of the relevant regulatory requirements prevents such guarantees or financial support;

h) with respect to entities that are not companies, the term "shares" means interests that are comparable to shares.

簡易版

1. この条に別段の定めがある場合を除き，一方の締約国の居住者は，適格者に該当する場合に限り，この条約により付与される特典を受ける権利を有する。

2. 一方の締約国の居住者は，以下に該当する場合には，適格者に該当する。

a) 個人

b) 当該締約国，当該締約国の地方政府若しくは地方公共団体，当該締約国の中央銀行，当該締約国又はその地方政府若しくは地方公共団体が全面的に所有するもの

7 行動6：不適切な状況での租税条約の特典の付与の防止

c) その主たる種類の株式が一又は二以上の公認の有価証券市場において通常取引される法人

d) その受益権が一又は二以上の公認の有価証券市場において通常取引される法人以外の者

e) a) 乃至d) により適格者に該当する当該締約国の居住者により直接又は間接に所有される個人以外の者

f) ［集団的投資ビークルに関する規定］

3. 一方の締約国の居住者は，適格者に該当しない場合においても，同等受益者が当該居住者の75パーセント超の受益権を直接又は間接に所有する場合には，この条約により認められる所得に関する特典を受ける権利を有する。

4. a) 一方の締約国の居住者は，適格者に該当せず，かつ，3の規定に基づきある所得についてこの条約により認められる特典を受ける権利を有する場合に該当しない場合においても，当該居住者が当該一方の締約国内において事業を行っており，当該所得が当該事業に関連し，又は付随して取得されるものである場合には，当該特典を受ける権利を有する。ただし，当該事業が，当該居住者が自己の勘定のために投資を行い，又は管理するもの（銀行，保険会社，登録証券会社又は締約国間において合意されるその他の機関が行う事業を除く。）である場合は，この限りでない。

b) 一方の締約国の居住者が他方の締約国内において行う事業から所得を取得する場合又は当該居住者の関連事業体から他方の締約国内において生じる所得を取得する場合には，当該居住者が当該一方の締約国内において行う事業が，当該居住者又は関連事業体が当該他方の締約国内において行う事業との関係において実質的なものでなければ，当該所得についてa) に規定する条件を満たすこととはならない。このb) の規定の適用上，事業が実質的なものであるか否かは，全ての事実及び状況に基づいて判断される。

c) 本4の規定の適用上，その者が組合員である組合が行う事業及びその者に関連する者が行う事業は，その者が行う者とみなす。

5. 一方の締約国の居住者は，適格者に該当せず，かつ，3又は4の規定に基づきある所得についてこの条約により認められる特典を受ける権利を有する場合に該当しないときにおいても，特典についての要求を受ける締約国の権限のある当局が，当該居住者からの要求に基づき，当該締約国の法令又は行政上の慣行に従って，当該

居住者の設立，取得又は維持及びその業務の遂行が当該特典を受けることをその主たる目的の１つとするものでないと認定するときは，当該特典を受ける権利を有する。他方の締約国の居住者からかかる要求がなされた締約国の権限のある当局は，要求を拒絶する前に，当該他の締約国の権限のある当局と協議しなければならない。

6. この条約の適用上，

   a) 「主たる種類の株式」とは，法人の議決権の過半数を占める一又は二以上の種類の株式をいう。

   b) 「公認の有価証券市場」とは，次のものをいう。

   i) いずれか一方の締約国の法令に基づき有価証券市場として設立され規制を受ける有価証券市場

   ii) 両締約国の権限のある当局が合意するその他の有価証券市場

   c) 「同等受益者」とは，ある所得について，一方の締約国の国内法，この条約又はその他の国際文書に基づき，この条約に基づき当該所得に対して認められる特典と同等又はより有利な特典を当該締約国より受ける権利を有するであろうとみられる者をいう。ただし，当該者がいずれの締約国の居住者でもない場合には，前者の締約国が，当該者の居住地国との間で，租税に関する実効的かつ包括的な情報の交換に関する有効な条約を有している場合に限る。配当に関してある者が同等受益者であるか否かを判断する目的上，当該者は，配当に関する特典を要求する法人が保有する，配当を支払う法人の資本，株式又は議決権と同様の，配当を支払う法人の（場合に応じて）資本，株式又は議決権を保有しているものとみなされる。

   d) 全ての事実及び状況に基づいて，一方の者が他方の者を支配している場合又はそれぞれの者が一若しくは二以上の同一の者によって支配されている場合には，一方の者は他方の者の関連事業体とする。

7. 両締約国の権限のある当局は，この条の適用方法について相互の合意により解決することができる。

1. Except as otherwise provided in this Article, a resident of a Contracting State shall be entitled to the benefits that would otherwise be accorded by this Convention only if such resident is a qualified person.

2. For the purposes of this Article, a resident of a Contracting State shall be a qualified person if the resident is either:

7 行動 6：不適切な状況での租税条約の特典の付与の防止

a) an individual;

b) that Contracting State, any political subdivision or local authority thereof, the central bank thereof or a person that is wholly owned, directly or indirectly, by that State or any political subdivision or local authority thereof;

c) a company, if the principal class of its shares is regularly traded on one or more recognised stock exchanges;

d) a person other than a company, if its beneficial interests are regularly traded on one or more recognised stock exchanges;

e) a person other than an individual, provided that persons who are residents of that Contracting State and are qualified persons by reason of subparagraphs a) to d) own, directly or indirectly,

f) [possible provision on collective investment vehicles]

3. A resident of a Contracting State that is not a qualified person shall nevertheless be entitled to a benefit that would otherwise be accorded by this Convention with respect to an item of income if persons that are equivalent beneficiaries own, directly or indirectly, more than 75 per cent of the beneficial interests of the resident.

4. a) A resident of a Contracting State that is neither a qualified person nor entitled under paragraph 3 to a benefit that would otherwise be accorded by this Convention with respect to an item of income shall nevertheless be entitled to such benefit if the resident is carrying on a business in the first-mentioned Contracting State (other than the business of making or managing investments for the resident's own account, unless the business is carried on by a bank, an insurance company, a registered securities dealer or any other institution agreed upon by the Contracting States) and that item of income is derived in connection with, or is incidental to, that business.

b) If a resident of a Contracting State derives an item of income from a business carried on by that resident in the other Contracting State, or derives an item of income arising in the other Contracting State from a related enterprise of the resident, the conditions described in subparagraph a) shall be considered to be satisfied with respect to such item of income only if the business carried on by the resident in the first-mentioned Contracting State is substantial in relation to the business carried on by the resident or related enterprise in the other Contracting State. Whether a business is substantial for the purpose of this subparagraph shall be determined on the basis of all the facts and circumstances.

c) For the purposes of this paragraph, the business carried on by a partnership in which a person is a partner and the business carried on by related enterprises of a person shall be deemed to be carried on by such person.

5. A resident of a Contracting State that is neither a qualified person nor entitled under paragraph 3 or 4 to a benefit that would otherwise be accorded by this Convention with respect to an item of income shall nevertheless be entitled to such benefit if the competent authority of the Contracting State from which the benefit is being claimed, upon request from that resident, determines, in accordance with its domestic law or administrative practice, that the establishment, acquisition or maintenance of the resident and the conduct of its operations are considered as not having as one of its principal purposes the obtaining of such benefit. The competent authority of the Contracting State to which such request has been made by a resident of the other Contracting State shall consult with the competent authority of that other State before rejecting the request.

6. For purposes of the preceding provisions of this Article:

a) the term "principal class of shares" means the class or classes of shares of a company which represents in the aggregate a majority of the voting power of the company;

b) the term "recognised stock exchange" means:

i) any stock exchange established and regulated as such under the laws of either Contracting State; and

ii) any other stock exchange agreed upon by the competent authorities of the Contracting States;

c) the term "equivalent beneficiary" means any person who would be entitled to an equivalent or more favourable benefit with respect to an item of income accorded by a Contracting State under the domestic law of that Contracting State, this Convention or any other international instrument as the benefit to be accorded to that item of income under this Convention, provided that, if that person is a resident of neither of the Contracting States, the first-mentioned Contracting State has a convention for the effective and comprehensive exchange of information relating to tax matters in effect with the state of which that person is a resident. For the purposes of determining whether a person is an equivalent beneficiary with respect to dividends, the person shall be deemed to hold the same capital, shares or voting powers, as the case may be, of the company paying the dividends as the company claiming the benefit with respect to the dividends holds those of the company paying the dividends.

  d) A person shall be a related enterprise of another if, on the basis of all the facts and circumstances, one has control of the other or both are under the control of the same person or persons.

7. The competent authorities of the Contracting States may by mutual agreement settle the mode of application of this Article.

(ii) 条約の特典を得ることを主要な目的の1つとするアレンジメントに向けられた規定（PPT：Principal Purpose Test）

以下の規定（PPT）は，コメンタリー1条で既に認識されている原則を取り込んだものであり，上記（i）の個別の濫用防止規定（LOB）ではカバーされない条約回避の事例（導管取引等の条約漁りの状況を含む）に対処するためのより一般的な手段である。

第Ⅹ条（特典を受ける権利）

7. この条約の他の規定にかかわらず，関連する全ての事実と状況の観点からみて，特典を得ることが，直接的又は間接的に特典を得ることにつながったアレンジメントや取引における主要な目的の1つであると結論付けることが合理的である場合には，これらの状況において当該特典を付与することが，この条約の関連条項の目的に合致していることが証明されない限り，この条約の特典は，所得の種類ごと又は

資本に対して付与されないものとする。

7. Notwithstanding the other provisions of this Convention, a benefit under this Convention shall not be granted in respect of an item of income or capital if it is reasonable to conclude, having regard to all relevant facts and circumstances, that obtaining that benefit was one of the principal purposes of any arrangement or transaction that resulted directly or indirectly in that benefit, unless it is established that granting that benefit in these circumstances would be in accordance with the object and purpose of the relevant provisions of this Convention.

　全ての関連する事実関係及び状況を勘案の上，特典を得ることが主要な検討事項ではなく，単独で又は他の取引と相まって特典につながったアレンジメント又は取引を行うことが，特典を得ることによって正当化されたわけではないと結論付けることが合理的な場合には，特典を得ることは主要な目的ではない。特に，アレンジメントが中核的な商業活動と表裏一体であり，その形式が特典を取得することを考慮して選択されたものではない場合には，その主要な目的が特典を取得することであるとみなされる可能性は低い。しかしながら，同様の特典を多数の条約の下で得ることを目的としてアレンジメントが行われた場合には，他の条約の下で特典を得ていることを理由に，ある条約の下である特典を得ることが当該アレンジメントの主要な目的であるとみなすことが妨げられると解してはならない。例えば，B国の居住者である金融機関が，A国の居住者である納税者の最終的な利益のために，（A国ではなく）B国が租税条約を締結している多数の国において発行される社債に投資することを目的として，当該納税者が当該金融機関と導管取引を行うことを想定する。事実及び状況に基づいて，これらの租税条約の特典を得ることを主要な目的として当該取引が行われたと認められる場合には，ある1つの条約の下で特典を得ることが当該取引の主要な目的の1つではなかったと解されるべきではない。同様に，国内法の回避に関連した目的は，条約の特典を得ることが当該目的に付随的なものに過ぎなかったとの主張のために用いられるべきではない。

　以下は，PPTの適用事例である（導管取引に対するPPTの適用の有無を決定するに際しては，下記（iii）に記載の事例も考慮すべきである）。

7 行動6：不適切な状況での租税条約の特典の付与の防止

【事例A】
○ T国の居住者であるT社は、S国の証券市場に上場されているS社の株式を保有している。
○ T国とS国の間には租税条約がなく、S社からT社に支払われる配当には25パーセントの源泉税が課せられる。
○ S国とR国の間には租税条約があり、配当に対する源泉税が免税となる。
○ T社は、R国の居住者である金融機関R社との間で、S社による支払が確定している未払の配当の受領権を譲渡する旨の契約を締結する。

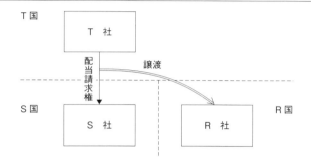

【事例A】においては、他の事実及び状況が存在しない限り、T社からR社への配当受領権の譲渡の主要な目的の１つは、R社がS国・R国間の租税条約における配当に対する源泉税免除の特典を得ることであると認定するのが合理的であり、かかる条約漁りのアレンジメントにおいて、源泉税免除の特典を付与することは、租税条約の趣旨及び目的に反する。

【事例B】
○ S国の居住者であるS社は、T国の居住者であるT社の子会社である。
○ T国はS国との間で租税条約を有しておらず、S社からT社に支払われる配当にはS国の国内法に従って25パーセントの源泉税が課せられる。
○ R国とS国との間の租税条約においては、S国の会社からR国の居住者に対して支払われる配当に対する税率は5パーセントである。
○ T社はR国の居住者である金融機関R社との間で契約を締結し、かかる契約に

187

基づきR社はS社がT社に対して新規に発行する議決権のない優先株式の3年間にわたる使用権（具体的には，かかる優先株式の配当を受領する権利）を取得する。
○ R社が，かかる使用権の取得の対価としてT社に支払う金額は，3年間の配当金額の現在価値（割引率は，T社がR社から借入れを行う場合の金利）に相当する金額である。

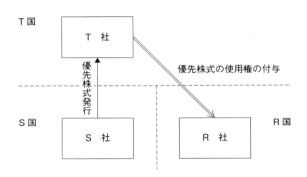

R社がT社から優先株式の使用権を取得した主要な目的の1つは，R国とS国との間の租税条約に基づく配当に対する上限税率5パーセントの特典を受けることであったと結論付けるのが合理的であり，かかる条約漁りのアレンジメントにおいて，5パーセントの上限税率の特典を付与することは，租税条約の趣旨及び目的に反する。

【事例C】
○ R国の居住者であるR社は，電気製品の製造業を営んでおり，その事業は急速に拡大している。
○ R社は，安い製造コストの便益を得るために，発展途上国に工場を設立することを検討している。
○ 予備的な検討の結果，3つの候補国が選定された。これらの3つの国は，いずれも同様の経済的及び政治的環境にある。
○ これらの3つの国のうち，S国のみがR国との間で租税条約を有する唯一の国であることを考慮して，S国に工場を設立することを決定した。

7 行動6：不適切な状況での租税条約の特典の付与の防止

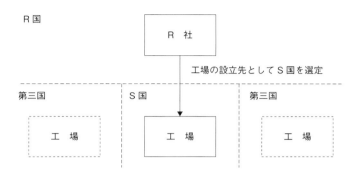

　R国・S国間の租税条約により与えられる特典を考慮してS国に投資する決定が行われているが，かかる投資を行い工場を設立する主要な目的がR社の事業の拡大及びS国における低い製造コストに関連していることは明らかである。したがって，工場を設立する主要な目的の1つが租税条約上の特典を得ることであると合理的に解することはできない。加えて，租税条約の一般的な目的がクロスボーダーの投資を促進することであることにも鑑みれば，S国に設立される工場への投資について，R国・S国間の租税条約の特典を得ることは，当該条約の規定の趣旨及び目的に即したものである。

【事例D】
○　R社は，R国の居住者である集団的投資ビークルであり，国際金融市場における多様なポートフォリオ資産を管理している。
○　R社は，そのポートフォリオの15パーセントをS国の居住者である複数の会社の株式に投資しており，かかる投資から毎年配当を受領している。
○　R国・S国間の租税条約により，配当に対する源泉税率は，30パーセントから10パーセントに低減される。
○　R社の投資に関する意思決定は，R国が有する膨大な租税条約ネットワークにより与えられる特典を考慮して行われる。R社の過半数の投資家はR国の居住者であるが，それ以外の少数投資家は，S国が租税条約を有していない国の居住者である。R社に投資する投資家の意思決定は，R社の特定の投資によって動機付けられるものではなく，R社の投資戦略は，投資家の税務ポジションによって影響を受け

るものではない。

○　R社は，毎年その所得のほぼ全てを投資家に分配し，当該年に分配されなかった所得についてR国において税金を支払う。

　R社がS国の居住者である会社の株式に投資する意思決定をする際に，R社はR国・S国間の租税条約に基づく配当に関する特典の存在を考慮しているが，かかる事実単独では，主要目的ルール（PPT）の適用を決定付けるには不十分である。租税条約の意図は，クロスボーダーの投資を促進することであり，したがって，投資に対して主要目的ルール（PPT）を適用すべきか否かを決定するに際しては，かかる投資が行われた背景事情を考慮することが必要である。【事例D】では，R社による投資が，租税条約の特典を得ることを主要な目的として行われたアレンジメントの一部又はかかる目的で行われた他の取引に関連したものでない限り，R国・S国間の租税条約の特典をR社に付与することを否定することは合理的ではない。

【事例E】
○　R社は，R国の居住者であり，過去5年間において，S国の居住者であるS社の株式の24パーセントを保有してきた。

○　R国・S国間の租税条約（かかる租税条約の10条はモデル租税条約の10条と同じである）の発効後，R社は，S社に対する持分を25パーセントに増加させることを決定した。

○　事実及び状況によれば，追加の株式を取得する意思決定は，モデル租税条約10条2項(a)号により認められる低減税率の特典を得るためであったことは明らかである。

　【事例E】では，追加の株式を取得する主要な目的の1つが，モデル租税条約10条2項(a)号により認められる特典を得ることであったことは明らかであるが，かかる状況において特典を付与することは，モデル租税条約10条2項(a)号の趣旨及び目的に即したものであると考えうることから，主要目的ルール（PPT）は適用されない。なぜなら，同号は，どの株主が配当に対する低減税率の特典を受ける権利を有するかを決定するにあたり，25パーセントという恣意的な閾値を用いており，かかる要件を満たすために実際に持株比率を増加

7 行動 6：不適切な状況での租税条約の特典の付与の防止

させた株主に対して特典を付与することは，同号のアプローチと整合的であるからである。

【事例 F】
○ T 社は，T 国の居住者である上場会社である。
○ T 国における T 社の IT ビジネスは，T 社の経営陣により行われた積極的な M&A 戦略の結果，過去数年において著しく成長した。
○ R 社は，R 国（R 国は，配当及び使用料について，免税又は軽減税率を認める多数の租税条約を締結している）の居住者であり，IT セクターにおいて活発に活動しているグループの持株会社である。R 社のほぼ全ての株式は，R 社グループの事業を創業し発展させてきた創業者の親族である R 国の居住者によって保有されている。R 社の主要な資産は，近隣国に所在する子会社の株式（S 国の居住者である S 社の株式を含む）及び R 国で開発されてこれらの子会社にライセンスされている特許である。
○ R 社グループの事業及び特許を獲得することに長い間関心があった T 社は，R 社の全ての株式を買収する提案を行った。

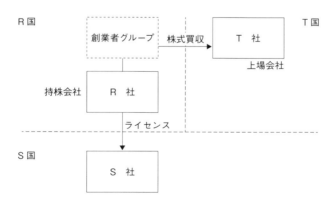

【事例 F】では，他の事実及び状況が存在しない限り，T 社による R 社の買収の主要な目的は，T 社グループの事業の拡大に関連するものであり，R 国・S 国間の租税条約の特典を得ることは目的とされていないと結論付けるのが合理的である。R 社が主として持株会社として機能していることは，かかる結論

に影響を与えない。R社株式の取得後に，T社の経営陣がS社株式及びS社にライセンスされている特許をR社に保有させ続ける決定を行う前に，R国・S国間の租税条約の特典を考慮することはありうるが，それはR社株式を取得する取引に関連する目的ではない。

【事例G】

○ T社は，T国の居住者である上場会社であり，複数の国において多数の子会社を直接又は間接に保有している。これらの大部分の子会社は，それぞれの現地市場においてT社の事業活動を行っている。

○ ある地域において，T社は，かかる地域におけるそれぞれ異なる近隣国に所在する5社の株式を保有している。

○ T社は，これらの会社に対してグループサービス（会計，法的助言，人的資源等の経営管理サービス，為替リスク管理，ヘッジ取引等の財務サービス，及びその他の非金融関連サービス）を提供することを目的として，地域持株会社を設立することを検討している。候補地を検討した結果，T社は，地域持株会社としてR国にR社を設立することを決定した。かかる決定は，主としてR国における熟練労働力，安定した法制度，事業に適した環境，政治的安定性，高機能な銀行システム，包括的な租税条約のネットワーク（T社が子会社を有している5つの国との間の租税条約〔かかる租税条約においては軽減された源泉税率が適用される〕を含む）を考慮して行われた。

　【事例G】において，子会社から地域持株会社への将来の支払に対する租税条約の効果を検討するだけでは，T社によるR社の設立の目的に関する結論を導き出すことはできない。R社により提供される企業グループ内サービス（事業活動に必要な意思決定を含む）が，R社が実物資産を用いて，現実のリスクを引き受けて，実質的な経済的機能を果たすことにより行われる実体のある事業であり，かつ，かかる事業がR社によって，R国に所在するR社自身の従業員によって行われるのであれば，R社が他の税務上の目的で設立されたことを示唆する事実が存在し，あるいは，R社が主要目的ルール（PPT）が適用される他の取引を行わない限り，R国と子会社が事業を行う5つの国との間の租税条約における特典の付与を否定するのは合理的ではない。

7 行動 6：不適切な状況での租税条約の特典の付与の防止

【事例 H】

○　T 社は，T 国の株式市場に上場されている T 国の居住者である。

○　T 社は，様々な事業活動（卸売業，小売業，製造業，投資事業，金融等）を世界的に行う多国籍企業の親会社である。

○　移動，時差，外国語に堪能なスタッフの不足，取引先の外国での所在という問題により，T 社が，国外事業を T 国から管理することは困難である。それ故に，T 社は，外国事業活動を展開する拠点として，（高度に発達した国際取引及び金融市場並びに豊富な高資格の人的資源を有する）R 国に子会社として R 社を設立した。

○　R 社は，卸売業，小売業，製造業，金融業，国内及び国外投資等の多様な事業活動を行う。R 社は，これらの活動を行うために必要な（法律，金融，会計，税務，リスク管理，監査及び内部統制等の様々な分野における）人的資源及び財務基盤を有している。R 社の活動が，R 国における能動的な事業活動を構成することは明確である。

○　R 社は，その事業活動の一部として，S 国における製造施設の開発を行う。そのために，R 社は，かかる製造施設を保有させる目的で S 国において設立した子会社である S 社に対して出資及び貸付けを行う。R 社は，S 社から配当及び利息を受領する。

【事例 H】では，R 社は，事業活動を効率的に行う目的で設立されており，S 社に対する出資及び貸付けによる資金供与は，R 国における R 社の能動的事業活動の一環として行われている。かかる事実関係からすれば，R 社の設立又は S 社に対する資金供与の主要な目的の 1 つが R 国・S 国間の租税条約上の特典を得ることであったことを示す他の事情が存在しない限り，主要目的ルール（PPT）の適用対象とはならない。

【事例 I】

○　R 国の居住者である R 社は，著作権及び隣接権の保有者を代理して，公共の場での音楽演奏及びラジオ，テレビ，インターネットでの音楽の配信に関するライセンスを付与する共同管理組織の 1 つである。

○　S 国の居住者である S 社は，S 国で同様の活動を行っている。

○　様々な国の演奏者及び著作権者は，R 社又は S 社をライセンス付与及びロイヤ

193

ティ受領のための代理人として選任している。
○ R社及びS社は、各権利者を代理して受領したロイヤルティのうち、手数料を控除した残額を、当該権利者に分配している（多くの場合において、分配される金額は比較的少額である）。
○ R社は、S社との間で、R社が管理する権利に関してS社がS国内のユーザーに対してライセンスを付与し、そのロイヤルティをS社がR社に分配する旨の契約を締結している。R社は、S社が管理する権利について、R国内において同様の業務を行っている。
○ S社は、S国の課税当局との間で、S社からR社へのロイヤルティの支払について、その受益者はR社が代理する権利者であることから、R社から提供される情報に基づいて、S国と当該権利者の居住地国との間の租税条約の規定に従ってロイヤルティに関する源泉徴収を行う旨の合意を行った。

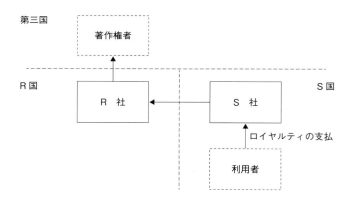

【事例I】では、権利者とR社・S社との間のアレンジメント、及びS社とR社との間のアレンジメントが、多数の少額取引に関するライセンス付与及びロイヤルティ受領の効率的な運営のために行われたものであることは明らかである。これらのアレンジメントの目的の1つが、個々の各権利者が少額の支払に関する還付申請を行う必要なく、適用ある租税条約上の税率で源泉税が徴収されるようにすることであるとしても、それは租税条約の正確かつ効率的な適用を促進するものであり、適用ある租税条約の関連する条項の趣旨及び目的に合致するものである。

| 7 | 行動 6：不適切な状況での租税条約の特典の付与の防止

【事例 J】
○　R 国の居住者である R 社は，S 国の居住者である S 社による発電所建設プロジェクトの入札で落札した。

○　かかる建設プロジェクトは 22 か月間継続することが想定されているが，契約交渉において，それぞれ 11 か月の期間を有する 2 つの契約に分割されることになった。

○　最初の契約は R 社との間で締結されて，2 番目の契約は，最近設立された R 社の 100 パーセント子会社であり，R 国の居住者である SUB 社との間で締結される。

○　R 社が両契約の履行について契約上の責任を負ってもらいたいという S 社からの要請により，R 社は SUB 社による契約の履行について連帯責任を負担するものとされた。

　【事例 J】では，他の事実及び状況が存在しない限り，SUB 社が建設工事の一部を履行する旨の別個の契約を締結する主要な目的は，R 社と SUB 社の両社が R 国・S 国間の租税条約 5 条 3 項に基づく特典を得ることであったと認定するのが合理的である。かかる状況下において同項の規定による特典を付与することは，同項の期間制限を潜脱させるものであり，同項の趣旨及び目的に反するものと言える。

　　（iii）　導管取引への対処

　様々な理由により，主要目的ルール（PPT）を受け入れられない国もある。しかしながら，全ての形態の条約漁りに効果的に対処するために，かかる国は，特定制限条項（LOB）では捕捉できない，一般に「導管取引（conduit arrangements）」と呼ばれる条約漁りの戦略に対処するための規定により，特典制限条項を補完する必要がある。かかる規定は，導管取引の下で，あるいはその一部として取得された所得に関して，条約の規定の特典，あるいはその一部（例えば，7 条，10 条，11 条，12 条及び 21 条）を否定することにより，かかる導管取引に対処するものである。これらは，同様の結果をもたらす国内法上の濫用防止規定又は判例法理の形式をとることも可能である。以下は，かかる規定により対処する必要がある導管取引の事例，及び，導管取引とみなされるべきではない取引の事例である。

【事例A】
○ R国の証券市場において上場されているR社は，S国の居住者であるS社の全ての株式を保有している。
○ S国との間で租税条約を有していないT国の居住者であるT社は，S社の少数持分を購入したいと考えているものの，S国の国内法に基づき配当に対して課せられる源泉税により，かかる投資は非経済的になると考えている。
○ R社は，S社がR社に優先株式（4パーセントの固定配当とS社の純利益の20パーセントの不確定配当）を発行することを提案した。
○ T社は，R社との間で別途契約を締結し，T社は優先株式の発行価格と同額をR社に支払い，20年後に優先株式の償還金額をR社から受領する。20年間の間，R社は，毎年，優先株式の発行価格の3.75パーセント及びS社の純利益の20パーセントに相当する金額をT社に支払う。

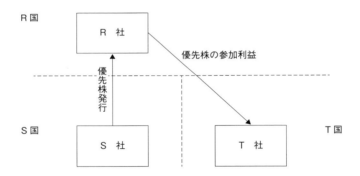

R社がこの取引に参加する主要な目的の1つは，T社が負担する源泉税を軽減することであるから，このようなアレンジメントは，上記の規定で対処されるべき導管取引に該当する。

【事例B】
○ S国の居住者であるS社は，1種類のみの株式を発行しており，かかる株式の全てはR国の居住者であるR社により保有されている。
○ R社も1種類のみの株式を発行しており，かかる株式の全てはT国の居住者であるT社により保有されている。T国は，S国との間で租税条約を有していない。

7 行動6：不適切な状況での租税条約の特典の付与の防止

○ R社は，電気製品の製造業を営んでおり，S社は，S国におけるR社の製品の独占的販売業者である。
○ R社の株式が第三国の居住者によって保有されているにもかかわらず，特典制限条項（LOB）の3項に基づき，R社は，S社から受領する配当について租税条約の特典を受ける権利を有する。

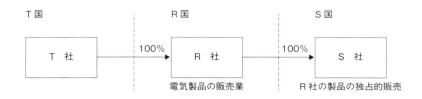

【事例B】は，R社及びS社がR国及びS国において現実の経済的活動に従事する通常の商業構造について言及するものである。S社のような子会社からの配当の支払は，通常の事業取引である。このような構造を構築した主要な目的の1つがS社からT社に配当を流すことであったことを示す証拠が存在しない限り，かかる構造は導管取引には該当しない。

【事例C】
○ S国との間で租税条約を有しないT国の居住者であるT社は，T社の完全子会社であるS国の居住者たるS社に金100万を貸し付ける。S社は，かかる貸付けと交換にT社に社債を発行する。
○ かかる取引が行われた後に，T社は，S社発行社債をT社の100パーセント子会社であるR国の居住者たるR社に譲渡することにより，かかる社債の利子に課せられるS国の源泉税を回避することが可能であることに気付いた（R国・S国間の租税条約においては，一定の状況下において，利息に対する源泉地国課税が免除される）。
○ それ故，T社は，R社からT社に対して発行される社債と交換に，S社発行社債をR社に譲渡した。
○ S社発行社債の利率は7パーセントであり，R社発行社債の利率は6パーセントである。

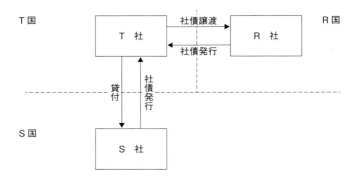

　R社がS社発行社債をT社から取得した取引は，T社がS国に支払うはずであった源泉税を排除することを目的として構築された取引であるから，導管取引に該当する。

【事例D】

○　S国との間で租税条約を有しないT国の居住者であるT社は，S国の居住者であるS社の全ての株式を保有している。

○　T国の銀行制度は比較的に低機能であることから，T社は，長年にわたって，その銀行取引の全てをR国の居住者であるR銀行との間で行ってきた。R銀行は，T社及びS社の非関連者である。結果として，T社はR銀行に多額の預金を有している。

○　S社が買収資金を調達するために借入れが必要になった際に，T社は，T社及びS社の事業を熟知しているR銀行と取引することを提案した。S社は，R銀行により提案された条件と同様の条件で複数の銀行と借入れについて協議したが，最終的にR銀行から借入れを行った。T国の居住者である銀行に支払われる利息に対してはS国で源泉税が課せられるのに対して，R銀行に支払われる利息に対してはS国・R国間の租税条約に基づきS国において源泉税が課せられないこともR銀行からの借入れを選択した理由の1つである。

7 行動6：不適切な状況での租税条約の特典の付与の防止

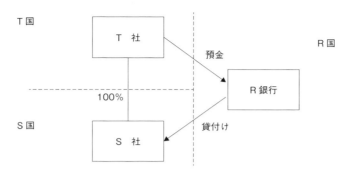

　S社がR銀行から借入れを行った場合には、R国・S国間の租税条約の特典を利用できるが、他の銀行から借入れを行った場合には同様の特典を受けられないという事実関係は、S社による意思決定（かかる意思決定は、S社の100パーセント親会社であるT社からのアドバイスにより影響を受けた可能性がある）の要因の1つであることは明らかである。他の条件は同一である中において、条約の特典の利用可能性が、他の銀行ではなくR銀行から借入れを行う方向に有利な影響を与えたという点において、決定的な要因であったかもしれない。しかしながら、かかる取引の主要な目的の1つが租税条約の特典を受けることであったか否かは、具体的な事実及び状況に基づいて判断されなければならない。上記の事実関係においては、R銀行は、T社及びS社の非関連者であり、S社により支払われる利息が何らかの方法でT社に流れることは示唆されていない。T社が長年にわたってR銀行に多額の預金を有していたという事実は、S社への貸付けがT社からの特定の預金とひも付けられたものではないことを示す要素である。上記の具体的事実関係においては、上記の取引は導管取引には該当しない可能性が高い。

　しかしながら、R銀行によるS社への貸付けの意思決定が、かかる貸付けを担保するためのT社による担保預金の提供を条件としており、かかる担保預金がなければR銀行は実質的に同様の条件での取引を行っていなかったであろうと認められる場合には、かかる事実関係によってT社はR国の銀行を経由して間接的にS社への貸付けを行っていることが示唆されることになり、したがって、かかる取引は導管取引に該当することになる。

【事例E】
○　R国の証券市場において上場されているR社は，非常に競争の激しい技術分野において製造業を営む企業グループの持株会社である。
○　この製造企業グループは，世界中に所在する子会社において研究開発を行っている。子会社によって開発された特許は，当該子会社からR社にライセンスされて，その後R社から必要に応じて各子会社に再ライセンスされる。
○　R社は，各子会社から受領するライセンス料について，非常に少額のスプレッドのみを収受しており，結果として，大部分の収益は，技術開発に関するリスクを負担した子会社が収受することになる。
○　S国が租税条約を有していない国に所在するT社は，S国の居住者であるS社を含むR社の全ての子会社の利益率を大幅に改善させるプロセスを開発した。
○　R社は，通常の慣行に従って，T社からかかる技術のライセンスを受けた上で，各子会社に再ライセンスした。S社がR社に支払うロイヤルティのほぼ全てはT社に支払われることになる。

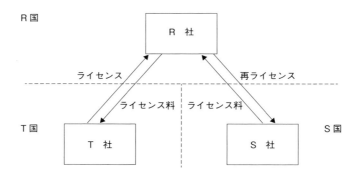

　【事例E】において，R社がS国で支払うべき源泉税を軽減するためにライセンス業務を行っていることを示唆するものはない。同社によるライセンス及び再ライセンスの態様は，標準的な商業組織形態及び企業グループ活動に適合しているので，同様又はより有利な特典を提供する租税条約の締約国において同様の活動を行っている他の子会社に関しても同様の取扱いがなされていることを前提として，上記のS社，R社及びT社間のアレンジメントは，導管取引には該当しない。

7 行動 6：不適切な状況での租税条約の特典の付与の防止

【事例 F】
○ T社は，T国の証券市場において上場されている会社である。T国はS国との間で租税条約を有していない。
○ T社は，R国の居住者であるR社及びS国の居住者であるS社を含む全世界的な企業グループの親会社である。
○ S社は，S国において能動的な事業活動に従事している。
○ R社は，T社の全ての子会社のファイナンスを調整する役割を担っている。
○ R社は，T社及びその子会社のために，全てのグループ間の債権債務を記録する集中資金管理会計システムを運営している。
○ R社は，その関連会社と非関連者との間の取引に関する資金の支払又は受領について責任を負っている。
○ R社は，流入キャッシュフローと流出キャッシュフローの不一致から生じるリスクを管理するために，金利スワップ及び外国為替取引を行う。
○ R社の活動により，取引コストその他の固定費用を削減することが意図されており，実際にもそのような削減効果が期待できる。
○ R社は，事務職員その他のバックオフィスの人員を含め，R国に50人の従業員を有する。従業員の数は，R社の事業規模を反映したものである。
○ T社は，通貨Aで1500万（通貨Bの1000万に相当）をR社に貸し付けて，貸付けと交換に，年利5パーセントの10年満期の社債を受け取る。同日に，R社は，通貨Bで1000万をS社に貸し付けて，かかる貸付けと交換に，年利5パーセントの10年満期の社債を受け取る。
○ R社は，かかる金融取引に関して長期のヘッジ取引は行わず，日次，週次又は四半期ベースで通貨先物契約を締結することにより，かかる取引から生じる金利及び為替リスクを管理する。

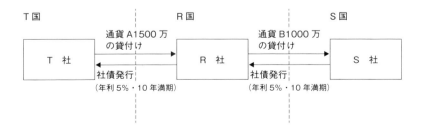

201

【事例F】では，R社は，実物資産を使用し，現実のリスクを引き受けて，実質的な経済的機能を果たすことにより，実体のある事業を営んでいるように思われる。また，R社は，T社及びS社との取引に関して，R社の典型的な通常の財務事業と思われる重要な機能を果たして，金利及び為替リスクを引き受けている。かかる事実関係に基づけば，T社からR社への貸付け及びR社からS社への貸付けの主要な目的の1つがS国における源泉税の回避であったことを示す他の事実が存在しない限り，かかる貸付けは導管取引には該当しない。

(2) 租税条約上の制限を回避するその他の状況

租税条約の一定の特典を得るためには，ある者が一方の締約国の居住者であるという要件のほかに，その他の要件も充足しなければならない。一定の場合には，関連する租税条約の特典を付与することが不適切な状況において，かかる要件を充足することを目的として取引を実行することも可能である。上記(1)(ii)で述べた一般的濫用防止規定はそのような状況に対処するために有用であるが，対象を限定した個別の条約濫用防止規定は，納税者と税務行政の双方に対して，一般により優れた確実性を提供する。そのような規定は，モデル租税条約のいくつかの条文に既に見受けられるものである（例えば，13条4項及び17条2項）。さらに，コメンタリーにおいては，一定の状況におけるその他の濫用防止規定も提案されている（例えば，コメンタリー10条パラグラフ16及び17）。その他の濫用防止規定は，OECD加盟国及び非加盟国によって締結された二国間条約において既に見受けられるものである。

本報告書においては，条約における個別濫用防止規定が有益であるいくつかの状況が例示されるとともに，かかる状況に対処することを目的としたモデル租税条約の変更について提案されている。

(i) 契約の分割

コメンタリー5条3項パラグラフ18において，「12か月基準は次のような濫用を生じさせてきた。例えば，企業（主に，大陸棚で作業する又は大陸棚の探査及び開発に関連する活動に従事する請負企業又は下請企業）が，その契約を，それぞれが12か月を超えない期間となるようにいくつかの部分に分割し，同一のグループによって所有される別の法人に割り当てることが，しばしば見受けられた」と指摘されている。

この報告書で提案されているモデル租税条約への主要目的ルール（PPT）の追加は，PPT の適用に関する【事例 J】（195 頁参照）に示されているように，この問題に対処するために有益である。加えて，行動 7（PE 認定の人為的回避の防止）の報告書において，この問題を取り扱う 5 条コメンタリーの改定が提案されている。

　(ii)　労働者のハイアリング・アウト

　外国人労働者を雇用する場合に，国外に設立された派遣会社からの派遣の形態で雇用することにより，モデル租税条約 15 条 2 項により認められる源泉地国免税の特典を不適切に得ようとする労働者のハイアリング・アウトと呼ばれる事例については，既存のコメンタリー 15 条パラグラフ 8.1 ～ 8.28 で対応されており，特にパラグラフ 8.3 で提案されている代替的規定は，この種の租税条約の濫用に対処するために有効であると認められる。

　(iii)　配当としての所得分類を回避する取引

　ある種類の所得を配当と分類する国内法の規定を潜脱し，当該所得に関する租税条約上の所得分類（例えばキャピタルゲイン）に基づく源泉地国免税の特典を得ることを目的とする取引が行われる場合がある。

　ハイブリッド・ミスマッチ取引に関する作業の一環として，所得分類に関する国内法の規定の適用を可能にするための配当及び利息に関するモデル租税条約上の定義規定の改定の是非について検討を行ったところ，そのような改定は，ハイブリッド・ミスマッチ取引に対して極めて限定された効果を有するに過ぎないと結論付けられたが，BEPS 行動計画に関する作業の終了後に，かかる改定の可能性についてさらなる検討を行うこととされた。

　(iv)　配当の移転取引

　ポートフォリオ投資に対する 15 パーセントの軽減税率（10 条 2 項(b)号）の適用を受けることのできる納税者が，5 パーセントの軽減税率（10 条 2 項(a)号），あるいはいくつかの租税条約において適用のある年金基金に対する配当への免税措置の適用を受けることが目的とする取引について，コメンタリー 10 条パラグラフ 16 及び 17 に濫用の指摘がなされている。

　本報告書では，濫用防止策として，10 条 2 項(a)号を以下のとおり改定して，軽減税率の適用を受けるための要件として，株式の保有期間の要件を導入する

ことが提案されている。

10条2項

a) 当該配当の受益者が，**配当の支払日を含む365日の期間（当該期間の計算において，株式を保有又は配当を支払う会社の合併，会社分割等の組織再編に直接起因する株式所有の変動は考慮しない）を通じて**当該配当を支払う法人の25パーセント以上を直接に所有する法人（パートナーシップを除く。）である場合には，当該配当の額の5パーセント

a) 5 per cent of the gross amount of the dividends if the beneficial owner is a company (other than a partnership) which holds directly at least 25 per cent of the capital of the company paying the dividends *throughout a 365 day period that includes the day of the payment of the dividend (for the purpose of computing that period, no account shall be taken of changes of ownership that would directly result from a corporate reorganisation, such as a merger or divisive reorganisation, of the company that holds the shares or that pays the dividend);*

　さらに，配当に対する源泉地国課税を軽減する租税条約上の特典を受けるために，源泉地国に設立されたある種の媒介法人（intermediary entities）を利用する事例に対処するための濫用防止規定を10条に追加すべきであるとされている。かかる追加の濫用防止規定の例として，コメンタリー10条パラグラフ67.4に規定されている代替的規定が挙げられる（かかる代替的規定においては，国内不動産投資信託〔REIT：real estate investment trust〕から非居住者に支払われる一定の配当について軽減税率の適用が排除されることになる）。その他の事例として，米国の租税条約において，米国のRegulated Investment Company（RIC）から非居住法人に対して支払われる配当について，当該非居住法人がRICの10パーセント超の株式を保有している場合には，5パーセントの軽減税率の適用を排除する規定が挙げられる。

　このように，締約国の国内法において，当該締約国の法人の株式に対するポートフォリオ投資を当該締約国内において設立された，その投資所得について非課税となる一定の集団的投資ビークルを通じて行うことが可能であり，か

かる集団的投資ビークルに対する非居住者投資家が，かかる集団的投資ビークルからの分配金について，配当に関する軽減税率の適用を受けることが可能となる場合には，10条に個別の濫用防止規定を追加することが望ましいと言える。

（v）不動産化体株式の譲渡益課税（モデル租税条約13条4項）の適用を回避するための取引

モデル租税条約13条4項は，不動産の所在地国である締約国が，その価値の50パーセント超が当該締約国内に所在する不動産により構成される法人の株式の譲渡から生じるキャピタルゲインについて，他方の締約国の居住者に対して課税することを認めている。

コメンタリー13条パラグラフ28.5において，上記規定の適用対象を，株式のキャピタルゲインのみならず，他の組織体（例えば，パートナーシップや信託等）に対する持分の処分から生じるキャピタルゲインにも拡大することが提案されており，かかるコメンタリーの規定をモデル租税条約の文言に盛り込むことが合意された。

また，株式その他の持分を譲渡する直前に不動産以外の資産を追加出資して不動産が株式その他の持分の価値に占める割合を低下させることにより，13条4項の規定の適用を回避する取引を防止するために，365日間のlookback期間を追加することも合意された。

上記を踏まえた13条4項の改定案は，以下のとおりである。

13条

4. 一方の締約国の居住者が株式**又はパートナーシップ持分若しくは信託等の類似の持分**の譲渡によって取得する収益に対しては，**譲渡に先立つ365日の期間のいずれかの時点において，**当該株式**又は類似の持分**の価値の50パーセント超が当該他方の締約国に存在する不動産**（第6条に規定する。）**により直接又は間接に構成される場合には，当該他方の締約国において租税を課することができる。

---

4. Gains derived by a resident of a Contracting State from the alienation of shares *or comparable interests, such as interests in a partnership or trust, may be taxed in the other Contracting State if, at any time during the 365 days preceding the alienation, these shares or comparable interests derived* more

than 50 per cent of their value directly or indirectly from immovable property, ***as defined in Article 6,*** situated in that other State.

 （vi）　個人以外の二重居住者の条約上の居住地を決めるタイブレーカー・
   ルール

 モデル租税条約4条1項によれば，条約上の居住地は，各締約国の国内法に従うとされており，ある者が両締約国の居住者とされる場合が生じる。かかる場合，個人の場合には4条2項の規定により，条約上の居住地はいずれか一方の締約国に決定される。個人以外の者の場合には，4条3項の規定により，実質的管理の場所が所在する締約国の居住者とみなされる。

 かかる規定が1963年のモデル租税条約のドラフトに盛り込まれた際には，1つの法人等が2以上の国において居住者として課税されることは実務的には稀であると考えられていたが，可能性としてはありうるため，上記のタイブレーカー・ルールが規定されたものである。

 2008年のモデル租税条約の改定において，4条3項の代替案が導入されるに至った（コメンタリー4条パラグラフ24及び24.1参照）。かかる代替案においては，両締約国の権限のある当局が，多数の関連する要因を考慮した上で，相互の合意により租税条約上の居住地を決定するものとされている。かかる代替案が検討された際には，法人が二重居住者に該当する場合には，租税回避のアレンジメントが行われている場合が多いというのが多くの国の見解であった。かかる理由から，現状の4条3項の規定を，ケース・バイ・ケースの解決を可能とするコメンタリーの代替案に置き換えることが決定された。かかる代替後の4条3項の規定は以下のとおりである。

4条

3.　1の規定により双方の締約国の居住者とされる者で個人以外のものについては，~~その者の事業の実質的管理の場所が所在する締約国の居住者とみなす~~**両締約国の権限のある当局は，その者の実質的管理の場所，その設立地又はその他の組織された場所及びその他の関連する一切の要因を考慮して，この条約の適用上その者を居住者とみなす締約国を合意により決定するよう努めなければならない。かかる合意が**

存在しない場合には，当該者は，両締約国の権限のある当局が合意した範囲内においてその合意による態様でない限り，この条約が定める一切の租税の軽減又は免除を享受する資格を有しない。

3. Where by reason of the provisions of paragraph 1 a person other than an individual is a resident of both Contracting States, ~~then it shall be deemed to be a resident only of the State in which its place of effective management is situated.~~ *the competent authorities of the Contracting States shall endeavour to determine by mutual agreement the Contracting State of which such person shall be deemed to be a resident for the purposes of the Convention, having regard to its place of effective management, the place where it is incorporated or otherwise constituted and any other relevant factors. In the absence of such agreement, such person shall not be entitled to any relief or exemption from tax provided by this Convention except to the extent and in such manner as may be agreed upon by the competent authorities of the Contracting States.*

(vii) 低課税国に設立されたPEへの資産の移転による租税回避の防止ルール

コメンタリー10条パラグラフ32，コメンタリー11条パラグラフ25，コメンタリー12条パラグラフ21において，株式・債権・権利・資産から生じる所得に対して優遇税制を提供する国に，かかる資産を移転する目的のみで設立された恒久的施設に，かかる資産を移転することから生じる租税条約の濫用について言及されている。居住地国が第三国に所在するかかる恒久的施設の所得に

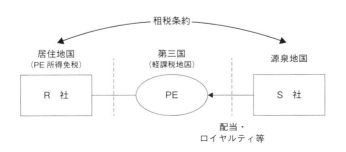

ついて免税又は軽課税とする場合には，源泉地国はかかる所得について租税条約の特典を付与すべきではない。

　コメンタリー24条パラグラフ71の後半部分においてかかる問題に言及されており，第三国に所在する恒久的施設の所得が当該第三国において通常の税率で課税されない場合には，源泉地国が租税条約の特典を付与する必要がないようにするための濫用防止規定を追加することが提案されている。

　そこで，第三国に所在する恒久的施設の所得が当該第三国において軽課税となる場合に対処するための個別の濫用防止規定をモデル租税条約に追加することが決定された。かかる追加の条項案は以下のとおりである。

---

a)　一方の締約国の企業が他方の締約国から所得を取得し，当該所得が第三国に所在する恒久的施設に帰属し，かつ，

b)　当該恒久的施設に帰属する利得が当該一方の締約国において免税となる場合には，

条約の他の規定により適用されるはずの租税上の特典は，第三国における所得課税が，当該所得が当該一方の締約国において稼得又は受領されて，第三国に所在する恒久的施設に帰属しなかったならば当該一方の締約国において課されたはずの税金の60パーセント未満である種類の所得については適用されない。かかる場合において，

c)　本項が適用される配当，利息又は使用料は，当該他方の締約国の国内法に従って課税され（但し，課税額は，その総額の［　］パーセントを超えないものとする。），また，

d)　本項の規定が適用されるその他の所得は，この条約のその他の規定にかかわらず，当該他方の締約国の国内法に従って課税されるものとする。

本項の前記規定は，当該他方の締約国において取得された所得が

e)　恒久的施設を通じて行われる能動的事業活動（銀行，保険会社又は登録証券会社がそれぞれ行う銀行業務，保険業務又は証券業務の場合を除き，企業が自己勘定のために行う投資及びその運用又は単なる投資の保有に係る活動を除く。）に関連して取得された場合，又は，

f)　恒久的施設を通じて創出又は開発された無体財産権の使用の対価又は使用する権利の対価として受領された使用料である場合

7 行動 6：不適切な状況での租税条約の特典の付与の防止

には適用されないものとする。

Where

a) an enterprise of a Contracting State derives income from the other Contracting State and such income is attributable to a permanent establishment of the enterprise situated in a third jurisdiction, and

b) the profits attributable to that permanent establishment are exempt from tax in the first-mentioned State

the tax benefits that would otherwise apply under the other provisions of the Convention will not apply to any item of income on which the tax in the third jurisdiction is less than 60 per cent of the tax that would be imposed in the first-mentioned State if the income were earned or received in that State by the enterprise and were not attributable to the permanent establishment in the third jurisdiction. In such a case

c) any dividends, interest, or royalties to which the provisions of this paragraph apply shall remain taxable according to the domestic law of the other State but the tax charged in that State shall not exceed [rate to be determined] per cent of the gross amount thereof, and

d) any other income to which the provisions of this paragraph apply shall remain taxable according to the domestic law of the other State, notwithstanding any other provision of the Convention.

The preceding provisions of this paragraph shall not apply if the income derived from the other State is

e) derived in connection with or is incidental to the active conduct of a business carried on through the permanent establishment (other than the business of making, managing or simply holding investments for the enterprise's own account, unless these activities are banking, insurance or securities activities carried on by a bank, insurance enterprise or registered securities dealer, respectively), or

f) royalties that are received as compensation for the use of, or the right to use, intangible property produced or developed by the enterprise through the permanent establishment.

2 租税条約の特典を利用して国内税法上の規定を濫用しようとする場合

(1) 一般論

課税ベースを浸食する租税回避リスクの多くは，租税条約によって引き起こされるのではなく，租税条約によって促進される。このような場合には，租税条約の問題に対処するだけでは不十分で，国内法の改正が必要である。この種の租税回避の類型として，以下のものが挙げられる。

○ 借入れコストを低減させるために税務上の損失を利用する過小資本 (thin capitalization) その他の金融取引

○ 双方居住 (dual-residence) ストラテジー (国内税法上は居住者でありながら，租税条約上は非居住者である法人)

○ 移転ミスプライス (transfer mispricing)

○ 一方の締約国の国内法に見受けられるミスマッチを利用する下記のような裁定取引：

―所得の性質決定に関するもの (事業所得を譲渡所得に転換) 又は支払の性質決定に関するもの (配当を利息に転換)

―納税者の取扱いに関するもの (所得を非課税主体又は繰越損失を有する事業体に移転，非居住者から居住者に所得を移転)

―タイミングの差異に関するもの (課税の繰延べ又は損失の前倒し)

○ 両締約国の国内法のミスマッチを利用する下記のような裁定取引：

―所得の性質決定に関するもの

―事業体の性質決定に関するもの

―タイミングの差異に関するもの

○ 二重課税の排除のための仕組みを利用する取引 (源泉地国で非課税であり居住地国で免税となる所得の作出，外国税額控除の濫用)

行動計画の他の分野における作業において，これらの多くの問題について既に対応がなされているが，これらの取引に対して租税条約上の特典を付与することを防止する目的は，これらの取引を防止するための国内法の個別規定の適用を妨げないことである。租税条約の規定の適用により国内法が潜脱される場合には，租税条約上の特典を付与することは不適切である。そのような場合として，以下の事例が挙げられる。

7 行動 6：不適切な状況での租税条約の特典の付与の防止

- ○ 租税条約の規定が国内法上の一般的租税回避防止規定（GAAR）の適用を妨げる場合
- ○ 24 条 4 項及び 24 条 5 項が国内法の過小資本税制の適用を妨げる場合
- ○ 7 条及び／又は 10 条 5 項が CFC ルールの適用を妨げる場合
- ○ 13 条 5 項が出国税の適用を妨げる場合
- ○ 24 条 5 項が連結納税の適用を内国法人に限定するための国内法上の規定の適用を妨げる場合
- ○ 13 条 5 項が配当を租税条約上免税となる譲渡所得に転換することを目的とする取引を防止するための規定（dividend stripping rules）の適用を妨げる場合
- ○ 13 条 5 項が所得の帰属に関する国内法の規定（例えば委託者課税信託〔grantor trust〕に関する規定）の適用を妨げる場合

　これらのうちいくつかの問題点については，既にモデル租税条約コメンタリーにおいて対応がなされている。例えば，コメンタリー 1 条パラグラフ 23 において，租税条約は CFC ルールの適用を妨げるものではない旨明確に述べられている。また，コメンタリー 9 条パラグラフ 3 において，過小資本税制の効果が借入人の所得を独立当事者間取引において借入人が稼得したであろう所得と一致させるものである限り，租税条約はかかる過小資本税制の適用を妨げるものではない旨述べられている。しかしながら，それ以外の多数の問題については未だ対処がなされていない。

　コメンタリー 1 条パラグラフ 22 及び 22.1 においては，租税条約と国内法上の濫用防止規定の相互作用に関するより一般的な議論がなされており，租税条約の濫用に対して一定の国内法上の濫用防止規定を適用することは，両者の間に抵触を生じさせるものではないと結論付けられている。

　コメンタリー 1 条パラグラフ 9.5 においては，どのような行為が租税条約の規定の濫用とみなされるかの基準について，一定の取引又はアレンジメントを行う主要な目的がより有利な税務上の取扱いを得ることであり，これらの状況でそのような有利な取扱いを得ることが関連する規定の趣旨及び目的に反する場合には，租税条約上の特典は付与されるべきではないという指針が述べられている。

前述のとおり，既存のコメンタリー1条パラグラフ9.5で述べられている原則を具体化する新しい一般的租税回避否認規定がモデル租税条約に取り込まれる。かかる原則の租税条約への取り込みにより，締約国は，不適切な状況下で条約上の特典を得るために取引又はアレンジメントが行われる場合には，条約の規定の適用を否定することを望んでいることが明確になる。しかしながら，かかる原則の特定の租税条約への組み込みは，国内法上の濫用防止規定と租税条約の相互関係に関するコメンタリー1条に既に反映済みの結論を変更するものではなく，かかる原則は，新しい一般的租税回避否認規定を取り込んでいない租税条約においても引き続き適用されるものである。

(2)　個別の論点

　租税条約と国内税法の相互関係に関して，2つの特定の問題が議論されている。1つ目の問題は，締約国の居住者による租税回避行為を防止するための当該締約国の国内法上の濫用防止規定に関するものであり，2つ目の問題は，1つ目の問題に間接的に関係するものであるが，いわゆる出国税に対する租税条約の適用である。

　　(i)　締約国によるその居住者に対する課税権の租税条約の適用による制約

　租税条約の規定の大半は，一方の締約国による他方の締約国の居住者に対する課税権を制限することを意図している。しかしながら，非居住者に対する課税に向けられた一部の規定は，一方の締約国による当該締約国自身の居住者に対する課税権も制限するものと解することができるとする主張がなされてきた。かかる解釈は，一方の締約国が，他方の締約国の居住者として取り扱われるパートナーシップの所得のうち，当該一方の締約国の居住者であるパートナーの持分に対して課税する権利について規定するコメンタリー1条パラグラフ6.1及びCFCルールについて規定するコメンタリー1条パラグラフ23において否定されてきたものである（コメンタリー7条パラグラフ14も同様の問題について言及している）。

　CFCルール等の締約国の国内法上の濫用防止規定の適用を回避することを意図した解釈を防止するために，コメンタリー1条パラグラフ6.1に反映されている原則は，モデル租税条約の大部分の規定に適用されるべきであると決定

された。これは，米国がその租税条約において長年にわたって採用してきたいわゆる「セービング・クローズ」と呼ばれる慣行に相当するものである。セービング・クローズによって，二重課税の排除等の居住者に適用されることが明確に意図されている規定を除いて，租税条約の規定により一方の締約国のその居住者に対する課税権（及び米国の場合には米国市民に対する課税権）が制限されるものではないことが確認されることになる。

上記の決定の結果，モデル租税条約1条3項は以下のとおり改定されるとともに，これに関するコメンタリー1条パラグラフ26.17から26.21が追加される。

1条

3. この条約は，第7条第3項，第9条第2項及び第19条，第20条，第23A条[，第23B条]，第24条，第25条及び第28条において付与される特典に関するものを除き，一方の締約国によるその居住者に対する課税に何ら影響を与えるものではない。

3. *This Convention shall not affect the taxation, by a Contracting State, of its residents except with respect to the benefits granted under paragraph 3 of Article 7, paragraph 2 of Article 9 and Articles 19, 20, 23 A [23 B], 24 and 25 and 28.*

上記の新しい規定に関する作業の際に，二重課税の排除に関する様々な問題が議論された。原則として，モデル租税条約23A条及び23B条は，租税条約の規定が他方の締約国による源泉地国としての，あるいは，当該所得が帰属する恒久的施設の所在地国としての課税権を認めており，他方の締約国において課税される場合に限り，一方の締約国に対して二重課税を排除するための措置を要求するものであることが合意された。モデル租税条約23A条1項及び23B条1項を以下のとおり改定するとともに，かかる改定の趣旨を明らかにするためコメンタリー23A条・23B条にパラグラフ11.1の追加が提案されている。

第23A条

1. 一方の締約国の居住者がこの条約の規定に従って他方の締約国において租税を課される所得を取得し又は財産を所有する場合には**（当該所得が当該他方の締約国の居住者が取得する所得でもあるという理由のみにより当該規定に従って当該他方の締約国による課税が認められる場合を除く）**，当該一方の締約国は，２及び３の規定が適用される場合を除くほか，当該所得又は財産について租税を免除する。

1. Where a resident of a Contracting State derives income or owns capital which *may be taxed in the other Contracting State* in accordance with the provisions of this Convention *(except to the extent that these provisions allow taxation by that other State solely because the income is also income derived by a resident of that State)*, ~~may be taxed in the other Contracting State~~, the first-mentioned State shall, subject to the provisions of paragraphs 2 and 3, exempt such income or capital from tax.

第23B条

1. 一方の締約国の居住者がこの条約の規定に従って他方の締約国において租税が課される所得を取得し又は財産を所有する場合には**（当該所得が当該他方の締約国の居住者が取得する所得でもあるという理由のみにより当該規定に従って当該他方の締約国による課税が認められる場合を除く）**，当該一方の締約国は，次の控除を認める。
    - a) 他方の締約国において納付される所得に対する租税の額と等しい額を当該居住者の所得に対する租税の額から控除すること。
    - b) 他方の締約国において納付される財産に対する租税の額と等しい額を当該居住者の財産に対する租税の額から控除すること。

    ただし，a) 又は b) のいずれの場合においても，控除の額は，その控除が行われる前に算定された所得又は財産に対する租税の額のうち当該他方の締約国において租税が課される所得又は財産に対応する部分を超えないものとする。

1. Where a resident of a Contracting State derives income or owns capital which *may be taxed in the other Contracting State* in accordance with the provisions of this Convention *(except to the extent that these provisions allow taxation by*

7 行動 6 ：不適切な状況での租税条約の特典の付与の防止

> _that other State solely because the income is also income derived by a resi-_
> _dent of that State)_, ~~may be taxed in the other Contracting State~~, the first-men-
> tioned State shall allow:
>
> a) as a deduction from the tax on the income of that resident, an amount equal
>   to the income tax paid in that other State;
> b) as a deduction from the tax on the capital of that resident, an amount equal
>   to the capital tax paid in that other State.
>
> Such deduction in either case shall not, however, exceed that part of the income
> tax or capital tax, as computed before the deduction is given, which is attribut-
> able, as the case may be, to the income or the capital which may be taxed in
> that other State.

（ii）　出国税

　多数の国においては，居住者たる個人又は法人が居住者でなくなった際に，当該居住者のために発生した一定の種類の所得に対する課税がなされる。かかる租税は一般に出国税と呼ばれており，未実現の年金受取権や譲渡所得に対して適用がなされる。

　ある者の出国税の支払義務が，課税国の居住者である時に発生するものであって，居住者でなくなった後に発生する所得に対して課税がなされるものでない限り，租税条約の規定（特に 13 条及び 18 条）によって，かかる課税が妨げられることはない。したがって，ある者が居住者でなくなる直前に年金所得を実現したとみなす，あるいは，譲渡所得課税の目的上，資産を譲渡したとみなす国内法上の規定の適用が租税条約によって妨げられることはない。租税条約の規定は，国内税法上，いつ所得が実現したものとして取り扱われるのかという点について何ら影響を与えるものではない（コメンタリー 13 条パラグラフ 3，7 及び 9 参照）。また，租税条約の規定は，税金が実際にいつ支払われるかによって適用が左右されるものではないので（コメンタリー 15 条パラグラフ 12.1 参照），かかる税金の支払期限がいつ到来するかは重要ではない。しかしながら，当該者が他の国の居住者になって，当該国が同一の所得に対して異なる時期（例えば，年金所得が実際に受領されたタイミング，資産が第三者に売却されたタイミング）に課税を行う場合，二重課税が生じるリスクがある。当該者が異なる時期に 2

つの国の居住者となり，かかる２つの国が異なるイベントにより所得が実現したものとして課税を行うことにより生じるこの問題は，コメンタリー23A条及び23B条パラグラフ4.1〜4.3にて議論されている。

出国税により生じる二重課税を排除するための１つの可能な方法は，両国の権限のある当局が相互協議の手続を通じて，新しい居住地国の居住者が他の国の居住者であった間に発生した所得について当該他の国の居住地管轄に基づき課される税金について，当該所得が課税された当時において新しい居住地国が（例えば13条２項又は４項に基づき）源泉地国管轄に基づく課税権を有していた場合を除き，課税を免除することを合意することである。

Ⅲ　セクションＢ：租税条約は二重非課税を生じさせるために用いられることは意図されていないことの明確化

行動計画６で要請された２つ目の分野は，「租税条約は二重非課税を生じさせるために用いられることは意図されていないことの明確化」である。かかる要請に応じて，モデル租税条約において推奨されるタイトルに，脱税及び租税回避の防止は租税条約の目的の１つであることを明記することが決定された。さらに，条約を締結する国は，条約の前文において，脱税・租税回避の機会を生み出すことなく二重課税を排除することを意図していることを明確にすることが推奨される。条約漁りのアレンジメントから生じる特定の懸念を考慮して，かかるアレンジメントは租税条約から生じるべきではない租税回避の一例として明記することも決定された。かかる点に関するモデル租税条約の改定内容は以下のとおりである。

所得及び財産に対する租税に関する二重課税の排除並びに脱税及び租税回避の防止のための（Ａ国）及び（Ｂ国）間の条約

~~所得及び財産に対する租税に関する（Ａ国）及び（Ｂ国）間の条約~~

1. ~~各国が望む場合には，二重課税の回避又は二重課税の回避及び脱税の防止の双方に関する言及をタイトルに盛り込むという広く行き渡った慣習に従うこともできる。~~

7 行動 6：不適切な状況での租税条約の特典の付与の防止

Convention between (State A) and (State B) for the elimination of double taxation with respect to taxes on income and on capital and the prevention of tax evasion and avoidance ~~Convention between (State A) and (State B) with respect to taxes on income and on capital~~[1]

1. ~~States wishing to do so may follow the widespread practice of including in the title a reference to either the avoidance of double taxation or to both the avoidance of double taxation and the prevention of fiscal evasion.~~

条約の前文

~~1. 条約の前文は，両締約国の憲法上の手続に従って起案されなければならない~~
条約の前文

（A国）及び（B国）は，

経済関係のさらなる発展及び税務に関する協力の強化を望んでおり，

脱税又は租税回避（第三国の居住者の間接的な利益のためにこの条約に規定される救済を取得することを目的とする条約漁りのアレンジメントを含む。）を通じた非課税又は軽減課税の機会を生み出すことなく所得及び財産に対する租税に関する二重課税を排除するための条約を締結することを意図しており，

以下のとおり合意した。

~~PREAMBLE TO THE CONVENTION~~[1]

1. ~~The Preamble of the Convention shall be drafted in accordance with the constitutional procedure of both Contracting States.~~

PREAMBLE TO THE CONVENTION

(State A) and (State B),

Desiring to further develop their economic relationship and to enhance their co-operation in tax matters,

Intending to conclude a Convention for the elimination of double taxation with respect to taxes on income and on capital without creating opportunities for non-taxation or reduced taxation through tax evasion or avoidance (including through treaty-shopping arrangements aimed at obtaining reliefs provided in this Convention for the indirect benefit of residents of third States)

Have agreed as follows:

　上記の前文における条約の締約国の意図に関する明確な記載により，当該条約の規定の解釈及び適用に影響を及ぼすことが想定されている。条約法に関するウィーン条約（Vienna Convention on the Law of Treaties）31条１項によれば，「条約は，文脈によりかつ**その趣旨及び目的**に照らして与えられる用語の通常の意味に従い，誠実に解釈するものとする」とされている。同条約31条2項においては，この基本原則の目的上，文脈にはその前文が含まれることが確認されている。

　上記のタイトル及び前文の改定を補足するために，コメンタリー序論パラグラフ2，3及び16の改定もなされる。

Ⅳ　セクションＣ：各国が租税条約を締結する前に一般に考慮すべき租税政策上の検討事項

　行動計画6で要請された3つ目の分野は，「各国が租税条約を締結する前に一般に考慮すべき租税政策上の検討事項」の明確化である。

　かかる明確化により，各国が一定の低課税あるいは非課税の法域との間で租税条約を締結しないとする決定を正当化することが容易になる。しかしながら，租税条約を締結する理由には租税以外の多くの要素があり，各国は，自らが望むいかなる法域との間でも租税条約を締結する主権上の権利を有していることも確認されている。

　かかる分野の検討において，租税条約の締結に関する租税政策上の検討事項の多くは，状況の変化（例えば，条約の相手方の国内法の変化）によって過去に締結された条約に関してBEPSの懸念が生じる場合に，当該条約を修正すべきか（あるいは最終的に終了させるべきか）否かの問題にも関係するという事実を検討結果に反映すべきであると決定された。

　かかる分野における検討結果として，モデル租税条約の序論に「C. 租税条約の締結又は既存の条約を変更すべきか否かの決定に関連する租税政策上の検討事項」のセクションを追加して，かかるセクションの下にパラグラフ15.1〜15.6が追加される。かかるパラグラフにおいて言及されている検討事項の

概要は以下のとおりである。

○　居住者が関与するクロスボーダーの状況において二重課税が生じるリスクの程度（条約の相手方による課税の有無や非課税のリスクを増加させる税制度〔国内経済から囲い込まれた（ring-fenced）優遇税制等〕の有無を勘案）

○　国内法の規定による二重課税の排除の可否（ソースルールに重大な相違が存在する場合や，国内法上，〔移転価格課税等による〕経済的な二重課税に対する一方的な救済が許容されていない場合には，国内法における対応では二重課税を排除することができない点に留意）

○　源泉税が居住地国における租税よりも高額であることにより超過課税が生じるリスク

○　条約上の様々な特徴（例えば，租税条約24条の無差別取扱い条項による差別的取扱いからの保護，税務上の取扱いに関する確実性の向上，相互協議を通じたクロスボーダーの税務紛争の解決手段等）による両国間の経済的結びつきの強化・促進

○　条約の相手方による税務執行行政の支援（税務情報の交換等）に関する規定の効果的な実行の期待の程度，徴収共助の能力及び意欲

　既に述べたように，租税条約の締結に関連する多くの租税政策上の検討事項は，既に締結済みの条約を修正（あるいは，最終的に終了）させるべきか否かという問題や，条約の締結後に行われた条約の相手方の国内法の変更が当該条約に関するBEPSの懸念を生じさせるものであるかという問題にも関連する。また，租税条約の交渉において，条約の交渉相手国の国内法のある種の特徴がBEPSの懸念を生じさせると危惧されるものの，かかる懸念は，当該相手国との間で租税条約を締結しないという結論を正当化するには不十分である場合もある。

　租税条約の相手方の国内法のある種の特徴に関して，あるいは，租税条約の締結後に行われた変更に関して，そのようなBEPSの懸念を抱く国は，そのようなリスクから課税ベースを守るために，一定の優遇税制又は条約締結後の国内法の大幅な変更から恩典を得る納税者に関して条約上の特典を制限する規定を盛り込むことが有益であると考えるであろう。

　かかる観点から，特別優遇税制（special tax regime）に関する以下の新しい

規定を条約に盛り込むことが提案されている。

［提案1――「特別優遇税制」に関する新規の条約規定］

第3条（一般的定義）に含められる「特別優遇税制」の新規の定義

X） ……所得又は利得の項目に関する「特別優遇税制」の用語は，税率又は課税ベースの減少等の方法により，かかる所得又は利得に対して優遇された実効税率を提供する法律，規則，行政慣行を意味する。金融所得に関しては，特別優遇税制の用語は，利子負担に関係なく控除が認められるみなし利子控除を含む。しかしながら，当該用語は，以下に該当する法律，規則又は行政慣行は含まない。

i） その適用により，利子，使用料その他の所得又はそれらの組み合わせが不相応に優遇されるものではない場合

ii） 金融所得に関するものを除き，実質的活動要件を満たす場合

iii） 二重課税を防止するために策定されたものである場合

iv） 第7条（事業利得）又は第9条（特殊関連企業）の原則を実施する場合

v） 宗教，慈善，科学，芸術，文化又は教育活動を専ら推進する者に適用される場合

vi） 実質上その全ての活動が年金又は退職給付を提供又は運営することである者に適用される場合

vii） 不動産，分散された証券ポートフォリオ，あるいはそれらの組み合わせを保有し，かつ，投資事業体が設立された締約国において投資家保護のための規制に服する，広く保有されている事業体への投資を促進する場合

viii） 低い実効税率を生じさせることはないという理由で締約国が特別優遇税制に該当しないと合意した場合

議定書の規定

第3条（一般的定義）1（X）に関し，

「特別優遇税制」には，以下を含む。

a） ＿＿の場合において，

　　i） ［締約国の関連する特定の法律，規則及び／又は行政慣行のリスト］

b） ＿＿の場合において，

　　i） ［締約国の関連する特定の法律，規則及び／又は行政慣行のリスト］

7 行動 6：不適切な状況での租税条約の特典の付与の防止

第 3 条（一般的定義）1（X）に関し，
「特別優遇税制」には，以下を含まない。

a) ___ の場合において，
  i) ［締約国の関連する特定の法律，規則及び／又は行政慣行のリスト］
b) ___ の場合において，
  i) ［締約国の関連する特定の法律，規則及び／又は行政慣行のリスト］

第 11 条，第 12 条及び第 21 条の新規規定

第 11 条（利子）の新規規定

一方の締約国内において生じ，他方の締約国の居住者が受益者である利子に対しては，当該居住者が，利子が支払われる課税期間のいずれかの時点において，利子に関してその居住地である締約国において特別優遇税制に服する場合には，前者の締約国において国内法に従って租税を課すことができる。

第 12 条（使用料）の新規規定

一方の締約国内において生じ，他方の締約国の居住者が受益者である使用料に対しては，当該居住者が，使用料が支払われる課税期間のいずれかの時点において，使用料に関してその居住地である締約国において特別優遇税制に服する場合には，前者の締約国において国内法に従って租税を課すことができる。

第 21 条（その他の所得）の新規規定

一方の締約国内において生じ，他方の締約国の居住者が受益者であるその他の所得に対しては，当該居住者が，その他の所得が支払われる課税期間のいずれかの時点において，その他の所得に関してその居住地である締約国において特別優遇税制に服する場合には，前者の締約国において国内法に従って租税を課すことができる。

New definition of "special tax regime" to be included in Article 3 (General Definitions)

X) ... the term "special tax regime" with respect to an item of income or profit means any legislation, regulation or administrative practice that provides a preferential effective rate of taxation to such income or profit, including through reductions in the tax rate or the tax base. With regard to financing income, the term special tax regime includes notional interest deductions that are allowed without regard to liabilities for such interest. However, the term shall not include any legislation, regulation or administrative practice:

i)   the application of which does not disproportionately benefit interest, royalties or other income, or any combination thereof;

ii)   except with regard to financing income, that satisfies a substantial activity requirement;

iii)   that is designed to prevent double taxation;

iv)   that implements the principles of Article 7 (Business Profits) or Article 9 (Associated Enterprises);

v)   that applies to persons which exclusively promote religious, charitable, scientific, artistic, cultural or educational activities;

vi)   that applies to persons substantially all of the activity of which is to provide or administer pension or retirement benefits;

vii)   that facilitates investment in widely-held entities that hold real property (immovable property), a diversified portfolio of securities, or any combination thereof, and that are subject to investor-protection regulation in the Contracting State in which the investment entity is established; or

viii)   that the Contracting States have agreed shall not constitute a special tax regime because it does not result in a low effective rate of taxation;"

Protocol provisions

With reference to subparagraph X) of paragraph 1 of Article 3 (General Definitions):
   The term "special tax regime" shall include:

   a) in the case of _____:

   i) [*list relevant specific legislation, regulations and/or administrative practices in the Contracting State*];

   b) in the case of _____:

   i) [*list relevant specific legislation, regulations and/or administrative practices in the Contracting State*].

With reference to subdivision *viii)* of subparagraph (X) of paragraph 1 of Article 3 (General Definitions):

The term "special tax regime" shall not include:

  a) in the case of _____:

    i) [*list relevant specific legislation, regulations and/or administrative practices in the Contracting State*];

  b) in the case of _____:

    i) [*list relevant specific legislation, regulations and/or administrative practices in the Contracting State*].

New Provisions for Articles 11, 12 and 21

New provision for Article 11 (Interest)

Interest arising in a Contracting State and beneficially owned by a resident of the other Contracting State may be taxed in the first-mentioned Contracting State in accordance with domestic law if such resident is subject to a special tax regime with respect to interest in its Contracting State of residence at any time during the taxable period in which the interest is paid.

New provision for Article 12 (Royalties)

Royalties arising in a Contracting State and beneficially owned by a resident of the other Contracting State may be taxed in the first-mentioned Contracting State in accordance with domestic law if such resident is subject to a special tax regime with respect to royalties in its Contracting State of residence at any time during the taxable period in which the royalties are paid.

New provision for Article 21 (Other income)

Other income arising in a Contracting State and beneficially owned by a resident of the other Contracting State may be taxed in the first-mentioned Contracting State in accordance with domestic law if such resident is subject to a special tax regime with respect to other income in its Contracting State of residence at any time during the taxable period in which the other income is paid.]

［提案2──国内税法の将来の変更に租税条約が対応することを可能にすることを意図した新規の一般的な条約上のルール］

1. この条約の調印後のいずれかの時点において，いずれかの締約国が 実質的に全ての国外所得（利子及び使用料を含む）について居住者である法人に対して免税を提供する場合には，第10条（配当），第11条（利子），第12条（使用料）及び第21条（その他の所得）の規定は，いずれかの締約国の居住者である会社に対する支払については，本条の3に従って，その効力が停止される場合がある。

2. この条約の調印後のいずれかの時点において，いずれかの締約国が，実質的に全ての国外所得（利子及び使用料を含む）について，居住者である個人に対して免税を提供する場合には，第10条，第11条，第12条及び第21条の規定は，いずれかの締約国の居住者である個人に対する支払については，本条の3に従って，その効力が停止される場合がある。

3. 本条1又は2のいずれかの規定が充足された場合には，一方の締約国は，外交ルートを通じて，他方の締約国に対して，第10条，第11条，第12条及び第21条の規定の適用を停止する旨の通知を行うことができる。かかる場合には，同条の規定は，（場合に応じて）居住者である個人又は法人に対する支払に関して，かかる書面による通知の日から6か月後に，両締約国において効力を停止するものとし，両締約国は，提供される特典の均衡を回復することを目的として，この条約の変更の締結について協議するものとする。

1. If at any time after the signing of this Convention, either Contracting State provides an exemption from taxation to resident companies for substantially all foreign source income (including interest and royalties), the provisions of Articles 10 (Dividends), 11 (Interest), 12 (Royalties) and 21 (Other Income) may cease to have effect pursuant to paragraph 3 of this Article for payments to companies resident of either Contracting State.

2. If at any time after the signing of this Convention, either Contracting State provides an exemption from taxation to resident individuals for substantially all foreign source income (including interest and royalties), the provisions of Articles 10, 11, 12 and 21 may cease to have effect pursuant to paragraph 3 of this Article for payments to individuals resident of either Contracting State.

3. If the provisions of either paragraph 1 or paragraph 2 of this Article are satis-

7 行動 6：不適切な状況での租税条約の特典の付与の防止

fied, a Contracting State may notify the other Contracting State through diplomatic channels that it will cease to apply the provisions of Articles 10, 11, 12 and 21. In such case, the provisions of such Articles shall cease to have effect in both Contracting States with respect to payments to resident individuals or companies, as appropriate, six months after the date of such written notification, and the Contracting States shall consult with a view to concluding amendments to this Convention to restore the balance of benefits provided.

8 行動7：人為的なPE回避の防止

野　田　昌　毅

I　はじめに

　ある国の企業が他の国においても事業活動を行っている場合に，当該企業が自らの所属する国のみならず，当該事業活動を行っている他の国においても法人所得税を支払うべきか否かについては，当該他の国において恒久的施設（permanent establishment：以下「PE」ともいう）を有しているか否かによって異なってくる。PE の有無については，日本の国内法については法人税法 141 条において定められており，これに加えて各国との租税条約によって規律をされるところとなっているが，PE の有無によって課税関係が異なってくることから，国際的な取引関係において PE に該当することを回避すべくあえて人為的な仕組みを採用することが見られるようになってきていた。そこで，OECDにおける BEPS 行動計画のうちの 1 つとして，行動計画 7（人為的な PE 回避の防止：Preventing the Artificial Avoidance of Permanent Establishment Status）が掲げられていた。

　行動計画 7 の最終報告書（以下「本報告書」という）は，①コミッショネア等を通じた PE 回避への対応，及び② OECD モデル租税条約 5 条 4 項における準備的・補助的活動除外事由及び企業活動細分化による濫用への対応を主たる論点として取り扱っている[1]。

---

　1)　なお，本報告書においては，PE 回避のための契約の分割や保険商品販売と PE についても言及されているが，それぞれ他の行動計画での対応やモデル租税条約における一般的な修正による対応とするものとされている。また，PE 帰属所得の算定ルールについては別途のガイダンスが作成されるものとされており，実際に OECD において議論が進められているところである。いずれも紙幅の関係上，本稿においては割愛する。

8 行動 7：人為的な PE 回避の防止

Ⅱ　コミッショネア等を用いた PE 潜脱の防止について

1　コミッショネア等による PE 回避

　本報告書において主たる論点として採り上げられているもののうちの 1 つ目が，コミッショネアを用いた PE 回避である。ここで，コミッショネアとは，他者のために他者が保有する製品等を自らの名義で売却するものであり，日本法の下では問屋営業（商法 551 条以下）による間接代理がこれに該当する。コミッショネアの特徴は，代理人たる立場において PE 該当性が問題になる者は，対外的にはその者自らの名義で法律行為を行うが，経済的効果については本人に帰属するということで，法律行為の名義と計算が分離する点にある。

　OECD モデル租税条約 5 条 5 項においては，「企業に代わって行動する者（6の規定が適用される独立の地位を有する代理人を除く。）が，一方の締約国内で，当該企業の名において契約を締結する権限を有し，かつ，この権限を反復して行使する場合」に，その者が PE となる旨が定められていることから，コミッショネアを用いることによって，①そもそも「当該企業の名において」契約を締結する権限を有するものではないことから，PE には該当しないという議論が可能なところであった。また，② PE 該当性が問題となる代理人には契約締結権限を付与せず，あくまでも実質的な交渉を行わせるに止め，契約を最終化したり契約締結を承認する権限は本人たる外国企業が有しているものとすることによって，代理人は契約を締結する権限を反復して行使するものではないとして PE を回避したり，③代理人が本人たる外国企業と密接に関連する者であっても独立代理人とすることによって PE を回避したりすることがあり得るところであった。

　このような問題があり得る事例として，本報告書においては，以下のようなものが例示されている。

　事例：
　i)　　X Co. は X 国の会社であり，医療用品の販売を業としている。
　ii)　　2000 年までは，Y 国の病院や診療所に対して Y 国会社である Y Co. が当該製

227

品を販売をしていた。X Co. 及び Y Co. は同一の多国籍企業グループに属している。

iii) 2000 年に，Y Co. は X Co. との間でコミッショネア契約を締結し，Y Co. の位置づけが変わる。具体的には，Y 国の病院や診療所に対する X Co. 製品の販売は引き続き Y Co. の名前で Y 国において行われるが，これが X Co. の計算及びリスクで行われることになった。Y Co. は X Co. 製品の販売のために有していた固定資産や在庫，顧客基盤を X Co. に対して譲渡し，X Co. は Y Co. の Y 国における販売活動の手数料として一定のコミッションフィーをコミッショネア契約に基づいて支払う。

iv) 結果として，Y 国における Y Co. の課税所得は劇的に減少。

　かかるアレンジメントを採用した結果，Y Co. は販売する X Co. 製品を有していないことから X Co. 製品の販売による利益を得ることはなくなり，あくまでも Y 国における販売活動を X Co. の代わりに行うことによる手数料を得るに過ぎなくなる。X Co. 製品の販売による利益については，Y Co. は X Co. のために自らの名義で X Co. 製品を販売しているため，Y 国課税当局は，X Co. について Y 国に PE を認めることができない。従って，Y 国課税当局は，X Co. が保有する製品の売却によって得られる利益そのものについて課税することはできず，X Co. から Y Co. に対して支払われるコミッションに対して課税できるに止まることになってしまっていた。

　この事例において，仮に Y Co. が自らの名前ではなく X Co. の名において契約を締結することを前提に Y 国の病院や診療所と契約交渉を行っていたとしても，契約締結の承認は最終的に X Co. において行う必要があり，又は X Co. において最終的な契約内容を決定することになるものとされており，Y Co. にはそのような権限が一切与えられていないという場合には，Y Co. は自らの名において契約を締結する権限を反復して行使するものではないということで，PE には該当しないという議論が可能となり得る。

　また，この事例において Y Co. 自身は X Co. と同一の多国籍企業グループに属するものとされているが，それにもかかわらず，例えばグループ外の企業のためにも同様の事業活動を行っていること等を理由に独立代理人となり，したがって Y Co. が Y 国における PE には該当しない旨を主張することもあり得るところである。

⑧ 行動 7：人為的な PE 回避の防止

しかしながら，本報告書においては，このような形でのアレンジメントは PE 回避のために行われていることが明らかであるとされ，ある国における仲介者の権限行使が，外国企業によって履行される契約が何度も定期的に締結されるに至ることを意図されている場合，当該仲介者が独立の事業として活動しているのでない限りは，当該外国企業はその国において十分な課税上の結節点（taxable nexus）を有していると考えられることから，上記のような PE 回避に対応すべく，OECD モデル租税条約 5 条 5 項及び 6 項並びにそのコメンタリーについての修正提案を行うものとされている。

2 OECD モデル租税条約 5 条 5 項関連についての修正提案

⑴ 現行の OECD モデル租税条約 5 条 5 項について

まず，OECD モデル租税条約 5 条 5 項は，以下のとおり規定している。

　　1 及び 2 の規定にかかわらず，企業に代わって行動する者（6 の規定が適用される独立の地位を有する代理人を除く。）が，一方の締約国内で，当該企業の名において契約を締結する権限を有し，かつ，この権限を反復して行使する場合には，当該企業は，その者が当該企業のために行う全ての活動について，当該一方の締約国内に恒久的施設を有するものとされる。ただし，その者の活動が 4 に掲げる活動（事業を行う一定の場所で行われたとしても，4 の規定により当該一定の場所が恒久的施設とされない活動）のみである場合は，この限りでない。

　　Notwithstanding the provisions of paragraphs 1 and 2, where a person—other than an agent of an independent status to whom paragraph 6 applies—is acting on behalf of an enterprise and has, and habitually exercises, in a Contracting State an authority to conclude contracts in the name of the enterprise, that the enterprise shall be deemed to have a permanent establishment in that State in respect of any activities which that person undertakes for the enterprise, unless the activities of such person are limited to those mentioned in paragraph 4 which, if exercised through a fixed place of business, would not make this fixed place of business a permanent establishment under the provisions of that paragraph.

本報告書においては，OECD モデル租税条約 5 条 5 項に関して，2 つの修正提案がなされている。具体的には，現行の OECD モデル租税条約 5 条 5 項が

229

「当該企業の名において」契約を締結する権限を必要としている点，及び「この権限を反復して行使する場合」とされている点である。

(2) OECD モデル租税条約 5 条 5 項に関する修正提案

OECD モデル租税条約 5 条 5 項に関する修正提案の 1 つ目は，PE に該当するために，「当該企業の名において（in the name of the enterprise）」契約を締結する権限が必要とされている点について，契約が

a) 当該企業の名において（in the name of the enterprise）

b) 外国企業が所有権若しくは使用権を有する資産の所有権移転若しくは使用権設定のために（for the transfer of the ownership of, or for the granting of the right to use, property owned by that enterprise or that the enterprise has the right to use），又は

c) 当該外国企業によるサービス提供のために（for the provision of services by that enterprise）

といういずれかによってなされるものであることで足りるとするものである。これによって，コミッショネアが契約締結を行うに際して形式的に名義が本人ではなくコミッショネア自身になっていることをもって PE 認定を回避することを防ぐことを企図したものである[2]。

OECD モデル租税条約 5 条 5 項に関する 2 つ目の修正提案は，代理人が最終的な契約締結権限を有していないものとし，本人たる外国企業が契約内容の最終化又は契約締結の承認を行う権限を有しているものとすることによる PE 回避に関するものである。OECD モデル租税条約の 5 条 5 項においては，

　　一方の締約国内で，当該企業の名において契約を締結する権限を有し，かつ，この権限を反復して行使する場合（a person is acting on behalf of an enterprise and has, and habitually exercises, in a Contracting State an authority to conclude contracts in the name of the enterprise）

---

[2]　なお，OECD モデル租税条約の文言が変更されたとしても，具体的な租税条約を締結している国の間の租税条約の文言が当然に変更されるわけではないため，既存の租税条約については OECD モデル租税条約の議論を踏まえた変更がなされる必要がある点には留意が必要である。

とされているところ,

　　一方の締約国内において, 当該企業のために, 反復して契約を締結し又は当該企業が重要な変更を加えることなく反復して締結されている契約に関してその締結に至る主要な役割を果たす者 (a person is acting in a Contracting State on behalf of an enterprise and, in doing so, habitually concludes contracts, or habitually plays the principal role leading to the conclusion of contracts that are routinely concluded without material modification by the enterprise)

とすることによって, 上記のような形での PE 回避に対応するという提案である。

(3) OECD モデル租税条約 5 条 5 項に関するコメンタリーの修正提案

(a) 「当該企業の名において (in the name of the enterprise)」契約を締結するという要件に関するもの

　本報告書は, OECD モデル租税条約そのものだけではなく, そのコメンタリーについても一定の修正提案を行っているが, 本報告書における OECD モデル租税条約 5 条 5 項のコメンタリーに関する修正提案は, 大きく分けて, ①「当該企業の名において (in the name of the enterprise)」契約を締結するという要件に関するものと, ②契約締結権限を反復して行使するという要件に関するものとに分けられる。

　まず, ①「当該企業の名において (in the name of the enterprise)」契約を締結するという要件に関するモデル租税条約の変更に関するコメンタリーの修正提案においては, 様々な点が指摘されているが, 本人たる外国企業と相手方である第三者との間で法的に強制執行可能な権利義務関係を作り出す契約のみならず, 契約上の義務を負っていないとしても本人たる外国企業が実効的に義務を負担することになるような契約 (典型的にはコミッショネア) についても適用され, その結果, PE に該当することになるものとされている[3]。

　また, 契約が, a)「当該企業の名において (in the name of the enterprise)」締結されるものという点について, 当該企業の名において契約が締結されている

---

　3) コメンタリー修正提案のパラ 32.7。

ということが要件とされる以上は，契約書上，本人たる外国企業の名が明示されることが必要なのではないかという疑義が生じ得るところであるが，コメンタリー上は，本人たる外国企業の名が明示されている場合に限るものではなく，本人たる外国企業の名が明示されない場合であっても「当該企業の名において(in the name of the enterprise)」という要件に該当し得るものとされている[4]。

　他方，契約が b)「外国企業が所有権若しくは使用権を有する資産の所有権移転若しくは使用権設定のために (for the transfer of the ownership of, or for the granting of the right to use, property owned by that enterprise or that the enterprise has the right to use)」又は c)「当該外国企業によるサービス提供のために (for the provision of services by that enterprise)」なされたものであるという点については，反復して契約を締結し又は当該企業が重要な変更を加えることなく反復して締結されている契約に関してその締結に至る主要な役割を果たす者が，資産の所有権移転，使用権設定又はサービス提供に関する契約の部分については本人たる外国企業が行うことになる形で，本人たる外国企業のために行動していることが重要であると強調されている[5]。言い換えれば，相手方に対する資産の所有権移転，使用権設定又はサービス提供を，本人たる外国企業が一切行わず，PE 該当性が問題となる者自身が全て行うことになるのであれば，その者は PE には該当しないということを含意していると言えよう。

　この点については，本報告書におけるコメンタリーの修正提案においてさらに具体的に記載をされており，ある者が自らのために契約を締結し，当該契約によって生ずる義務を履行するために外国の企業から製品を取得し，サービスの提供を受け，又は当該外国の企業がかかる製品の配送若しくにサービスの提供を行うように手配をするという場合には，かかる者は，外国の企業のためにこれを代理して行動しているわけではなく，かかる者が締結した契約は外国の企業の名においてなされたものとも外国企業が所有権若しくは使用権を有する資産の所有権移転若しくは使用権設定のためになされたものとも言えないことから，PE には該当しないということになる。より具体的には，例えば，ある

---

4)　コメンタリー修正提案のパラ 32.9。

5)　コメンタリー修正提案のパラ 32.10。

会社が特定のマーケットにおいて，製品の販売代理店として活動しており，顧客に対して販売するにあたり外国企業及びその関連企業から製品の買付けを行っているというケースでは，顧客に対して販売されている製品は販売代理店自身が所有するものであることから，かかる会社は，当該外国企業のために活動しているものでもないし，また，当該外国企業が所有する製品を販売するものでもなく，従って，モデル租税条約5条5項の適用はないことからPEには該当しないということになる。これは，販売代理店が，例えば本人に効果帰属する代理人としてではなく，短い期間であったとしても在庫を保持し，限定的であっても一応在庫リスクをとる "low-risk distributor" として活動しているものであればPEには該当しないことになる。ここでは，販売代理店がどの程度の長い期間で在庫を保持していたのかというよりも，販売代理店が単なるコミッション報酬を本人たる外国企業から得ているというのではないということが重要なポイントとなり，このように言えるためには，販売代理店が在庫販売による利益を得るため，製品の所有権が外国企業から販売代理店に移転し，当該製品が販売代理店から顧客に対して移転しているという場合に限られる[6]。

　次に，契約が b)「外国企業が所有権若しくは使用権を有する資産の所有権移転若しくは使用権設定のために (for the transfer of the ownership of, or for the granting of the right to use, property owned by that enterprise or that the enterprise has the right to use)」なされたものであるという要件について，PE該当性が問題になる者が契約を締結する時点において，対象となる製品が既に存在していたり，本人たる外国企業がかかる対象製品を所有していたりする必要はないので，契約締結後に本人たる外国企業が今後製造する予定の製品について販売する契約であっても，そのような契約を締結した第三者はPEに該当し得る。また，「資産 (property)」は，いかなる有形資産又は無形資産であっても構わないものとされている[7]。

　もっとも，無限定にPEの範囲が広がることを意図しているものでもなく，例えば，PEが問題となる契約は，従業員との間の雇用契約のように単に事業

---

6)　コメンタリー修正提案のパラ32.12。
7)　コメンタリー修正提案のパラ32.11。

を行うにあたって必要となり内部的にのみ適用のある契約ではなく，あくまで
も事業活動に用いられる対外的な第三者との契約であるものとされている。ま
た，外国企業と契約締結の相手方たる第三者との間の契約交渉に，PE 該当性
が問題となる者自身が参加したという事実だけをもって，その者が外国企業の
ための契約を締結する権限を有していたとか，外国企業による重大な変更なく
反復して締結される契約の締結に主要な役割を果たしたということになるわけ
ではない。ただし，その者がかかる契約交渉に参加したという事実は，その者
が本人たる外国企業のためにどのような機能を果たしていたのかを決定するに
あたって関連する要因にはなり得るものとされている[8]。

(b) 契約締結権限を反復して行使するという要件に関するもの

次に，OECD モデル租税条約 5 条 5 項のコメンタリーに関する修正提案の
うち，②契約締結権限を反復して行使するという要件に関するものであるが，
まず，現行の OECD モデル租税条約の 5 条 5 項は，前述のとおり，

> 一方の締約国内で，当該企業の名において契約を締結する権限を有し，かつ，この
> 権限を反復して行使する場合（a person is acting on behalf of an enterprise and
> has, and habitually exercises, in a Contracting State an authority to conclude
> contracts in the name of the enterprise）

と規定されているが，これに対して，本報告書においては，

> 一方の締約国内において，当該企業のために，反復して契約を締結し又は当該企業
> が重要な変更を加えることなく反復して締結されている契約に関してその締結に至
> る主要な役割を果たす者（a person is acting in a Contracting State on behalf of an
> enterprise and, in doing so, habitually concludes contracts, or habitually plays the
> principal role leading to the conclusion of contracts that are routinely concluded
> without material modification by the enterprise）

という形で修正することが提案されている[9]。まず，「契約を締結（conclude(s)

---

8) コメンタリー修正提案のパラ 33。
9) コメンタリー修正提案のパラ 32.3 においては，ある者が，一方の締約国内において，
　本人たる外国企業の事業活動に一定以上の関与をしている場合に，その者が一方の締約国

234

contracts)」するということは，ある者が本人たる外国企業に代わって行動し，当該契約に関連する準拠法の下において，その者が契約を締結するような場合が主として想定されており，必ずしもその契約条件についての活発な交渉が行われることが不可欠というわけではない。例えば，関連する法律の下で，本人たる外国企業との標準的な契約締結のために行われている第三者による申込みをある者が受諾することで契約が成立するような場合も，必ずしもその者による活発な交渉がなされているわけではないが，十分に「契約を締結」に該当することになる。また，契約のサインが一方の締約国の外で行われたとしても，当該契約は，関連する法律の下で，当該一方の締約国において締結されたものとなり得，契約のサインのみが全くの第三国で行われることをもってPEに該当しないという議論を行うことは難しい。これに加えて，ある者が一方の締約国において契約の全ての要素及び条件詳細について本人たる外国企業を拘束する形で交渉したというような場合には，仮に当該契約のサインのみを全く別の者が第三国において行ったとしても，当該契約は契約交渉が行われた一方の締約国において締結されたものと言うことができる[10]。

　「当該企業が重要な変更を加えることなく反復して締結されている契約に関してその締結に至る主要な役割を果たす（habitually plays the principal role leading to the conclusion of contracts that are routinely concluded without material modification by the enterprise）」という点に関して，ある者が一方の締約国において本人たる外国企業に代わって行動しているという状況において，仮に，関連する法律の下では，当該一方の締約国においてその者が契約を

　　内において当該企業に代わって行動していることとなり，例えば，一方の締約国内において，代理人が本人に代わって，組合員が組合に代わって，取締役が会社に代わって又は従業員が雇用主に代わって行動するような場合がこれに該当するものとされている。仮に，本人たる外国企業が，当該外国企業に代わって行動した者の行動によって，直接的にも間接的にも影響を受けていないような場合には，その者が当該外国企業に代わって行動したものとは言えない。外国企業に代わって行動する者は，自然人ではなく法人である場合も含まれるが，その法人が本人たる外国企業に代わって行動する者になるか，また，どの程度当該法人が本人たる外国企業に代わって行動しているかということを決するにあたっては，当該法人の取締役及び従業員の行動がいずれも一体のものとして考慮されることになる。
[10]　コメンタリー修正提案のパラ32.4。

締結したものではないとなったとしても，かかる契約の締結が，本人たる外国企業に代わって当該一方の締約国において行動した者の行為から直接的に生じたということであればこれに該当するものとされている。契約の締結自体は，関連する法律における契約法の考え方に従うことになるが，PE 該当性を検討するにあたっては，単に契約にサインされた場所のみから契約が締結された場所を判断することは不当な結論を導くことになりかねないため，契約締結に向けた実質的な活動がいずれの国で行われていたのかということも考慮する必要があるとされる。典型的には，ある者が，一方の締約国における本人たる外国企業の販売員（sales force）となるような場合であるが，ある者が本人たる外国企業に代わって一方の締約国において行う行動が，本人たる外国企業が履行する定常的な契約の締結を意図されているような場合については，OECD モデル租税条約 5 条 5 項の趣旨に照らした検討が必要となる。本人たる外国企業との契約締結に向けて第三者を納得させるべく交渉を行う者が，通常は契約の締結に至る主要な役割を果たすことになるが，例えば，ある者が顧客となる第三者との関係で（形式的には契約の最終化までは行わないとしても）注文伺いを行い受注するような場合，本人たる外国企業の有する製品が出荷される倉庫に対してかかる発注が直接送付され，当該外国企業も日常業務としてかかる取引を承認するのであれば，「当該企業が重要な変更を加えることなく反復して締結されている契約に関してその締結に至る主要な役割を果たす（habitually plays the principal role leading to the conclusion of contracts that are routinely concluded without material modification by the enterprise）」という要件には該当し得る。

しかしながら，ある者が本人たる外国企業に代わって行う行動が，当該外国企業の製品又はサービスの単なる販促又は広告活動に止まり，直接的な契約の締結に至るものではない場合には，この要件には該当しないということになる。このようなものの具体例としては，外資系製薬会社のいわゆる MR が，当該外国製薬企業の製造する医薬品について積極的に販売促進活動を行い，医薬品を処方する医師への働きかけを行うということがあげられるが，かかる MR による販促活動は，医師と当該外国製薬企業との間の契約に直接的に結びついているわけではないため，かかる MR の活動によって当該医薬品の販売金額が大幅に増加したとしても，本項の上記要件には該当しないものと考えられて

3 行動 7：人為的な PE 回避の防止

いる[11]。

　これに対して，本報告書におけるコメンタリー修正提案においても，以下のような事例においては PE に該当し得るものとされている。

i)　R 国の会社 R Co. は，自らのウェブサイトを通じて様々な製品及びサービスを全世界的に販売しており，S Co. は S 国における R Co. の 100％子会社である。

ii)　S Co. の従業員は，S 国における大口顧客に対してメール，電話，個別訪問等を行うことによって様々な情報提供を行っており，かかる S Co. の従業員が，責任を持って S 国における大口顧客の対応を行っている。このような S Co. の従業員の報酬の一部は，顧客が R Co. の製品又はサービスを購入した売上金額に応じて決まるものとされており，S Co. 従業員は，その顧客との関係を構築して製品やサービスの必要性を検討するとともに，顧客が R Co. の製品又はサービスを購入すべく顧客を納得させるように努めている。

iii)　S Co. 従業員のこのような販促活動の結果，顧客が R Co. 製品又はサービスの購入に至ったときには，かかる S Co. の従業員は，その顧客に対して当該 R Co. 製品又はサービスの価格を示すことになるが，S Co. の従業員は，その顧客に対して，R Co. の製品又はサービスを購入するためには，R Co. のウェブサイトを通じてオンラインによって R Co. との契約を締結しなければならない旨を伝えた上で，R Co. 製品又はサービスに関する固定価格を含めた標準契約条件を説明し，あわせて，S Co. の従業員は，かかる R Co. 製品又はサービスに関する契約条件について価格を含めて変更する権限を一切有していないことを説明する。

iv)　その後，顧客は，S Co. の従業員との間で協議をした分量の R Co. 製品又はサービスを，S Co. 従業員に提示された価格で，R Co. のウェブサイトを通じて R Co. との間でオンラインで契約を締結する。

　このような事例では，顧客が R Co. との間で契約締結に至るまでの主たる役割を S Co. 従業員が果たしており，かつ，このような契約は外国企業によって重要な変更なく反復して締結されるものであることから，本報告書におけるOECD モデル租税条約 5 条 5 項についての修正提案後は，同項に該当することになると考えられる。本事例において，S Co. の従業員が，R Co. の販売する製品及びサービスについての契約条件を変更することができないという事実

---

[11]　コメンタリー修正提案のパラ 32.5。

は，R Co.と顧客との契約締結が，S Co.従業員がR Co.に代わって行った行動の直接の結果ではないということを意味するものではなく，むしろ，これによって，S Co.従業員が，R Co.標準契約条件を顧客が受け入れるように説得をすることが，R Co.と顧客との契約締結に至る極めて重要な要素となっている[12]。

　このように，製薬会社におけるMRの事例とウェブサイト販売の事例とでは，PE該当性の判断が異なっている。もしも，製薬会社のMRの事例とウェブサイト販売におけるS Co.従業員の事例において，現地でMRが医師に対して行った活動やS国においてS Co.従業員が行った活動そのものにのみ着目をしてしまうと，MRの積極的な情報提供活動がなければ医師，病院と外国製薬会社との間における契約も締結されなかったかもしれないことから，製薬会社におけるMRの事例においても，MRが行っている情報提供そのものが重要性を持っているということで，最終的な契約の締結に直結しているという考え方もあり得るところではあるが，本報告書のOECDモデル租税条約5条5項に関するコメンタリーの修正提案ではこのような考え方は取られていないと考えられる。むしろ，現地においてMRが医師に対して行った活動やS国においてS Co.従業員が行った活動そのものにのみ着目するのではなく，情報提供に始まり，契約条件の協議，交渉を経て最終的に契約締結に至るプロセス全体の中で，現地において行われた活動と本人たる外国企業と契約締結の相手方との間で行われた活動といずれに重点があるのかという点から判断するという考え方を採用しているものと思われる。このような考え方からすると，ウェブサイト販売の事例においては，顧客はR Co.との間の契約条件を協議交渉することができず，契約を締結するという判断をしたあとはウェブサイト上での手続に従うだけとなるため，実際の契約締結に至るまでにR Co.側において行われる活動はあまり大きくはない。他方，S Co.従業員による顧客に対する情報提供等が契約締結に至るプロセス全体の中で大きな比重を占めることになるので，S Co.従業員による顧客に対する働きかけは，R Co.製品又はサービスの単なる販促又は広告活動にはとどまっておらず，むしろ，R Co.と顧客との間の契約

[12)　コメンタリー修正提案のパラ32.6。

238

締結に直結するものとして，「当該企業が重要な変更を加えることなく反復して締結されている契約に関してその締結に至る主要な役割を果たす（habitually plays the principal role leading to the conclusion of contracts that are routinely concluded without material modification by the enterprise）」という要件に該当するものと考えられる。これに対して製薬会社における MR の事例では，確かに MR が医師に対して様々な情報提供を行っており，そのこと自体に一定の重要性がある場合もあり得るが，外国製薬会社と医師，病院との間での契約締結にあたっては，様々な契約条件について別途協議の余地があることからすると「当該企業が重要な変更を加えることなく反復して締結されている契約に関してその締結に至る主要な役割を果たす（habitually plays the principal role leading to the conclusion of contracts that are routinely concluded without material modification by the enterprise）」という要件には該当しないと考えられる。このように，情報提供に始まり，契約条件の協議，交渉を経て最終的に契約締結に至るプロセス全体の中で，現地において行われた活動と本人たる外国企業と契約締結の相手方との間で行われた活動といずれに重点があるのかという観点からすると，外資系製薬会社の MR の事例とウェブサイト販売の事例とでは，契約締結に至るプロセス全体の中での各活動の位置づけが異なるものと言えよう。

3 OECD モデル租税条約 5 条 6 項関連についての修正提案

(1) 現行の OECD モデル租税条約 5 条 6 項について

まず，OECD モデル租税条約 5 条 6 項は，以下のとおり規定している。

> 企業は，通常の方法でその業務を行う仲立人，問屋その他の独立の地位を有する代理人を通じて一方の締約国内で事業を行っているという理由のみでは，当該一方の締約国内に恒久的施設を有するものとされない。
>
> An enterprise shall not be deemed to have a permanent establishment in a Contracting State merely because it carries on business in that State through a broker, general commission agent or any other agent of an independent status, provided that such persons are acting in the ordinary course of their business.

OECD モデル租税条約 5 条 6 項は，いわゆる独立代理人が PE には該当しな

いこととしており，その者が「独立の地位を有する代理人」に該当するかが１つの重要な論点になり得ることから，本報告書においては，OECDモデル租税条約５条６項に関して，いかなる者が「独立の地位を有する代理人」に該当し得るかを明確化すべくコメンタリーを含めて改正提案が行われている。

(2) OECDモデル租税条約５条６項に関する修正提案

OECDモデル租税条約５条６項については，全面的に変更し，新しく以下のa）及びb）とする旨が提案されている。

a) 一方の締約国内で，他方の締約国の企業に代わって行動する者が，当該一方の締約国内において独立代理人として事業を営み，通常の事業の範囲において当該企業のために活動する場合には，５項の規定は適用されない。但し，その者が専属的に又はほとんど専属的に一つ又は複数の密接に関連する企業に代わって行動している場合には，その者は，かかる企業に関する条項において独立代理人とはみなされないものとする。

Paragraph 5 shall not apply where the person acting in a Ccntracting State on behalf of an enterprise of the other Contracting State carries on business in the first-mentioned State as an independent agent and acts for the enterprise in the ordinary course of that business. Where, however, a person acts exclusively or almost exclusively on behalf of one or more enterprises to which it is closely related, that person shall not be considered to be an independent agent within the meaning of this paragraph with respect to any such enterprise.

b) 本条において，関連する事実及び状況に基づいて，一方が他方を支配し又は両者が同一人物又は企業の支配下にある場合には，ある者はその企業と密接に関連しているものとされる。いかなる場合においても，一方が他方の受益持分の50パーセント超（又は，会社の場合には，総議決権及び総株式価値又は受益株式持分の50パーセント超）を直接又は間接に有している場合，又は，第三者が二つの者の受益持分の50パーセント超（又は，会社の場合には，総議決権及び総株式価値又は受益株式持分の50パーセント超）を直接又は間接に有している場合は，それらの者は，密接に関連しているものとされる。

For the purposes of this Article, a person is closely related to an enterprise if, based on all the relevant facts and circumstances, one has control of the other or both are under the control of the same persons or enterprises. In any case, a person shall be considered to be closely related to an enterprise if one

8 行動 7：人為的な PE 回避の防止

possesses directly or indirectly more than 50 per cent of the beneficial in-
terest in the other (or, in the case of a company, more than 50 per cent of
the aggregate vote and value of the company's shares or of the beneficial
equity interest in the company) or if another person possesses directly or
indirectly more than 50 per cent of the beneficial interest (or, in the case of
a company, more than 50 per cent of the aggregate vote and value of the
company's shares or of the beneficial equity interest in the company) in the
person and the enterprise.

(3) OECD モデル租税条約 5 条 6 項に関するコメンタリーの修正提案

　OECD モデル租税条約 5 条 6 項に関する修正提案自体が，既に独立代理人
に該当しない場合を明確に示しているところであるが，コメンタリーにおいて
は，その趣旨の説明として，この 5 条 6 項による例外は，あくまでもある者が
独立代理人としての事業を行っている中でその者が企業に代わって活動してい
る場合にのみ適用され，したがって，従業員が雇用主に代わって活動したり組
合員が組合に代わって活動するように，独立代理人自らの事業とは別の資格で
企業に代わって行動している場合には，適用されないということを明らかにし
ている[13]。

　もっとも，一定の段階において，ある者が専属的に又はほぼ専属的に企業に
代わって活動していたとしても，それによってそのような者が独立代理人には
一切該当し得ないということまで意味するものではない。確かに，ある者が全
て又はほぼ全てある特定の企業又は互いに密接に関連する複数の企業グループ
に代わってのみ長期間にわたって活動している場合には，独立代理人としての
地位が認められる可能性は低いが，密接に関連するわけではない特定の企業に
代わって専属的に活動していたとしても，そのような期間が，例えばその者が
事業を開始し始めた時期である等の限られた期間であるような場合であれば，
6 項が適用されて独立代理人になることもあり得る。このようにある者の活動
が独立代理人としての事業に該当するか否かを判断するためには，あらゆる事
実及び状況を考慮する必要があることになる[14]。

---

13)　コメンタリー修正提案のパラ 37。

ある者が，密接に関連する企業に代わって専属的に又はほとんど専属的に活
動する場合にのみ，5条6項修正提案のa)最後の一文が適用されることになる
が，このことからは，ある者が密接に関連するものではない企業に代わって行
う活動が，その者の事業のうち重要な部分を占めるに至らない場合には，その
者は独立当事者には該当しないということになる。例えば，ある者が密接に関
連するものではない企業に代わって締結する契約の売上高が，その者が他の企
業に代わって締結する契約の売上高の10パーセント未満となるような場合，
その者は，「専属的に又はほぼ専属的に」密接に関連する企業に代わって活動
しているものとみなされる[15]。

Ⅲ 準備的又は補助的活動等の濫用による PE 潜脱防止について

1 現行の OECD モデル租税条約 5 条 4 項及びその修正提案について

まず，現行の OECD モデル租税条約 5 条 4 項は以下のとおり規定している。

1 から 3 までの規定にかかわらず，次のことを行う場合は，「恒久的施設」に当
たらないものとする。
a) 企業に属する物品又は商品の保管，展示又は引渡しのためにのみ施設を使用す
ること。
b) 企業に属する物品又は商品の在庫を保管，展示又は引渡しのためにのみ保有す
ること。
c) 企業に属する物品又は商品の在庫を他の企業による加工のためにのみ保有する
こと。
d) 企業のために物品若しくは商品を購入し，又は情報を収集することのみを目的
として，事業を行う一定の場所を保有すること
e) 企業のためにその他の準備的又は補助的な性格の活動を行うことのみを目的と
して，事業を行う一定の場所を保有すること。
f) a)から e)までに掲げる活動を組み合わせた活動を行うことのみを目的として，
事業を行う一定の場所を保有すること。ただし，当該一定の場所におけるこの
ような組合せによる活動の全体が準備的又は補助的な性格のものである場合に

---

14) コメンタリー修正提案のパラ 38.7。
15) コメンタリー修正提案のパラ 38.8。

242

8 行動 7 ：人為的な PE 回避の防止

限る。

　Notwithstanding the preceding provisions of this Article, the term "permanent establishment" shall be deemed not to include:
a)　the use of facilities solely for the purpose of storage, display, or delivery of goods or merchandise belonging to the enterprise;
b)　the maintenance of a stock of goods or merchandise belonging to the enterprise solely for the purpose of storage, display or delivery;
c)　the maintenance of a stock of goods or merchandise belonging to the enterprise solely for the purpose of processing by another enterprise;
d)　the maintenance of a fixed place of business solely for the purpose of purchasing goods or merchandise or of collecting information, for the enterprise;
e)　the maintenance of a fixed place of business solely for the purpose of carrying on, for the enterprise, any other activity of a preparatory or auxiliary character;
f)　the maintenance of a fixed place of business solely for any combination of activities mentioned in subparagraphs a) to e), provided that the overall activity of the fixed place of business resulting from this combination is of a preparatory or auxiliary character.

　以上のように，現行 OECD モデル租税条約 5 条 4 項においては，a）から f）まで PE には該当しない場合が列挙されている。元々の意図としては，a）から f）までに掲げられているような場合には，あくまでも活動としては準備的又は補助的なものに止まるものと考えられていたために，ここに列挙されている場合に該当すれば，PE に該当しないものとされたものであるが，条文の文言上，「準備的又は補助的な」性格の活動であることが明示されているのは，e）及び f）のみである。近年，技術の発展等により，形式的には a）から d）に該当するものであっても，それが必ずしも準備的又は補助的な位置づけではなく，事業活動の中で重要な意義を有するものがあらわれてきているが，現行の OECD モデル租税条約 5 条 4 項においては，a）から d）に該当するものであればそれが準備的又は補助的な性格なものであるか否かにかかわらず同項を適用し，PE に該当しないという議論が可能であったため，本報告書においては，a）から d）に該当する場合であっても，「準備的又は補助的」な性格のものであることを明示的に要求する旨が提案されている。具体的には，以下のとおり，d）

243

までは変更がないものの e) 及び f) について「準備的又は補助的」との言及を
削除した上で，項目全体に適用される但し書きとし，それぞれの活動が「準備
的又は補助的」なものであることを要することを明示する旨が提案されている。

e) 企業のためにその他の活動を行うことのみを目的として，事業を行う一定の場
所を保有すること。
f) a) から e) までに掲げる活動を組み合わせた活動を行うことのみを目的として，
事業を行う一定の場所を保有すること。
ただし，これらの活動が，また f) の場合には当該一定の場所における活動全般が，
準備的又は補助的な性格のものである場合に限る。

e) the maintenance of a fixed place of business solely for the purpose of carrying
on, for the enterprise, any other activity;
f) the maintenance of a fixed place of business solely for any combination of
activities mentioned in subparagraphs a) to e),
provided that such activity or, in the case of subparagraph f), the overall activity
of the fixed place of business, is of a preparatory or auxiliary character.

　もっとも，本報告書の5条4項に関するコメンタリーの修正提案においては，
このような5条4項についての修正をするか否かについては議論があり，現状
の5条4項に列挙されたものは，本来的には準備的又は補助的なものであり，
課税当局と納税者との関係を不安定にしないためにも，列挙された a) から d)
までについても「準備的又は補助的」であることを明示的に要求することは避
けるべきであること，また，これによって生じ得る不都合については，新しく
追加することが提案されている OECD モデル租税条約5条4項の4.1 において
対応すべきであることの主張もなされている。かかる立場の国については，
現状の OECD モデル租税条約をほぼそのままで維持するか，a) から d) のうち
で「準備的又は補助的」であることを求められる e) において対応すべきであ
ると考えるものがあれば当該 a) から d) のいずれかを削除するということもあ
り得る旨が示唆されている[16]。なお，本報告書において OECD モデル租税条
約5条4項の4.1 として新設することが提案されているものは，以下のとおり

---

16) コメンタリー修正提案のパラ 30.1。

244

③ 行動 7：人為的な PE 回避の防止

であり，主としてある締約国内における事業活動を細分化することによって個々の活動が準備的又は補助的であるとして PE を潜脱することを回避しようとするものである。

4.1　同一の企業又は密接に関連する企業が同じ場所又は同一の締約国内における別の場所において事業活動を行い，かつ，
　　a）　その場所又は他の場所が，本条の下において，その企業又は密接に関連する企業にとって，恒久的施設に該当し，又は，
　　b）　同一の場所において 2 つの企業が行い又は同一の企業若しくは密接に関連する企業が 2 つの場所で行う活動の組合せから生ずる活動全体が準備的又は補助的な性格のものではない場合，
4 項は，企業によって使用し又は保有される事業を行う一定の場所について適用されない。ただし，同一の場所において 2 つの企業が行い又は同一の企業若しくは密接に関連する企業が 2 つの場所で行う活動が，密接する事業活動の一部として補完機能を有する場合に限る。

4.1　Paragraph 4 shall not apply to a fixed place of business that is used or maintained by an enterprise if the same enterprise or a closely related enterprise carries on business activities at the same place or at another place in the same Contracting State and
　　a）　that place or other place constitutes a permanent establishment for the enterprise or the closely related enterprise under the provisions of this Article, or
　　b）　the overall activity resulting from the combination of the activities carried on by the two enterprises at the same place, or by the same enterprise or closely related enterprises at the two places, is not of a preparatory or auxiliary character,
provided that the business activities carried on by the two enterprises at the same place, or by the same enterprise or closely related enterprises at the two places, constitute complementary functions that are part of a cohesive business operation.

2　OECD モデル租税条約 5 条 4 項に関するコメンタリーの修正提案
(1)　OECD モデル租税条約 5 条 4 項全般について

本報告書における OECD モデル租税条約 5 条 4 項修正提案は，a）から d）までに列挙されているものについても「準備的又は補助的」な性格のものである

245

ことを明示的に要求するものであることから，従前よりも「準備的又は補助的」の意義が一層問題になる。そこで，同項に関するコメンタリーの修正提案においても，できるかぎり「準備的又は補助的」の意義がわかりやすくなるように明確化が図られている。

　まず，一般的なものとして，準備的な性格を有する活動は，企業全体として不可欠又は重要な一部を構成するものを始めようとして行われるものであり，準備的な活動は，その他の活動に先行するものであることから，比較的短い期間に行われるものであることが多いとされている。もっとも，かかる期間がどの程度にわたるかは，企業の中核的な活動の内容によって定まるものであるし，ある場所における活動が別の場所の活動の準備のために相当の期間にわたって行われることもあり得る。具体例としては，建設会社が，ある場所において従業員を訓練し，その後，他の国に位置する全く別の建設現場へ送り込むという場合には，最初の従業員訓練は，その建設会社にとっては準備的な活動であるということができるとされている。これに対して，補助的な性格の活動は，一般的には，企業全体としての不可欠又は重要な一部となる活動の一部を構成することなく，あくまでも支援するに止まる活動であり，ある企業の従業員又は資産の多くを必要とする活動が補助的な性格であると認められる可能性は低い[17]。

　a)からe)は，あくまでもそれが企業自らのためになされたものであり，これが同一の場所において他の企業に代わって行われた場合には，PEを構成することになる。例えば，ある企業が自らの商品又はサービスの広告のために事務所を保有していたとして，当該事務所において他の企業に代わって広告活動を行っていた場合には，その事務所は，当該事務所を保有する企業のPEを構成することになる[18]。

　また，企業がOECDモデル租税条約5条4項に列挙された活動を行う一定の場所について，これが他の準備的又は補助的とは言えない活動のためにも用いられた場合には，当該場所が当該企業の単一のPEを構成し，いずれの活動

---

[17]　コメンタリー修正提案のパラ21.2。
[18]　コメンタリー修正提案のパラ21.3。

246

8 行動7：人為的なPE回避の防止

についても当該PEに帰属する利得としてその国において課税され得る[19]。

(2) OECDモデル租税条約5条4項a)について

a)は，企業が物品又は商品の保管，展示又は引渡しのために使用する施設に関するものであるところ，かかる施設において行われる活動が準備的又は補助的な性格を有するかは，企業全体の事業活動に関する様々な要素によって決せられることになる。例えば，R国の企業がS国において巨大な倉庫を有しており，そこでは数多くの従業員が，当該企業がS国の顧客に対してオンラインで販売した製品を保管し，引渡しを行うことを主たる目的として働いているというような場合には，多くの従業員と重要な資産を用いた当該企業の倉庫を通じて行われる保管及び引渡しが，当該企業の流通販売事業の不可欠な一部となっており，準備的又は補助的な性格のいずれも有していないため，当該倉庫に5条4項の適用はないとされている[20]。

これに対して，例えば，ある国からの果物の輸出業者が，輸出先の国において，通関手続中も管理された環境で果物を保管することを唯一の目的として，特別なガス設備を有する保税倉庫を保有しているというような場合は，a)が適用されPEには該当しないこととなる。また，機器を販売した顧客に対してスペアの部品を引き渡すことを唯一の目的として事業を行う一定の場所を企業が保有しているような場合にもa)が適用されるが，これがさらに当該機器の補修やメンテナンスサービスのために保有されているということになると，補修やメンテナンスのようなアフターサービスは企業にとっても顧客にとっても重要な意義を有することから，これはa)で言うところの純粋な引渡しの範囲を超えることになり，準備的又は補助的な活動ではないということになる[21]。

(3) OECDモデル租税条約5条4項b)について

b)は，企業に属する物品又は商品の在庫の保管に関するものであるが，このような企業に属する物品又は商品の在庫が，他の者が運営する施設で保管されており，当該企業がその施設に在庫保管場所として自由になる設備を有していない場合には，そもそもb)は無関係となる。例えば，独立の運送会社がS

---

19) コメンタリー修正提案のパラ30。
20) コメンタリー修正提案のパラ22。
21) コメンタリー修正提案のパラ22.1。

247

国において倉庫を運営しており，当該倉庫内に，R国企業の有する物品及び商品を継続的に保管している場合には，当該倉庫はそもそもR国企業が自由に利用できる事業を行う一定の場所にはならず，それゆえそもそもb)の適用も問題にならない。これに対して，もしもこの場合に，R国企業が当該倉庫の分離された一部について，そこで保管されている物品又は商品の検査や確認のために制限無く自由に出入りすることができるのであれば，R国企業が事業を行う一定の場所に該当し得るためb)の適用される可能性があり，FEに該当するか否かは，その活動が準備的又は補助的なものと言えるか次第になる[22]。

(4)　OECDモデル租税条約5条4項c)について

c)は，ある企業が有する物品又は商品の在庫について，その企業に代わって他の企業が当該在庫の加工をする場面に関するものであるが，そもそもある企業の有する物品又は商品の在庫が単に現存するというだけでは，当該企業の自由になる施設として事業を行う一定の場所が認められるわけではない。例えば，R国企業の有する製品在庫が，S国の委託製造業者が当該在庫を加工する目的でS国において保有していたとしても，R国企業が自由に利用することができる事業を行う一定の場所が存していないため，在庫が保管されている場所もPEにはなり得ない。しかしながら，例えば，この事例においてR国企業がS国の委託業者が有する保管設備の一部に，そこで保管されているR国企業製品在庫の検査及び確認のために，制限無く自由に出入りすることができるということだとすると，c)が適用され得ることになりR国企業によるS国における在庫の保有が準備的又は補助的な性格のものかを検討することになる。これは，他の企業による加工のために製品在庫を保管することは，R国企業全体の不可欠又は重大な一部の活動ではないことから，R国企業が，他の企業が製造した商品の単なる販売代理店である場合にも同様である。このような場合においては，別途4.1項が適用されるのでない限りは，4項c)により，委託業者に加工してもらうために製品在庫を保有する目的でR国企業が自由に用いることができる事業を行う一定の場所について，PEには該当しないとみなされることになる[23]。

---

[22]　コメンタリー修正提案のパラ22.3。

3 行動 7：人為的な PE 回避の防止

(5) OECD モデル租税条約 5 条 4 項 d)について

d)の前段部分は，企業のために物品若しくは商品を購入することのみを目的として，事業を行う一定の場所を保有する場合に関するものであるが，これはかかる活動が準備的又は予備的な性格を有している場合にのみ適用されるものであるため，物品又は商品の購入のために用いられて事業を行う一定の場所について，企業活動全体として見てかかる物品を販売しており，購入が企業活動の中核的な機能を担っている場合には，d)前段部分の適用を受けることは通常はない。コメンタリーの修正提案においては，購買のみに用いられる施設についての 5 条 4 項の具体的な適用例として以下のようなものが挙げられている[24]。

【例 1】 R 国企業である R Co. は，S 国で生産される特定の農産物の大口購入者であるところ，当該農産物を S 国において買い付けた後に，他の国の販売代理店に対して販売している。R Co. は S 国において購買事務所を保有しており，その購買事務所では，当該農産物購入にあたっての特殊な知識を有する経験豊かな従業員が勤務をしており，当該従業員が，S 国の当該農産物の生産者を訪問した上で，特殊技能及び知識を要する複雑な過程の国際的基準に基づいて当該農産物の購入品種／分量を決定し，R Co. が当該農産物を購入するための様々な種類の契約（スポットや先渡契約等）を締結する。この事例においては，当該事務所における唯一の活動は，R Co. のための購買であり，OECD モデル租税条約 5 条 4 項 d)に対応すべきものであるが，この事例における購買活動は，R Co. の事業全体にとって不可欠ないしは重要な一部を構成していることから OECD モデル租税条約 5 条 4 項の適用はなく，したがって PE に該当することになる。

【例 2】 R 国企業である R Co. は数多くのディスカウントストアを運営しているが，S 国において，現地の市場調査を行うとともに R Co. が S 国において店舗を開設することができるようにロビイングを行うことを目的とし

---

23) コメンタリー修正提案のパラ 22.4。
24) コメンタリー修正提案のパラ 22.5。

249

て，2年間事務所を保有している。この期間中，R Co. の従業員がこの事務所のためにときどき必需品を購入している。購買，調査及びロビイングについて，（もしもそれぞれが当該事務所における唯一の活動として行われた場合には d) 及び e) が適用されることから，）この事例においては，各項目の複合的な活動に関する条項である f) が適用され，かつ当該事務所の活動全体が準備的な性格のものであることから，OECD モデル租税条約5条4項が適用される。

　d) の後段部分は，企業のために情報を収集することのみを目的として，事業を行う一定の場所を保有する場合に関するものである。企業は，ある国における中核的な事業を行うか否か，どのように行うかについて意思決定を行うにあたっては，頻繁に情報を収集する必要がある。ある企業が，事業を行う一定の場所を有することなくそのような情報収集を行ったとすれば，そもそも PE を有することはなく d) の問題とはならないことは明白である。しかしながら，もしも事業を行う一定の場所を有して情報収集が行われたのであれば，d) の問題となり，情報収集が準備的又は補助的なものに止まるかということを判断する必要がある。例えば，投資ファンドが，ある国においてあり得る投資機会の情報収集のみを目的として事務所を開設した場合，当該事務所を通じた情報収集は準備的な活動と言える。保険会社が，特定の市場における統計情報のようなリスクに関する情報を収集することのみを目的として事務所を開設した場合や，新聞社が，一切の広告活動を行わずに新聞記事になり得る情報を収集することのみを目的として事務所を開設する場合も同様であり，これらの事務所を通じた情報収集は準備的な活動と言える[25]。

(6)　OECD モデル租税条約5条4項の新設 4.1 項について

　4.1 項の目的は，ある企業又は密接に関連する企業グループが一体的な事業活動を細分化して個々の事業活動は準備的又は補助的なものに過ぎないと主張することを防ぐものである。4.1 項の下においては，同一企業又は密接に関連する企業の行う他の活動が同一場所又は同一国の他の場所において行われてい

---

25)　コメンタリー修正提案のパラ 22.6。

250

2 行動 7：人為的な PE 回避の防止

た場合にそれが一体的な事業活動を補完する機能を有しているような場合には，4 項に列挙した例外は適用されない。しかしながら，4.1 項が適用されるためには，これらの活動が行われる場所のうち少なくとも 1 つが PE を構成し，又は関連する活動の組合せから生ずる活動全体が単に準備的又は補助的な活動を超えることが必要である[26]。

　4.1 の適用については，以下の例が示されている。

【例 A】　R 国の銀行である R Co. は S 国において PE となる支店を多く有しているが，これに加えて S 国において別の事務所も有しており，その事務所では数名の従業員が，異なる支店における顧客の貸付申込書に記載された情報の確認を行っている。かかる従業員による確認結果は，R 国の R Co. 本店に送られ，そこで他の従業員が貸付申込書に記載された情報の分析を行い，貸付けの意思決定を行う各支店に報告書を送付する。かかる事案においては，貸付申込みが行われた他の支店は，R Co. の S 国における PE を構成するものであり，当該事務所及び関連支店において R Co. が行う事業活動は，S 国の顧客に対して貸付けを提供するという一体化した事業活動の一部となって補完するものであるため，4 項の例外は当該事務所に対しては適用されない。

【例 B】　R 国企業である R Co. は，電気用品を製造販売している。S 国企業の S Co. は，R Co. の完全子会社であるが，R Co. から購入した商品を販売する店舗を S 国において所有している。R Co. は，S 国において小さな倉庫を所有しており，S Co. が有する店舗において展示されているいくつかの商品と同一の大型商品が保管されている。S Co. の顧客が S Co. からこのような大型商品を購入した場合には，S Co. 従業員が R Co. の倉庫に赴き，当該商品の占有引渡しを受けた上で顧客に対して引渡しを行う。当該商品の所有権は，商品が倉庫を離れた段階で R Co. から S Co. に移転するものとされている。この事案においては，4.1 項により，倉庫について 4 項に列挙された例外事由には該当しないことになり，それゆえに 4 項，

---

26)　コメンタリー修正提案のパラ 30.2。

251

なかでも a)について倉庫に適用があるか否かを決する必要がなくなる。①S Co. 及び R Co. が密接に関連する会社であること，②S Co. の店舗がS Co. の PE を構成することになること（PE は他の国に事業を行う一定の場所を保有し又は使用している場合に限るものではなく，同一の国であっても PE には該当し得る），及び③R Co. の倉庫及び S Co. の店舗における事業活動は，一体化した事業活動の一部を補完するものであること（同一国の他の場所を通じた製品販売から生ずる義務の一部として製品を引き渡すことを目的として一定の場所において製品を保管するものであるため）から，4.1 項が適用される[27]。

---

27)　コメンタリー修正提案のパラ 30.4。

9 行動 8-10：移転価格の帰結と価値創造との整合

水 島 淳

Ⅰ 概 要

1 行動計画 8-10

　経済のグローバル化の発展に伴い，多国籍企業グループ（MNE[1]）の国境を
またぐグループ内取引の数が飛躍的に増大しており，それに伴って，移転価格
ルールの重要性もより高まっている。従来より，移転価格ルールに関する既存
の国際的基準は，多国籍企業グループ内取引における利益配分と当該利益を生
み出す実際の経済活動とが整合しない形で適用され，それによって国際的な租
税回避が行われるおそれを孕んでいる旨が指摘されていた。

　そのような中で，BEPS 行動計画では，移転価格ルールに関して行動計画の
うち 8 から 10 の 3 項目を割き[2]，以下の行動計画が示されていた。

行動計画 8	以下を含むグループ会社間での無形資産の移転による税源浸食及び利益移転を防止するためのルールの構築
	① 無形資産の幅広く明確な定義の策定
	② 無形資産の移転又は使用に関連する利益が価値創造の程度に従って適切に配分されることを担保するための手当て
	③ 価値評価困難な無形資産の移転に関する移転価格ルール又は特別措置の策定
	④ 費用分担契約に関するガイドラインの更新

---

1) multinational enterprise の略。

2) また，本書別稿にて論じるように，移転価格ルールに関しては行動計画 8 から 10 に加
　え，行動計画 13 及び 14 においてもトピックとされ，移転価格ルールは一連の BEPS プ
　ロジェクト最終報告書の最重要事項の一つといえる。

行動計画 9	以下を含むグループ内でのリスクの移転又は過大な資本の配分による税源浸食及び利益移転を防止するルールの構築 　　ある事業体が契約上リスクを負担し，又は資本を提供しているという理由だけで当該事業体に不適切な利益が帰属することを防止するための移転価格ルール又は特別措置の策定
行動計画 10	以下を含む独立当事者間では発生せず，又は，稀にしか発生しない取引による税源浸食及び利益移転を防止するルールの構築 ①　取引を再構成することができる条件の明確化 ②　グローバルバリューチェーンの文脈での移転価格ルールにおける価格決定手法，特に取引単位利益分割法の適用についての明確化 ③　管理報酬や本店経費など一般に見られる類型の税源浸食をもたらす支払いに対する手当ての策定

　「移転価格の帰結と価値創造との整合　行動計画 8-10-2015 年最終報告書」（以下「行動計画 8-10 報告書」という）は，これらの行動計画を受けて出されたものであり，近年の移転価格税制を取り巻く論点に対する考え方や移転価格ルールの適用に関する新たな指針を打ち出し，上記のような国際的租税回避の可及的な防止を目指すものである[3]。

2　独立企業原則に関する指針の改訂

　独立企業原則は移転価格ルールの礎石ともいえる原則であり，各国間の租税条約において規定され，OECD 及び国連によるモデル租税条約第 9 条第 1 項に通底する概念である。各国において共有されている独立企業原則の解釈は，当初移転価格と多国籍企業に関する報告書として 1979 年に発表され，1995 年に内容改訂の上ガイドラインとして発出され，更に 2010 年に追加の更新が行われた OECD の多国籍企業及び税務当局のための移転価格ガイドライン（以下「移転価格ガイドライン」又は「ガイドライン」という）に示されている。独立企

---

[3]　但し，我が国に関しては，むしろ問題は各国における移転価格税制の執行の相違によって発生している二重課税の問題であるという指摘もある（青山慶二「国際課税──BEPS における移転価格課税問題について」租税研究 783 号〔2015 年〕312 頁）。山川博樹ほか「BEPS 後の移転価格対応の在り方と深度ある事例分析(上)──国際税務研究会定例会より」国際税務 35 巻 7 号（2015 年）75 頁も，我が国においては税務当局の機能リスク分析の履践，日本企業の納税道義の高さ，日米二国間事前確認制度の活発な利用などから深刻な税源浸食及び利益移転は起こらなかったとしている。

9 行動 8-10：移転価格の帰結と価値創造との整合

業原則は，関連企業間の取引に関する価格は，それらの企業があたかも独立当事者であり，かつ，同様の条件及び経済環境の中で比較可能な取引を行うと仮定した場合に用いられる価格をもって決定されるべきであるとする。

独立企業原則は，納税者及び税務当局が関連企業間の取引の移転価格を評価し，また，二重課税を回避するに際しての有用で実務上現実的な基準として長く使用されてきた。しかし，独立企業原則の適用に際しては，問題となる取引に関する契約上の機能，資産及びリスクの配分が過度に重視される傾向にあり，そのため，既存の指針の下では納税者による契約内容の操作によって恣意的な調整がなされるおそれが存在する。即ち，既存の指針は，多国籍企業グループがグループ内取引における契約内容を操作することによって，当該取引に関して各グループ企業が行う経済活動及びそれによって生み出される価値と整合しない利益配分を行うことを許してしまうおそれを内包しているものといえる。そのため，BEPS 行動計画では，独立企業原則に関する指針をより明確かつ強固なものとすることが求められ，更に，そのような明確化及び強化にもかかわらず残存する不適切な移転価格のリスクに対しては独立企業原則の範疇での，あるいは，その枠外での特別な手法を導入すべき可能性が示唆されていた。

これを受け，BEPS 行動計画に基づき以下の 3 点に焦点を当てた検討がなされた[4]。

第一に，行動計画 8 に関する検討では，無形資産の取引を取り巻く移転価格ルールに関する論点が検討された。これは高価値の無形資産によって生み出さ

---

4)　なお，本文記載のとおり，行動計画 8-10 報告書は主に多国籍企業グループを前提として関連当事者間取引に限定して移転価格ガイドラインの改訂や各種指針を打ち出しているが，移転価格ルールと国際的租税回避における課題はほかにも残されている。例えば，本庄資「国際課税における重要な課税原則の再検討（第 14 回）移転価格税制の特定の問題（他の租税回避の可能性が高い取引）に関する OECD BEPS Action 10 の検討とビジネス界・主な租税実務家意見の焦点」租税研究 790 号（2015 年）360 頁は，BEPS プロジェクトの目指すアグレッシブ・タックス・プランニング（ATP）による国際的二重非課税の防止のための手当てとしては，本来，（行動計画 8-10 報告書ではメインに取り上げていない）米国チェックザボックス税制の下で認められる無視される事業体（disregarded entity：DRE）やいわゆるハイブリッド・エンティティなど，多様な事業体，各種の導管事業体，各種のグローバルサービスセンターの取扱いについて共通なルールを確立できるかどうかが根源的な問題であると見られるとしている。

れる利益の不適切な配分が税源浸食及び利益移転の大きな原因となっているためである。

　第二に，行動計画9に関する検討では，契約上のリスク配分及びその結果としてのそれぞれのリスクに対する利益の配分が実際に行われた経済活動に対応していない場合についての検討がなされ，また，多国籍企業グループにおける資金豊富なグループ企業が提供する資金に対するリターンが当該資金提供企業による活動内容と整合的でない場合の検討がなされた。

　第三に，行動計画10に関しては，個々の企業個別の視点からは商業上合理的でない取引から生じる利益の配分や，経済的に最も重要な活動を行っているグループ企業から他のグループ企業への利益の付け替え，管理報酬や一般管理費など多国籍企業グループ内の企業間で使用される一定の類型の支払いの選択の中立化などの価値創造と整合的でない税源浸食が行われ得る分野に関する検討が行われた。

　行動計画8-10報告書にはこれらの論点に対応する改訂指針が含まれ，これらの改訂指針は，移転価格ルールが利益創出のための各々の経済活動に対して結果として適切な利益が配賦される結果となることを確保することを目的としている。また，行動計画8-10報告書はOECD及びG20のBEFSプロジェクト参加国間の合意を構成し，また，移転価格ガイドラインを正式に採用する国に対しては本報告書において示された内容に従って移転価格ガイドラインが改訂される[5]。

3　報告書の要諦

　行動計画8-10報告書の主要な内容としては，①移転価格ルールの適用に際しては問題となる取引に関する契約上の定めのみならず契約外の実際の取引当事者の活動が重視され，そのような実態の内容次第では契約上の定めにかかわらず実態としての経済活動に即した利益が各企業に配分されるように修正して

---

[5]　我が国の「移転価格事務運営要領」は，移転価格税制に基づく課税により生じた国際的な二重課税の解決に関する調査又は事前確認審査にあたっては，必要に応じOECD移転価格ガイドラインを参考にし，適切な執行に努めるとしているため（同要領1-2 (3)），改訂された移転価格ガイドラインの内容は我が国の税務執行において参照されることになる。

取引が描写（delineate）され得ること，②ガイドライン上事業上の不確実性として定義されるリスクを管理する能力を有し，実際にリスクを管理している当事者に利益が帰属すべきこと，そのため，資金供給以外に経済的活動を行わない純粋な資金提供者の役割を負うグループ企業（「キャッシュボックス」と呼ばれる）にはリスクフリーレートに応じた利益しか帰属させるべきでないこと，③適正価格決定方法の根本的な理念として最も重要な経済活動を行った当事者に対して利益が配分されるべきであること，それに関連する取引単位利益分割法についての継続的な検討状況などが挙げられている。個々の内容の詳細についてはⅡ以下で論じる。

　更に，行動計画8-10報告書における指針は行動計画4（利子控除その他の金融支払い），行動計画13（移転価格の文書化），行動計画14（紛争解決メカニズムの改善）など，他の行動計画とも総体として相互に関連しているという点が強調されている。

Ⅱ　独立企業原則の適用指針に関する
移転価格ガイドラインの改訂

1　概　　要

　行動計画9及び10では①契約上のリスク負担又は資本の提供の事実のみによる不適当な収益認識など，グループ内でのリスクの移転又は過大な資本の配分による税源浸食及び利益移転を防止するルール及び，②取引を再構成することができる条件の明確化を含む，独立当事者間取引では見られない取引を行うことによる税源浸食及び利益移転を防止するルールが求められており，行動計画8-10報告書はこれに対応する形で移転価格ガイドライン（第1章セクションD）を改訂する。

　当該改訂ガイドラインは以下の点を担保することを目的としており，これら総体として，多国籍企業グループのグループ内取引において各グループ企業が果たす価値創造活動と整合的な移転価格ルール適用の結果をもたらすことが目指されている[6]。

① 経済的実態を反映しない契約上の取決めを基準に移転価格を決定するのではなく，関連者によって行われる実際の取引を割り出すこと
② 契約上のリスク配分はそれが実際の意思決定に裏打ちされている場合に限り尊重されるべきこと
③ 機能を負担しない純粋な資本は無リスク取引相当のリターンしか生まないこと：実態を伴わない「キャッシュボックス」にはプレミアムのリターンが割り当てられないこと
④ 課税当局は商業的に不合理な特別な状況においては当事者の選択した取引を否認できること

　当該ガイドライン改訂によって，移転価格ルール適用にあたっての取引の適正な描写は問題となる取引に関する契約上の定めのみに依拠して行われるものではないこと，独立企業原則に基づく適正価格決定においては各当事者のリスク負担の程度が特に重視されること，そして，単純に資金を供給するのみで他の機能を担うことのないグループ企業にはリスクフリーレートに応じた利益以上の利益を配分することができないことが明らかにされた。そのためのプロセスとして，改訂ガイドラインは，取引実態の正確な描写のための5つの要素を挙げ（後記2(1)），リスク分析のための6つの手順を提示している（後記2(3)）。
　従来より，無形資産など権利の移転が容易な性質の資産の移転や資本の供給元の操作によって国際的租税回避が行われる懸念が強く指摘されていた中で，

---

6)　なお，今回の行動計画8-10報告書で移転価格ルールの適用に際して価値創造との整合性という新たな概念が導入されたことは，物的な資本よりも人的な要素，ヒューマンキャピタルを重視する方向であるといえるとの指摘があり，先進国など本社機能が所在する国に高い課税権配分を認める方向を正当化する議論だといえなくもなく，新興国及び途上国側からは前記の方向の考え方を警戒するような見方が出されており，また，価値創造への貢献は企業活動だけでなくその国の市場の特性や労働市場の特性によっても起き得るといった主張がなされているとのことである（吉村政穂「移転価格税制と無形資産——BEPS最終報告書の公表を受けて」租税研究797号〔2016年〕480頁）。逆に，須藤一郎「税務　CPA Tax Insight　BEPSと移転価格税制(2)」会計・監査ジャーナル736号（2016年）56頁は，新興国では多くの人的機能が果たされているケースがあるため，様々な局面において今回のガイドライン改訂で示された新しいフレームワークにおける整理が必要となる旨指摘している。

⑨ 行動8-10：移転価格の帰結と価値創造との整合

今回の改訂ガイドラインは実際の機能やリスク負担に着目することの明示や，キャッシュボックスへのプレミアムのリターンの否定などによってこれらの国際的租税回避の問題について対応するものであるといえる。

また，改訂ガイドラインは，商業上不合理というべき例外的な状況が認められる場合に税務当局が関連当事者間取引を無視して再構成又は再描写できる権限の必要性を更に強めるものである。

2以下で，改訂された移転価格ガイドラインの内容のうち主要な点について述べる。

2 移転価格ルール適用に際しての当事者間の商業上又は財務上の関係の特定

(1) 当事者間の商業上又は財務上の関係の特定

独立企業原則は，関連当事者間取引における条件と独立当事者間取引における条件との比較を基礎とした分析を行うものであるため，比較可能性分析が独立企業原則の適用の検討における中核を成す。

比較可能分析には2つの主要な側面が存在する。第一は，関連当事者間取引を正確に描写するために，当該取引における当事者の商業上又は財務上の関係並びにそのような関係を取り巻く条件及び経済環境を特定することである。第二は，関連当事者間取引における条件及び経済環境と独立当事者間の比較可能取引における条件及び経済環境とを比較することである。

第一の観点からの商業上又は財務上の関係の特定には，まず，問題となる産業分野の内容や当該産業分野において業績に影響を与える要素の幅広い理解が必要であり，これらの要素には事業戦略，市場動向，製品，サプライ・チェーン，当該取引で実際に果たされる主要機能，使用される重要な資産，及び負担されるリスクの内容などが含まれる。次に，問題となる取引に関して当該多国籍企業グループのどの企業がどのような活動を行うかの特定及び分析を行い，それらの企業間の取引において各企業が関連者とどのような商業上又は財務上の関係にあるかを特定することになる。その過程で，取引の条件や当該取引を取り巻く経済環境などの当該取引に関する経済的性質を検討することになる。

このような経済的性質として大きく分けて以下のようなものが挙げられ，そ

259

れぞれについて以下のような説明がなされている。

① 当該取引に関する契約条件

改訂ガイドラインにおいても，当該取引における契約に規定された条件が問題となる取引の正確な描写のための出発点であることが明示されている。しかし，契約条件が実際の取引遂行と整合しない場合には以下②〜⑤の要素による修正がなされることとなる。

② 使用される資産，負担されるリスク，取引を取り巻く環境，及び業界慣行を考慮した当該取引の各当事者が果たす機能

これらの機能，特にリスクに関する分析については(3)以下に述べるとおり詳細な指針が出されている。ただ，本ガイドラインにおいてリスクに関する分析に特に紙幅が割かれていることをもって当事者が負担するリスクやその程度が当該取引における当事者の機能や使用される資産よりもより重要であると解釈されてはならないとしている。

③ 当該取引において移転される資産や提供される役務の性質

④ ロケーション・セービングやマーケットプレミアムなどの取引当事者及び問題となる市場全体の経済状況[7]

⑤ 取引当事者が追求する事業戦略

なお，事業戦略に関しては，特にタイミングイシューについての指摘がなされている。例えば，新規市場参入の場合に，事業者が当該市場への浸透度の向上を優先し戦略的に当面の利益を圧縮する方針を採用することが正当化されるべき場面があり得るが，将来の実際の事業遂行の過程でそのような事業戦略が適切に遂行されなかった場合には事後的に移転価格の調整が必要となる。しかし，過年度の課税の事後的な再評価には法的な制約が存在するため，このような場合課税当局は当初の段階で慎重な判断を行う必要がある旨が指摘されている。

---

7) このように市場の状況が比較可能分析における考慮要素として明示されたことの裏返しとして，これらの要素は移転価格ガイドラインにおいては無形資産の範囲に含まれないことが明確となった。後記Ⅴ2参照。

|9| 行動 8-10：移転価格の帰結と価値創造との整合

　これらの経済的性質は，第二の観点，即ち，関連当事者間取引における条件及び経済環境と独立当事者間の比較可能取引における条件及び経済環境との比較においても重要な考慮要素となるとされている。

　このように，行動計画 8-10 報告書によって，移転価格ルール適用にあたっては，契約上の条件はあくまでも出発点にすぎず，前記②以降の実質の検討が重要となるということが明確にされ[8]，また，比較可能分析におけるフレームワークとして 5 つの考慮要素が示された。

(2)　機能の分析

　前記(1)②の要素のうち，機能の分析に関しては，以下の指針が示されている。

　独立当事者間の取引においては，通常，当該取引の価格が各当事者が果たす役割の度合いを反映している。従って，関連当事者間取引における商業上又は財務上の関係の特定のためには，このような機能に関する分析が重要である。

　また，機能分析においては取引当事者が実際にどのような活動を行い，また，どのような活動を行う能力を有しているかが重要となる。そのような活動及び能力については事業上の戦略やリスク判断などに関する意思決定などが含まれる。このような機能分析に際しては，当該多国籍企業グループの組織構造，そのような組織構造が当該多国籍企業グループの事業にどのような影響を与えているか，特に，当該多国籍企業グループが全体としてどのように価値創造を行っているか，各グループ企業が果たす機能の他のグループ企業との相互依存性，前記価値創造への各グループ企業による貢献の内容を正確に理解することが有益であり，また，これらの機能を果たすに際しての各当事者の法的な権利義務も重要な考慮要素となる。

(3)　リスクの分析

　前記(1)②の要素のうち，リスクについては，通常の独立当事者間取引においてリスクの負担が当該取引における対価の増加によって報奨されることから，

---

8)　吉村・前掲（注 6）は，東京高判平成 20 年 10 月 30 日税資 258 号順号 11061〔アドビ事件〕の判決は取引の特定にあたり法的な枠組や形式が重視された結果であると評価する考え方もあり得るところ，実質にかなり踏み込んだ検討を打ち出すこのガイドラインの改訂が我が国の従来の裁判例に与える影響については注視する必要がある旨指摘している（同481 頁）。

関連当事者間取引においてもリスクの負担の有無や程度が取引条件に重要な影響を与えるべきであるとされ，リスクの負担の程度は移転価格分析に際しての取引の経済的性質を決定するにあたって重要な要素であるとされている。

改訂ガイドラインでは，関連当事者間取引におけるリスクの分析に際しての手順として以下が示されている。

① 経済的に重要なリスクを具体的に特定する

このようなリスクの類型としては，戦略・市場リスク，インフラ・運営リスク，経済的リスク，取引リスク，偶発リスクなどが挙げられている。

② そのような具体的なリスクが契約上どのように関連者間で負担されているかを決定する

なお，事前の契約上のリスク負担はリスクに基づく結果の具現化前のリスク負担のコミットメントの明確な証拠となるとされている。

③ 機能分析を通して取引当事者である関連者が具体的な経済的に重要なリスクの負担と管理に関してどのような活動を行っているか

特に，(i)どの関連者がそのようなリスクの管理又はリスク低減の機能を果たしているか，(ii)どの関連者がそのリスクに基づく利益と損失を受けるか，及び，(iii)どの関連者がそのリスク負担に耐え得る経済力を有しているかを決定する。

この決定に際しては実際に当事者がどのような活動を行っているかを基準に評価がなされる。

④ 前記②及び③の過程で明らかになった状況を基に，(i)関連者が契約条件を遵守しているか，及び，(ii)リスクを負担する関連者が実際にリスクを管理しあるいはリスク負担に耐え得る経済力を有しているかを分析し，関連者による実際の行動その他の実態が契約上のリスク負担と整合しているかを決定する

ここでも，実際のリスク負担は契約上の条件ではなく実際の当事者の行動に基づき決定されるものとされている。

⑤ 前記①から④の(i)までの分析に基づきリスクを負担するものとされた当事者が実際にはリスクを管理せず，あるいはリスク負担に耐え得る経済

力を有していない場合には，リスク配分に関する指針を適用する

リスク負担は実際にリスク管理を行い，リスク負担に耐え得る経済力を有している当事者に割り当てられる（複数の関連者がこれに該当する場合には最大の管理権限を行使した者に割り当てられる）。

⑥　本ガイドラインに基づき全ての経済的性質を踏まえ正確に描写された実際の取引，リスク負担による経済上その他の帰結結果を考慮し，適切に割り当てられ，適切にリスク管理機能が報奨されるように価格が決定される

そのため，リスク管理能力がなければ無リスク取引相当以上のリターンは享受できない。

(4)　リスク管理の定義

前記のとおり（Ⅰ3），行動計画8-10報告書ではリスクは事業目的についての不確実性と定義されている。その上で，リスク管理は明示的にリスク負担とは異なるとされ，リスク管理は以下の構成要素からなるとされている。

①　リスクを孕む事業機会を採用し，見送り，拒否する意思決定を行う能力及びそのような意思決定機能の実際の実行

②　事業機会に関するリスクに対応するかどうか，どのように対応するかの意思決定を行う能力及びそのような意思決定機能の実際の実行

③　リスクを低減する能力，即ち，リスクに基づき帰結を左右する施策を執る能力，及び，そのようなリスク低減の実際の実行

3　分析の上適切に描写された取引の認識

2までの分析の結果，問題となる取引の当事者の商業上又は財務上の関係の実態が特定され，実際の取引が正確に描写される。

この描写にあたっては，当事者間の実際の取引が書面としての契約の内容及び実際の当事者の行動の双方から演繹されることになる。即ち，契約書から認識される形式上の取引条件が，実際の当事者の行動その他の前記当該取引の経済的性質の分析によって明確化され又は補完されることになる。仮に当該取引の経済的性質が書面としての契約と整合的でない場合には，実際の取引は実際

の当事者の行動に反映された取引の性質に基づいて新たに描写され直すこととなる。リスクに関しても，契約上のリスク負担は，2(4)のリスク管理やリスク負担に耐え得る資力に鑑みた実際のリスク負担に関する当事者の行動に照らして精査される。

　その上で，正確に描写された取引における価格決定には改訂ガイドラインの次章以下に規定される様々な方法が用いられる。

　税務当局は，特殊な場合を除き，実際の取引やその代替となる他の取引を否認してはならない。なお，単に問題となる取引が独立当事者間取引においては見られないという事実のみをもって税務当局が実際の取引を否認することは許されない。関連者は独立当事者間におけるよりもより多様性のある取引枠組を構築することができ，独立当事者間では見られない，あるいは，極めて稀な一定の性質の取引を行う可能性があり，かつ，そういった取引枠組や取引は関連者グループとして健全な事業上の理由からなされている可能性があるからである。

　他方で，もし当該取引に関して用いられた取引枠組が全体として見て独立当事者が商業上合理的な態様で比較可能な環境下で採用するであろう取引枠組と異なり，その結果，各当事者のそれぞれの視点及び当該取引の合意の時点で現実的に選択可能な他の選択肢を考慮して両当事者にとって受入れ可能な価格に設定されていない場合，税務当局は，正確に描写された実際の取引を否認し，又は，そうすることが適切である場合には別の取引に修正することができる。その際の重要な指標は，当該実際の取引が比較可能な経済環境の下で独立当事者間においても合意され得る商業上の合理性を有しているといえるかどうかであって，そのような取引が独立当事者間の取引においても見られるものであるかどうかではない。

　以上の改訂ガイドラインでの定めのとおり，ガイドラインは税務当局に必要に応じた当事者の選択した取引の否認の権限を認める。同時に，単に問題となる取引が独立当事者間取引においては見られないという事実のみだけでは税務当局が実際の取引を否認する根拠とはならないという点が明示されている点は，注目に値する。

264

[9] 行動 8-10：移転価格の帰結と価値創造との整合

III　コモディティ取引

　コモディティ取引とは，独立当事者間取引の場合には商品取引所における建値が価格として用いられる類型の物理的な製品に関する取引をいう。

　行動計画 10 では，一般に見られる類型の税源浸食をもたらす支払いに対する手当てとなる移転価格ルールの策定が求められていた。これは穀物取引における問題に端を発するものといわれている[9]。

　これを受け，G20 及び OECD において関連者間の国境をまたぐコモディティ取引（以下単に「コモディティ取引」という）についての検討がなされた。その結果，移転価格ルールの観点からのコモディティ取引の分析に関する枠組が改善され，税務当局及び納税者がコモディティ取引に関して独立当事者間価格を決定する方法における一貫性が大幅に改善され，また，価格決定が価値創造を適正に反映したものとなることがより強く担保された。

　具体的には移転価格ガイドラインの第 2 章が改訂され，コモディティ取引に関するガイドラインが新たに追加された。これらのガイドラインは，自国においてコモディティ取引の価格決定に関する国内法を導入した各国の経験から導かれたものである。

　新たなガイドラインにおいては，以下が定められている。

①　コモディティ取引においては原則として独立価格比準法（CUP 法）を適用する。また，独立価格比準法の適用にあたっては，関連者間のコモディティ取引における独立当事者間取引価格決定の際に，諸々の状況を考慮の上，建値を参照値として用いることができる。更に，必要に応じて，関連当事者間取引における経済的性質と独立当事者間取引における経済的性質を十分に比較可能なものとするため，合理的に正確な調整が行われなければならない。

---

9)　山川博樹ほか「BEPS 後の移転価格対応の在り方と深度ある事例分析（下）——国際税務研究会定例会より」国際税務 35 巻 8 号（2015 年）85 頁。

265

② コモディティ取引に関して，価格決定日に関する証拠がない場合，みなし価格決定日の採用を認める。これは，納税者が契約において最も有利な建値を採用するために価格決定日を操作することを避けるためである。これによって，税務当局は，一定の状況下において，当該コモディティ取引に関する契約上の定めにかかわらず，発送日又はその他証憑が存在する一定の日を当該取引における価格決定日とみなす権限を有することになる。

　新たなガイドラインにはコモディティ取引に関するその他の論点，特に，移転価格の文書化に関する改訂基準（行動計画 13）及び独立企業原則の適用指針（行動計画 9）に関する論点への対応も含まれている。

　新ガイドラインは，開発途上国における税源浸食と利益移転の影響に関する報告書を受けた G 20 開発部会において補完され，コモディティに強い国々における移転価格ルールの観点からのコモディティ取引に関する価格決定についての知識，ベスト・プラクティス及びツールがガイドラインに追加される予定である。

Ⅳ　取引単位利益分割法

1　概　　要

　行動計画 10 は，移転価格ルールにおける価格決定手法，特にグローバルバリューチェーンにおける取引単位利益分割法の適用についての明確化を求めている。

　OECD は，2014 年 12 月にグローバルバリューチェーンにおける取引単位利益分割法の適用に関するディスカッション・ドラフトを公表したが，このディスカッション・ドラフトは様々な反応や議論を喚起した。そのうち OECD 第 6 作業部会で検討された主要なテーマは，どのような場合に取引単位利益分割法を適用するのが適切であるか，また，どのように取引単位利益分割法を信頼できる形で適用できるかであった。

　現在，世界の移転価格実務においては，親会社と単純な機能を担う現地子会

9 行動 8-10：移転価格の帰結と価値創造との整合

社との取引を検証対象とする取引単位営業利益法（TNMM）が主流となっているものの[10]，取引単位利益分割法は，適切に適用されれば利益と価値創造を独立企業原則に従って整合させるのに有用な手法であり，特に，問題となる取引の特徴が他の移転価格ルールにおける価格決定方法の適用を困難とする状況においては最も適した手法であると指摘されていた。しかし，取引単位利益分割法は，納税者が価格決定を行うに際して必ずしもわかりやすい手法でなく，また，税務当局にとっても納税者の決定した価格を評価するにあたって必ずしも直截的でないとされてきたという事情が存在し，このような事情が前記検討の背景事情として存在する。

ただ，取引単位利益分割法に関する検討は行動計画 8-10 報告書発表の段階でも継続中で，本報告書では作業の進捗状況と検討事項の範囲がまとめられているにとどまる[11]。今後，本年に OECD の第 6 作業部会で検討され，2017 年 6 月 30 日までに最終化される予定である。

この点に関しては，これまで移転価格ガイドラインで明確に否定されてきた，独立企業原則によらない原則（公式配分方式）が，グループ企業間における無形資産の移転，リスクの移転，資本の配賦その他租税回避リスクの高い取引について認められることとなるのではないかとの懸念が指摘されているところであるが[12]，この点は引き続き今後の議論の帰趨を注視する必要があるということになるかと思われる。

---

10)　山川博樹ほか「BEPS 後の日本企業の課題と対応——移転価格実務への影響を中心に」租税研究 800 号（2016 年）486 頁。

11)　山川ほか・前掲（注 10）460 頁は，このような状況は取引単位利益分割法に対する OECD の慎重な姿勢の顕れであると評しており，その上で，利益分割法の議論を巡る背景として以下の 3 点を挙げている。①新興国及び途上国における取引単位営業利益法（TNMM）に対する不満，②先進多国籍企業における親子会社の機能のフラット化などから利益分割法の適用可能な局面が出現していること，及び③ OECD 諸国の大半が利益分割法に慎重な姿勢を見せている関係で現行の（行動計画 8-10 報告書による改訂前の）移転価格ガイドラインの利益分割法の適用に関する評価が淡白にとどまっているものの，利益分割法も取引形態によっては実務上有用であるという位置付けを行いたいという流れ。

12)　本庄・前掲（注 4）321 頁。

267

2 現在のガイドラインにおける取扱い

行動計画8-10報告書は，現在の移転価格ガイドライン（第2章第3部セクションC）に規定される取引単位利益分割法の一番の利点は，金融商品のグローバルトレーディングなどの高度に統合された事業においては片側検証の価格決定方法が適切でないことがあるところ，取引単位利益分割法はそのような高度に統合された事業に対する移転価格ルール適用の困難性に解決をもたらし得るというところにあるとする。

また，取引単位利益分割法は，問題となる取引の両当事者が特殊な無形資産による貢献などの特殊かつ価値の高い貢献を行う場合に最適な方法であるとしている。そのような場合には，信頼に足りる比較可能取引についての情報が不十分であり，他の価格決定方法の適用が困難であるためである。

取引単位利益分割法においては，多数の考え得る配賦指標が例示されているが，そのうち資産ベースの配賦指標及びコストベースの配賦指標に特に焦点が当てられている。また，暫定的な言及として，資本に対するリターンが当事者間で同様となるような形での利益の分割のアプローチが紹介されている。

移転価格ガイドライン第1章は取引単位利益分割法の検討を喚起するものの，具体的な指針はいまだ提示されていない。特に，多数当事者が潜在的なアップサイドとダウンサイドを適切に共有し，協調行動の結果生じるグループシナジーを共有する形でリスク管理を担う場合などにおける取引単位利益分割法の検討は，有用であると思われる。

3 改訂ガイドラインの範囲

行動計画8-10報告書は改訂ガイドラインは移転価格ガイドライン第2章の構造に則ったものであるべきとしつつも，以下の事項を明確化し，補完すべきであるとしている。

① 最適な手法
　　取引の性質上独立当事者間取引では全体の利益が複数の当事者に分配されることが想定されない取引の場合の適切な移転価格算定方法。
② 高度に統合されたビジネス

高度に統合されたビジネスでは取引単位利益分割法が適切とされていることに関し，どのような場合が「高度に統合」されている場合に該当するかの明確化。

③　特殊で価値のある貢献

両当事者が特殊で価値のある貢献を行っている場合に取引単位利益分割法が適切とされていることに関し，何が「特殊で価値のある」貢献に該当するかの明確化。

④　シナジー

デジタルエコノミー事業モデルでのグループシナジーが生み出されるシナリオの検討。

⑤　利益分割のための要素

価値創造を適切に移転価格の帰結と整合できるような利益分割のための要素の検討。

⑥　取引単位営業利益法におけるレンジの決定，又は，ロイヤルティ料率分析のための利益分割法の利用

取引単位利益分割法が取引単位営業利益法（TNMM）の適用結果の補強やロイヤルティ料率の分析に使用できるかなどの検討。

V　無 形 資 産

1　概　　要

(1)　無形資産に関する移転価格ルールの明確化の要請

行動計画8-10報告書において移転価格ガイドライン第6章（無形資産に関する特別の考慮要素）の全面改訂[13]が行われている。

BEPS行動計画8において，無形資産に関するルールの明確化，即ち，グループ会社間での無形資産の移転による税源浸食及び利益移転の防止のために，幅広く明確な無形資産の定義を設け，無形資産の移転又は使用に関連する利益が価値創造の程度に従って適切に配分されることを担保し，また，価値評価困

---

13)　なお，これを受けて移転価格ガイドラインの第2章にも関連する改訂が行われている。

難な無形資産の移転に関する移転価格ルール又は特別措置を設ける必要性が示されていた。

この背景には，企業の収益の源泉として無形資産が重要性を増してきているところ，低税率国に無形資産及びそれに基づく収益を移転することによる利益移転が多発したことが挙げられる[14]。これを受けてなされたのが前記移転価格ガイドライン第6章の全面改訂である。

(2)　独立企業原則の適用

改訂ガイドラインは，Ⅱにおいて論じた独立企業原則の適用指針に含まれる取引の正確な描写とリスク分析に関する指針という，より広い文脈の中での指針の一環としての無形資産に関する指針を定めるものである。

前記独立企業原則の適用指針における，実態としてリスク管理を行い，また，リスク負担に耐え得る経済力を有する者に対してリスクが帰属し，その結果その者に利益が帰属するべきであるとする原則は，無形資産に関してどの当事者がリスクを負担しているといえるかの決定にも適用され，かつ，多国籍企業グループのうちのどの企業が無形資産の開発，改良，維持，保護及び活用などの機能（いわゆる DEMPE 機能[15]）のパフォーマンスを実際に管理しているのかを検証するためにも適用される。

また，資本の提供に対するリターンという意味では，独立企業原則において定められているのと同様に，無形資産の開発，改良，維持，保護及び活用に対して資本提供を行う企業が，無形資産に関する一切の重要な機能を担わず，その結果，経済的リスクに対する管理を行っていないというべき場合には，その企業はリスクフリーレートを基礎としたリターンを超える利益を得ることはできないとされている。

---

14)　このほかの今回の無形資産に関する移転価格ガイドラインの改訂の背景として，青山・前掲（注3）314 頁は，①先行する 2010 年の移転価格ガイドラインの改訂において事業再編に伴う移転価格問題を取り扱う第9章が追加されたが，第9章の中で無形資産の取扱い等についてかなり詳細な分析が行われていたこと，及び，②国連における移転価格マニュアルの公表が 2013 年に先行して行われたことが呼び水として機能したことを挙げている。

15)　development, enhancement, maintenance, protection, and exploitation の頭文字を取ったもの。

9 行動8-10：移転価格の帰結と価値創造との整合

(3) 評価困難な無形資産と所得相応性基準

　無形資産は取引時点におけるその価値の評価が高度に不確実である場合があるが，改訂ガイドラインは，そのような場合，独立当事者間取引においては，成功報酬型の支払いを合意するなど不確実性を考慮した異なるアプローチが採られることがあることを指摘し，独立当事者間取引との比較可能性検証や価格算定に際してそういったアプローチを用いることが有用である可能性を指摘している。

　また，改訂ガイドラインは，情報の非対称性のために，税務当局にとっては納税者が価格設定の根拠として使用した情報の信頼性を評価することが困難である（特に取引時点において非常に不確実性の高い無形資産の場合）ということを考慮した上での指針構築を行っている。

　これらの観点から，改訂ガイドラインは，価値評価困難な無形資産の価格設定に対するアプローチとして所得相応性基準を定めている。即ち，納税者が，設定された価格が綿密な移転価格分析に基づくものであり独立当事者間取引と同様の結果をもたらすものであることを実証することを認めている。

　このアプローチにおいては，税務当局に事前の価格設定の適正性に関する推定証拠（presumptive evidence）として事後的な結果を採用することを認め，また，納税者が自らが採用した価格算定方法に上記のような不確実性が適切に考慮されていたと主張することを禁ずることで，税務当局が情報の非対称性から適切な判断ができなくなることを回避している。

　ただ，行動計画8-10報告書及び改訂ガイドラインでは所得相応性基準の詳細までは定められておらず，この点に関する指針の詳細は2016年中に設けられ，更に，現在の例外事由に含まれる重要性の決定基準や時的期間など，実務上の例外事由の適用状況などは2020年までに，今後の実例を踏まえて再評価される予定である。

　以下では，改訂されたガイドラインの概要を紹介する。

2　無形資産の概念

　行動計画8が幅広く明確な無形資産の定義の策定を必要とした背景には，後記のロケーション・セービングやマーケットプレミアムを含め，各国がそれぞ

271

れ自国において独自に無形資産の認定を行い，かかる認定に基づき各国の税務当局が独立企業原則に基づいた無形資産関連取引の対価の算定を行っている状況があるといわれている[16]。

改訂ガイドラインにおいては，無形資産とは，(i)物理的資産又は金融資産でないもので，(ii)商業的活動の中で保有し又は管理することができ，(iii)比較可能な状況において独立当事者間でその使用又は移転が起こった場合対価が発生するものと定義されており，今後はこれらの3要素に照らして無形資産該当性を検討していくことになる。

上記の定義に基づき，特許，ノウハウ，営業秘密，商標，商号，ブランドに加え，顧客名簿，顧客との関係性，顧客データなど[17]や，契約上の権利や政府許認可，契約上のライセンス権なども幅広く無形資産に該当し得るものとされている。

上記のとおり，独立当事者間であれば対価が支払われるであろうといえるものである限り，ガイドライン上は広く無形資産として取り扱われることとなる。そのため，この無形資産の概念は，法的又は会計的な視点からの無形資産の概念とは必ずしも連動しないものとされている。更に，上記無形資産の概念は，ロイヤルティを含む他の税務的取扱いにおける無形資産の範囲とも連動しないとされている。

その上で，改訂ガイドラインでは，上に挙げたような特許，ノウハウ，営業秘密，商標，商号，ブランド，契約上の権利，政府許認可，のれん，継続企業価値などの無形資産の代表的な類型の各々につき判断基準等の詳細な説明がなされている[18]。

---

[16]　関谷浩一ほか「国際課税——BEPSへの対応と我が国企業への影響に関する調査報告（第3回）」租税研究782号（2014年）79頁。

[17]　ガイドラインの定義集において「マーケティング無形資産」という定義語が改訂されており，本文記載の商標，商号，顧客名簿，顧客との関係性，顧客データなどはマーケティング無形資産に含まれ得るとされている。

[18]　無形資産の外延については，各国ビジネス界から，定義が広くなりすぎると納税者の予見可能性を阻害して自由な取引に悪影響が及ぶため，定義の明確化と無形資産の範囲を過度に拡張しないことが求められていたところであり，改訂ガイドラインはある程度広範な定義を採りつつも，このような詳細な指針を提示することでかかる要求に一定程度応えたものと考えることができる（青山・前掲（注3）318頁）。

9 行動8-10：移転価格の帰結と価値創造との整合

　一方で，グループシナジーやマーケットの特徴（顧客購買力など。ロケーション・セービングやマーケットプレミアム）は無形資産に該当しないとされ，これらは無形資産ではなく，移転価格分析における比較可能性要素として取り扱われるということが明記された。従来より開発途上国は，比較可能取引の不存在を主張し，ロケーション・セービングやマーケットプレミアムなどのいわゆる地域固有の優位性[19]に由来する残余利益の自国への帰属を主張していたが，上記の整理はそのような主張を否定する形の整理であるといえる[20]。

　なお，のれんや継続企業価値などは，その定義や範囲自体が状況によっても異なり得るため，個々のケースに応じて検討されることとなる。

　無形資産に関する移転価格分析においては，前記Ⅱ2(2)に述べた機能分析の手法などを用いて，問題となる無形資産を具体的に特定することが重要であるとされている。

3　無形資産の所有権と利益の帰属

　改訂ガイドラインでは，無形資産を伴う取引における移転価格を検討するにあたっては，多国籍企業グループが無形資産の実施により生み出したリターンに関して，究極的に当該グループにおけるどの企業がそのようなリターンを分け合う権利を有するとすべきかを決定することが不可欠であるとされている。

　また，その検討のための考慮要素としては，究極的にどの企業がそのための無形資産の開発，改良，維持，保護及び活用に関連するコストや投資，リスクその他の負担を行っているといえるのかなどが挙げられるとされ，これらの要素の状況次第では，当該無形資産に対する法的所有権者でない者がその利用から生じる利益に対する権利を有すると考えるべき場合も存在するとされている。

　このとおり，改訂ガイドラインは，無形資産により生み出された利益の帰属先として経済的所有権を重視した形となっているものということができる[21]。

---

19)　location specific advantage. 略称として LSA と呼ばれることがある。
20)　山川ほか・前掲（注10）461頁。
21)　関谷ほか・前掲（注16）75頁及び山川ほか・前掲（注10）461頁。

4 無形資産に関する取引への独立企業原則の適用

　無形資産の取引に関しては，以下のような無形資産の取引の特殊性ゆえに独立企業原則の適用などに一定の困難が伴う。即ち，(a)関連者間において行われる無形資産に関する取引と独立当事者間において行われる無形資産の取引との間で比較可能性が必ずしも高くなく，そもそも問題となる無形資産自体に比較可能性が乏しいこともある。(b)一つの多国籍企業グループにおいて異なる企業が異なる無形資産を保有し又は使用しており，多国籍企業グループの収益全体から当該無形資産の影響だけを抽出することが困難であることがある。また，(c)一つの多国籍企業グループにおける様々な企業が無形資産の開発，改良，維持，保護及び活用に関する様々な活動を行っている場合があり，かつ，そのような場合往々にして各企業の活動の統合の度合いが独立当事者間においては見られないほど高レベルであることがある。更に，(d)納税者が関連者間の契約条件によって所有権，リスク負担及び資金供給義務と，重要な機能の分担，リスク管理及び投資判断とを独立当事者間においては見られない形で分属させるストラクチャーを採用していることもある。

　しかし，改訂ガイドラインは，上記の困難性にもかかわらず，依然として独立企業原則の適用は有用であるとし，具体的な権利配分の判断は，前記の一般の独立企業原則におけるリスク分析のフレームワーク（前記Ⅱ 2(3)）と同様のフレームワーク，即ち，①対象の特定，②契約上の取決め，③当事者が果たす機能，④契約上の取決めと実際の行為との整合性，⑤それらに基づく正確な描写及び⑥独立当事者間価格の設定のプロセスに従って行われるものとする。契約条件（及び法的権利）が取引の正確な描写のための出発点となる点や，リスクに関する指針も一般の独立企業原則におけると同様である。また，改訂ガイドラインにおいては，原則として法的所有権者を無形資産の所有者とみるが，法的所有権が法律等から特定できない無形資産については，無形資産の利用に関する意思決定を管理し，かつ，第三者による利用を制限する実務上の権限を有するものが所有者となるものとされている。しかし，3のとおり，いずれにせよ所有権の帰属は参照情報にすぎず，究極的には移転価格の観点からの利益の帰属は一般の独立企業原則におけると同様のフレームワークで判断されるものとされる。

そのため，無形資産の所有者でない関連者が，価値創造のための開発・改良・維持・保護及び活用の機能を果たす場合，又は，そのような機能に関連するリスクを契約上引き受け，かつ，実際にリスクの管理を行っている場合，当該関連者に利益が帰属することとなる一方で，無形資産の開発に資金を提供しているが，当該無形資産の開発・改良・維持・保護及び活用の機能を果たし又はそれを管理していない関連者は，リスク調整後のリターン（類似のリスクを持つ比較可能なプロジェクトへの資金提供により得られる利益と類似の期待利益）以上のリターンを享受することはできないとされている。

5　無形資産関連取引における独立当事者間条件決定のための補足指針
(1)　補足指針
　改訂ガイドライン上，無形資産に関する取引における独立当事者間価格決定にも，独立企業原則一般における原則が同様に適用されるとされる。

　しかし，無形資産に関する関連当事者間取引の場合，これらの原則を適用するのが困難である場合が存在する。例えば，問題となる無形資産が特別の性質を有している場合には比較可能取引を決定するのが困難であり，また，それが理由で取引時点では当該取引についての価格設定を行うことが困難な場合もある。更に，関連者は，当事者間の関係性から独立当事者間では想定されないような取引枠組を採用する場合もあり，かつ，それがビジネス上ごく正当な判断であるといえる場合がある。

　そのような場合のことを考慮し，改訂ガイドラインは無形資産関連取引における独立当事者間条件決定のための指針に関する，以下のような補足を設けている。

(2)　無形資産を伴う取引における一般原則
　無形資産を伴う取引においても独立企業原則の一般原則が適用されるが，そういった原則の適用に際しては，問題となる取引の各当事者において現実的に選択可能な別の選択肢を検討し，当該選択肢との比較で移転価格を検討することが必要であるとされる。

　そして，改訂ガイドラインは，そのような現実的に選択可能な他の選択肢の検討に際しては，問題となる取引の両当事者それぞれの視点の検討が必要にな

るが，同時に，一方の当事者の特殊事情に引きずられ，取引の描写において他方当事者にとっての現実的に選択可能な別の選択肢よりも不利な条件を選択するといった帰結を導いてしまうことのないように留意が必要であるとする。

更に，改訂ガイドラインは，無形資産の譲渡人にとって現実的に選択可能な別の選択肢に照らして受入れ可能な価格の下限が，譲受人にとって現実的に選択可能な別の選択肢に照らして受入れ可能な価格の上限を超えるような場合には，実際の取引枠組を否認して移転価格が検討されるべきか，あるいは，取引条件が修正されるべきかを検討することが必要となる可能性があるとしている。

(3) 無形資産又は無形資産に関する権利の移転取引と価格算定方法についての補足指針

改訂ガイドラインは，無形資産それぞれの固有の特性から個々の無形資産に期待される将来の収益性は大きく異なるとした上で，無形資産又は無形資産に関する権利の移転取引への移転価格ルールの適用の際に用いるべき価格算定方法につき，次段落以下のとおり述べている。

無形資産の譲渡や無形資産の譲渡と経済的に同様の効果をもたらす取引，無形資産に関する一定の権利をライセンスする取引や同様の取引に関して独立企業原則を適用する場合，特に，独立価格比準法（CUP 法）が最適な手法であると考えられる場合で，無形資産又は当該無形資産に関する権利が当該企業にマーケットにおける固有の競争優位性をもたらす場合には，比較対象とする無形資産や取引は，それらが本当に同様の利益をもたらす可能性を有しているのかの観点から注意深く吟味されなければならない。

このような観点からの重要な考慮要素には，問題となる無形資産や無形資産に関する権利の独占性，法的保護期間の長短，権利の地理的範囲，耐用年数，開発段階，補強，変更及び更新の権利の有無，期待利益の大小などが挙げられる。

また，無形資産の関連当事者間取引においても OECD の定める原則的な 5 つの移転価格算定方法が有用であるといえるが，無形資産を伴う取引においては，4 のとおり適切な比較対象取引が存在しない場合もあり，そのため，場合によってはそれ以外の手法が適切であることもあり得る。

再販売価格基準法（RP 法）や取引単位営業利益法（TNMM）などの片側検証

の価格算定方法は，一般に無形資産の価値を直接評価するのに適した手法ではない。更に，一般に開発された無形資産の価値とその開発に要した費用との間には相関性はほぼ見られないため，当該無形資産の開発に要した費用に基づき無形資産の価値を試算する方法も用いるべきではない（特に固有性がなく価値も高くない社内の管理システムの開発の場合などのごく限られた場面を除く）。

　以上を踏まえ，無形資産を伴う取引において最も有用であると思われる価格算定方法は，独立価格比準法（CUP法）及び取引単位利益分割法（PS法）である[22]。更に，一般的な価値評価手法も有用な場合がある。

　独立価格比準法（CUP法）の適用に際しては，同法に関する一般的な原則に加え，独立当事者間取引において移転される無形資産又は無形資産に関する権利の比較可能性についての慎重な検討が必要となる。

　また，比較可能な独立当事者間取引が発見できない場合には，取引単位利益分割法（PS法）の適用が検討されることになる。その場合，同法に関する一般的な原則に加え，同法に基づく分析が将来の売上及び費用予測を基礎としている場合には当該予測の正確性についての慎重な検討が必要となり，開発途上の無形資産の移転の場合に同法が用いられる場合には当該移転の前後の開発行為の相対的貢献度その他の要素の検討が重要となることがある。

　更に，比較可能な独立当事者間取引を発見することができない場合には，一般の企業価値手法が有用であることもある。特に，インカムアプローチなどのバリュエーション手法，中でも，対象となる無形資産の実施によって生み出される将来収益又は将来キャッシュフローの割引現在価値を求める手法（DCF法）が有用である場合がある。状況に応じて，これらの手法はOECDの定める原則的な5つの移転価格算定方法の中で使用され，又は，独立当事者間価格を算定するための独立したツールとして使用される。これらの手法は，独立企業原則及び移転価格ガイドラインに定められる各種の原則と整合的に適用され

---

22)　但し，2014年12月に公表されたグローバルバリューチェーンにおける取引単位利益分割法の適用に関するディスカッション・ドラフトでは，当時の現状として，多国籍企業グループにおいては多数の企業がそれぞれ広範で多様な機能を担い，かつ，グループ内で多数の取引が行われる関係で，それぞれのグループ企業に配分すべき利益の算定が複雑となるため，取引単位利益分割法はほとんど使用されておらず，大半のケースにおいて片側検証の算定方法が採用されているとの旨が指摘されている。

なければならず，また，当該手法適用に際しての財務予測の正確性，予測に際して前提として置いた事実や成長率，割引現在価値算出のための割引率，当該無形資産の使用期間，税金による影響などについて精査がなされなければならない。

以上の改訂ガイドラインにおける価格算定方法に関する新たな指針については，従来無形資産等の移転取引に関して最も適切な方法として考えられていたのは独立価格比準法（CUP法）及び取引単位利益分割法（PS法）であったのに対して，改訂ガイドラインは，両算定方法が最も有用であるという結論を変更するものではないものの，両算定方法のみならず原則的な5つの手法いずれもが選択可能であるとしている点が特徴的であるとされる[23]。

改訂ガイドラインのもう一つの特筆すべき点は，算定方法としてのDCF法適用の可能性を明示的に認めた点であると思われる。ただ，改訂ガイドライン自身も認めるとおり，DCF法適用に際しての様々な要素や変数（財務予測の正確性，成長率に関する仮定，割引率，無形資産の使用年数とターミナルバリューなど）の判断には相当の注意が必要となり，また，判断の困難性も予想され，今後これらについての納税者と税務当局との間での紛争が増加する可能性がある旨指摘されている[24]。

(4) **取引の時点で価格が高度に不確実である無形資産を伴う取引における独立企業原則**

改訂ガイドラインでは，その取り扱う無形資産の特有の性質から取引の時点で価格が高度に不確実である無形資産を伴う取引の場合には，独立当事者が比較可能な取引において採用するであろう方式の採用が納税者にも税務当局にも認められるものとされている。

そして，このような方式としては，予測される利益を基礎とした価格算定を採る方式や，そのような予想利益を基礎とした価格算定に加えて契約期間を短期とする，契約期間中の価格調整を可能とする条項を契約に設ける，成功報酬型の支払いを含める，などの方式，また，そのような不確実性自体は受け入れ

---

23) 関谷ほか・前掲（注16）76頁。
24) 吉村・前掲（注6）482頁。

9 行動8‑10：移転価格の帰結と価値創造との整合

た上で当事者が予期しない事態が発生した場合にのみ取引価格の再交渉を行う形とするなどの方式が挙げられている。

（5） **評価困難な無形資産（HTVI[25]）**

改訂ガイドラインでは，評価困難な無形資産について以下のように述べ，所得相応性基準の適用の可能性を認めている。

　税務当局にとって，ある無形資産に関して，どのような開発の進展や事象の発生が無形資産の価値の算定において重要なのか，そのような開発の進展や事象，当該無形資産の開発方針が取引時点でどの程度予見されており，あるいは合理的に予見可能であったのかなどを見極め，確認することが困難である場合がある。多くの場合，開発の進展や事象の発生の無形資産の価値の算定における重要性は当該無形資産が開発されあるいは実施される事業環境に密接に関連している。従って，前記のような見極めや確認にはそのような事業環境に関する専門知識，技能及び知見が必要である。

　また，多国籍企業グループにおいて，無形資産の移転の発生の際に独立当事者間の無形資産又は無形資産に関する権利の移転取引の検討及び精査を行うのは，ただ移転価格の算定目的のためのみであると見られているため，そういった検討及び精査は十分にはなされていない可能性がある。

　以上のような事情から，例えば，ある企業がさしあたり当該移転の時点における無形資産の価値を反映していないロイヤルティ率を設定して開発初期段階にある無形資産を関連企業に対して移転し，その後，関連製品が成功した場合には，納税者が，当該移転の時点ではそのような事後的な成功を確証をもって予測することは不可能だったという見解を採り，事前に評価された無形資産の価値と事後的に評価された無形資産の価値との差額は予測を超える順調な開発に起因するものだとの主張を行う可能性がある。そのような場合，税務当局は，当該特定の事業分野における知見を有していないことが多く，また，納税者の主張を検証し，前記の差額が納税者が設定した独立当事者間条件でない前提条件に起因するものであることを実証するために必要な情報を有しないため，納税者側から提供される情報に依拠して納税者の主張を検証せざるを得ない状況

---

25)　Hard to Value Intangibles の略。

に陥ってしまう。

このような場合には，税務当局は，事後的な結果を関連当事者間取引における条件の独立当事者間条件性に関する証拠とし，また，取引時点での不確実性の存在の証拠とすることができる（所得相応性基準）。もし事前の予測と事後的な実績に相違が存在する場合，その相違は関連当事者間において合意された取引条件が，実際の開発の進展，又は，当該無形資産の価値及び当該無形資産の価格設定に影響を及ぼすことを予測し得た事象を，十分に考慮に入れたものではないことの示唆となる。

事後的な証拠は，取引時点での不確実性の存在，納税者による取引時点での合理的に予見可能な開発の進展や事象の発生の適切な考慮の有無，及び当該無形資産の移転価格の決定のために事前に使用された情報の信頼性についての推定証拠として用いることができる。但し，納税者は，そのような推定証拠が独立当事者間価格の正確な描写に影響しないことを実証することによって反証可能である。また，このような推定証拠としての採用は，事前の価格設定の基礎となった情報の信頼性を精査するためにそのような証拠を考慮に入れる必要があるという決定に基づき，また，そうしなければ精査ができない場合でなければならない。そして，事後的な結果の基礎となる情報を関連者が取引の時点で知ることができたかあるいは知るべきであったか，また，検討されるべきであったかを検討せずして，後知恵として事後的な結果が税務の目的で使用される状況とは，区別されなければならない。

なお，改訂ガイドライン上，評価困難な無形資産は，関連当事者間での移転の時点で，①信頼できる比較対象が存在せず，かつ，②将来のキャッシュフローもしくは予想される収益の予測又は当該無形資産を価値評価するために使用された前提事実が高度に不確実で当該無形資産の究極的な成功が予測しがたい無形資産又は無形資産に対する権利と定義されているが，現時点ではその外延は必ずしも明らかではない。代わりに，改訂ガイドラインは，評価困難な無形資産の移転又は使用に関する取引に見られる性質を，以下のとおり列挙している。

① 当該無形資産の開発が移転取引の時点では部分的にしか完了していない

⑨ 行動 8-10：移転価格の帰結と価値創造との整合

② 当該取引から数年間は当該無形資産の商業的な実施が見込まれていない
③ 当該無形資産自体は評価困難な無形資産の定義に該当しないものの，評価困難な無形資産の定義に該当する他の無形資産の開発又は補強と密接不可分である
④ 当該無形資産が取引時点において革新的な態様で実施されることが想定されており，類似の無形資産の開発又は実施の前例の不存在のため，予測が高度に不確実である
⑤ 当該無形資産が費用分担契約もしくは類似の取決めに関連して使用され，又はそのような契約もしくは取決めに基づいて開発される

なお，以下のいずれかに該当する場合には，前記のような事後的結果の証拠としての使用は許されないとされている。

① 納税者が以下を提供している場合
　(i) 移転取引の際の価格決定に使用された事前の予測（価格算定に際してどのようにリスクが説明されていたかを含む）及び合理的に予見可能であった事象及び他のリスク，並びに，それらの発生の確率に関する検討の適切性に関する詳細
　(ii) 財務予測と実際の結果との重要な差異が，(a)移転取引の時点では予見不可能な価格決定後に発生した開発の進展や事象，又は，(b)予見可能な結果の発生の確率から外れたことによるものであり，かつ，そうした確率が大きく過大評価又は過小評価されたものでなかったことを示す信頼に足る証拠
② 評価困難な無形資産の移転に関して譲渡人・譲受人の所在国による二国間又は多国間事前確認が取得されている場合
③ 前記①(ii)の財務予測と実際の結果との重要な差異が移転の時に決定された当該無形資産の対価を 20％超減少又は増加させることにならない場合
④ 当該無形資産により譲受人が最初に非関連者からの収益を得た年から 5 年間の商業化期間が経過しており，かつ，これらの商業化期間において

281

前記①(ii)の財務予測と実際の結果との重要な差異が当初の財務予測の20％以下であった場合

　我が国においてこのような所得相応性基準を導入するためには法改正が必要となるが，現在そういった法改正の検討が進められている[26)][27)]。

　しかし，実際の事案の中で所得相応性基準を適用するためには困難な場合もあるように思われる[28)]。また，税務当局はセーフハーバー要件（前記③及び④の要件）との関係で納税者がセーフハーバーとして認められるレンジの範囲内にあるかを納税者が継続的にチェックしていることも踏まえて調査をしていくことになると思われる。そのため，同時文書化が必要ということになると思われるが，その場合には納税者側の負担は大きく増えるとの指摘もなされている[29)]。

(6)　無形資産が使用される棚卸資産取引又は役務提供取引についての補足指針

　関連者間の棚卸資産の販売又は役務の提供で，一方当事者が関連して無形資産を使用するものの無形資産又は無形資産に関する権利の移転自体は起こらないような取引の場合でも，無形資産が価格その他の取引条件に対して及ぼす影響についての慎重な検討が必要である。

　このような場合にも独立企業原則の一般的ルールが適用されるが，改訂ガイドラインは無形資産の存在のための特殊な考慮要素について論じている。

---

26)　平成 28 年 5 月 26 日財務省説明資料〔「BEPS プロジェクト」を踏まえた国際課税の課題〕など参照。

27)　ただ，通常のランニング・ロイヤルティを収受しているようなケースでは，TNMM を用いて間接的に無形資産の価値を算定し，それに基づき課税処分が行われており，この場合の課税処分は事後的な調整であるともいえ，課税処分実務において事後的な調整は事実上すでに行われているという指摘もある（関谷ほか・前掲（注 16）80 頁）。

28)　所得相応性基準をすでに導入している米国やドイツにおいては，実際に同基準が適用された事案はほぼ発生していないとの情報もあるとのことである（山川博樹＝西村憲人「BEPS プロジェクト最終報告書の概要と実務への影響　第 4 回『評価困難な無形資産と費用分担取極めの概要と実務への影響』」税務通信 3423 号〔2016 年〕24 頁）。

29)　吉村・前掲（注 6）482 頁。

9 行動8-10：移転価格の帰結と価値創造との整合

VI 低付加価値グループ内役務提供

1 概　　要

　行動計画10では，管理報酬や一般管理費などの税源浸食を構成し得る支払いに対応する移転価格ルールの構築が求められており，それに基づき行動計画8-10報告書では移転価格ガイドライン第7章の全面改訂が行われている。

　当該改訂では主に選択的で簡略化された低付加価値役務についてのアプローチ（以下「簡略アプローチ」という）が導入されており，また，その他，第7章の各規定の若干の変更や明確化が図られている。

　当該改訂されたガイドラインは，低付加価値グループ内役務提供に関して多国籍企業グループ内でのグループ内役務提供費用の独立企業原則に従った適切な配分と納税地国の税源確保の必要性のバランスを図ったものである。特に，当該改訂により，幅広い類型の一般的な低利益率のグループ内役務が特定され，それらのグループ内取引の受領者に一貫性をもって適用される配分キーが適用され，特定のコストプールの決定に関する文書化を含む特定の報告義務を通じてより高い透明性が目指されている。

　これによりコストが配分される納税地国によって類似の環境下の全ての関連者に対して公平な取扱いがなされること，ひいては，コストの類型についての一般的な合意のために不当に高い価格の設定が起きないことを保証することが目指されている。更に，簡略アプローチの透明性によって，納税地国にとって全くあるいはほとんど機能を担わず，しかし，グループ内役務提供に対する対価を肥大させようとする中間企業が経由されていたかどうかが明確になるものといえる。

　簡略アプローチによって納税地国における便益テストは簡易化され，負担が軽減される。このアプローチが採用される場合，従来のグループ内役務提供一般に適用される詳細な便益テストを適用する必要がなくなり，ビジネスにおいてはコストを負担することについての事業上の理由が存在する場合にのみコスト負担が行われるという前提に依拠することができ，類似の環境下における多国籍企業グループ企業のコストの公平な取扱いが担保され，また，税務当局に

283

おいて対象事項についての対応負担の軽減を実現することができる。

　但し，グループ内役務提供及び一般管理費は税源浸食及び利益移転における重要な問題と考える国も存在するため，簡略アプローチの採用を検討している国は，採用とともに数値基準の導入を行わなければならないこととされた。低付加価値グループ内役務提供における支払額が当該数値基準を超過した場合には，税務当局は実際に受領した利益を実証する証拠の提出義務を含む正式な移転価格分析を行わなければならない。これは開発途上国における税源を過剰なグループ内役務提供対価設定による浸食から保護することにも資するものである。

　簡略アプローチを有効に機能させるためには，それがより多くの国々で採用され，かつ，グループ内役務の受領者の存在する国と提供者の存在する国の双方において当該アプローチが尊重される必要がある[30]。BEPS プロジェクト参加国ではそのための２段階のプロセスが合意された。第一段階として，2018年までに多数の国がそれぞれ自国での簡略アプローチの適用を承認する。第二段階として，より多くの国々における簡略アプローチの採用の実現のためには，設計，数値基準及び他の導入上の課題に関するさらなる分析が有用であるとの認識の下，これらについての追加的作業が行われる。当該追加作業は 2016 年末までに完了する予定であり，その後その時点で簡略アプローチ未導入の国による新規の導入が見込まれている。

　以下では，改訂後のガイドラインのうち，今回新たに追加された概念である低付加価値グループ内役務提供に関する規定（第 7 章セクション D）の概要について述べる。

2　低付加価値グループ内役務提供の定義

　簡略アプローチの適用対象となる低付加価値グループ内役務は，多国籍企業

---

30)　ただ，簡略アプローチの5％マークアップと単純なコストカバー（ゼロ％マークアップ）とを比較した場合，各国の税収確保という観点からは，こういった役務提供における対価の支払側となる企業の納税地国となることが多い開発途上国や新興国にとっては，税収減をもたらす可能性があるといえる簡略アプローチの導入へのインセンティブは必ずしも大きくないということとなる（藤枝純＝角田伸広『移転価格税制の実務詳解──BEPS 対応から判決・裁決事例まで』〔中央経済社，2016 年〕105 頁）。

グループ内の企業の他のグループ内企業のための以下に該当する役務と定義されている。

・サポートの性質を有する分野に属するもの
・当該多国籍企業グループの中核事業の一部ではないもの，即ち，利益を生み出す活動を構成せず又は経済的に重要な活動に貢献しないもの
・ユニークで価値のある無形資産の使用を必要とせず，また，そのような無形資産の創出につながらないもの
・実質的な又は重要なリスクの負担や管理を伴わず，また，役務提供者において重要なリスクが発生しないもの

　なお，低付加価値グループ内役務に関する規定は，低付加価値グループ内役務の要件を満たす役務であるものの，当該多国籍企業グループに属する企業の顧客である非関連者に対して提供されるものに対しては適用されないものとされている。そのような役務提供については，信頼に足りるグループ内での比較可能取引が存在することが想定され，そのような取引が独立当事者間価格の算定のために用いられる。
　また，以下のような活動には簡略化されたアプローチを適用することができないとされている。但し，簡略アプローチを適用することができないという事実は直ちにそのような役務提供が高い利益率であるべきということを意味するものではない。

・当該多国籍企業グループの中核事業を構成するもの
・低付加価値グループ内役務に該当する付加価値の低いものを除いたソフトウェア開発を含む研究開発に関する役務
・製造及び生産の役務
・製造又は生産において使用される原料その他の素材の購買活動
・販売，マーケティング及びディストリビューション活動
・金融取引
・天然資源の採取，開発又は処理活動

・保険及び再保険

・上級管理職の役務（低付加価値グループ内役務に該当する役務の監督活動を除く）

　その上で，改訂ガイドラインにおいて，低付加価値グループ内役務に該当する可能性の高いものの例として，計算書類作成のための情報収集や文書確認などの会計監査業務，売掛金や買掛金の処理及び管理の業務，一部の人事関連業務などが挙げられている。

3　低付加価値グループ内役務提供の場合の簡易化された独立当事者間価格算定

　簡略アプローチの利点としては，多国籍企業グループにおける便益テスト充足と独立当事者間価格性の実証のためのコンプライアンスコストの低減，多国籍企業グループにおける該当する活動に関する価格が税務当局によって認められるということのより強い確証，税務当局により焦点を絞った文書が提出されることによる税務当局における書類確認の効率化などが挙げられている。

　簡略アプローチにおいては，以下の手順によって価格算定を行う。

① 年間ベースで全てのグループ内企業が全ての類型の低付加価値グループ内役務提供を行うに際して負担する全てのコストにつき各類型ごとのプール（役務提供のための直接費用及び間接費用のみならず，管理費用のうち適切な部分も含む）を計算する
② ①のうち一つのグループ内企業から特定のグループ内企業に対してのみ提供される役務提供に起因するものを特定し，プールから除外する
③ コストプールにおけるコストを一定の配分キー（従業員数など役務の性質に即したもので同一の類型の役務について一貫して使用されなければならない）を用いてグループ内の各企業に配賦する
④ パススルーコストを除いたコストプールに5％のマークアップを行う

　簡易アプローチを採用した税務当局は，一定の数値基準を上回った場合に正式な移転価格分析を行うとする数値基準を設けることができるとされている。

⑨ 行動8-10：移転価格の帰結と価値創造との整合

このような数値基準としては，コスト総額に対するコストプールの割合などが挙げられている。

　また，簡易アプローチを選択した多国籍企業グループは，一定の書類を準備し，税務当局に求められた場合に開示しなければならないとされている。

Ⅶ　費用分担契約

1　概　　要

　行動計画8では，無形資産に関する移転価格ルールを構築することに加え，費用分担契約（CCA[31]）に関する指針を更新することとなっており，行動計画8-10報告書において移転価格ガイドライン第8章が改訂されている。

　歴史的に見て，費用分担契約によって，タックスヘイブン国や低税率国所在の関連企業に重要な無形資産を実質的に移転し，その後当該重要な無形資産に関する権利から得られる巨額の所得をタックスヘイブン国や低税率国に所在する関連企業に帰属させるというのが税源浸食及び利益移転の典型例の一つであった[32]。費用分担契約における各当事者の貢献の度合いと各当事者への利益配分が適切に評価されない場合，一定の経済活動により価値創造がなされた地域から当該価値に対する利益が移転してしまうことになる[33]。

　本改訂は，リスク負担又は無形資産を伴う取引において費用分担契約が新しい独立企業原則の適用を潜脱するために使用されることを防ぐべくなされている。

　2以下において，ガイドラインの改訂部分の概要を述べる。

2　費用分担契約の定義

　改訂後のガイドラインにおいては，費用分担契約とは，無形資産，有形資産

---

[31]　cost contribution agreement の略。

[32]　藤枝＝角田・前掲（注30）99頁。

[33]　ただ，ロイヤルティの還流を通じ，研究開発投資を十分に回収しきれていない日本企業にとっては費用分担契約は有効なツールであるともいわれている（山川ほか・前掲（注3）80頁）。

又は役務が各々の参加当事者の個別の事業に利益をもたらすものとの理解の下に行われる，事業者間の共同開発・製造，無形資産，有形資産又は役務の取得のための貢献とリスクを共有する契約上の取決めをいうとされている。改訂前のガイドラインと比較すると，「権利の取得」となっていた部分が「無形資産の取得」に変更されている。

費用分担契約においても，実際に行われた取引の正確な描写が移転価格分析の第一段階となる。機能分析によって責任，リスク及び期待される結果の配分がなされる点も他の取引と同様である。

また，改訂後のガイドラインでは，費用分担契約の主要な特質はコストの分担ではなく，貢献とリスクの共有であるという旨が明記されている。

改訂前のガイドラインでは，共同開発契約が最も頻繁に見られる費用分担契約の類型であるとされていたが，改訂後のガイドラインでは，最も頻繁に見られる類型として共同開発契約に加えてサービスの取得契約が挙げられており，前者と後者の最大の違いは前者が継続する将来の便益の発生が期待された取引であるのに対して後者が現在の便益であるとされている。ただ，従前のガイドライン同様，費用分担契約は特定の活動についての契約に限定されるわけではないとされている。

3 独立企業原則の適用

(1) 貢献の価値との整合性

独立企業原則から，参加当事者の貢献の価値は，当該取決めにより期待される利益の総額のうちの応分の利益を前提に，比較可能な状況において独立企業が貢献することに合意するであろう貢献の価値と整合的でなければならない。

独立企業原則の適用のためには，まず当該取決めにおける全当事者が合理的に一定の便益を期待していることが大前提となる。その上で，各参加当事者の共同活動への貢献の価値を計算し，費用分担契約による貢献の配分がそれぞれの期待利益持分に沿ったものであるかを判断するものとされている。

(2) リスク管理の概念

前記大前提にあるとおり，当該取決めによる合理的な利益の期待を有しない者は参加当事者とはみなされないとされる。加えて，改訂後のガイドラインは，

新たに，当該取決めの下負担した具体的なリスクの管理を行わず，かつ，当該リスクを負担する経済力もない者は参加当事者とはみなされないとしている。なお，リスク管理の内容等は前記Ⅱの独立企業原則一般の考え方と同様であるとされている。同様に，費用のみを負担する参加当事者は限られた持分しか享受できないとされている。

　この点は，米国などで認められている費用負担のみを行う当事者の費用分担契約への参加を明示的に否定したという意味で非常に重要であるといえる。他方で，前記の裏返しとして，例えば研究開発に関する費用分担契約で資金を提供しつつ，かつ，研究開発のリスク管理，即ち，資金提供者としてのリスク管理を実際に行う法人であれば費用分担契約の当事者となることができるという点が明確になったことも注目に値する[34]。

(3)　配分キー

　また，期待利益の各当事者への配分は，当該取決めの結果として各参加当事者が獲得を期待する追加収益又はコスト削減の額に基づいて検討される必要があるが，改訂ガイドラインは，実務上しばしば用いられる手法，また，特にサービス取得のための費用分担契約において典型的に用いられる手法として，一定の配分キーを使用して算定される各参加当事者の期待利益の案分持分に基づいて配分を行うという手法を挙げている。更に利益配分において使用される配分キーとしては，売上，利益，使用，生産又は販売されたサービスの単位量，従業員数などが挙げられている。貢献の価値の配分は，共同開発に関する費用分担契約に典型的に見られるように，全部又は重要な一部の利益が実現するのが将来であり，コストを拠出した年と同じ年でない場合には，そのような期待利益に対する各参加当事者の持分の予測を考慮して行われる。

(4)　貢献の類型と費用を根拠とすることの否定

　費用分担契約における各参加当事者の貢献の価値は，独立企業原則の下，独立企業が比較可能な状況下で当該貢献に対して与えることのできる価値に沿って算定されるが，ガイドラインは，そのような貢献には既存価値の貢献（例えば，すでに権利化されている特許の拠出）と継続中の貢献（例えば，現在開発が進行中の

---

34)　山川ほか・前掲（注 9）86 頁。

研究開発プロジェクト）の2類型が存在するとしている。

ガイドラインは，そのうち既存価値の貢献の価値をそれに要した費用から推定することを明示的に否定している。また，継続中の貢献に関しても，場合によっては当該貢献の価値の算定のためにそれに要した費用を使用することが実務的であることがあるものの，その他の場合には，継続中の貢献の価値を算定するにあたってコストを用いることは参加当事者間の相対的貢献の価値の算定根拠としての信頼性は低く，また，独立企業原則に沿った結果にならないことがあるとしている。特に共同開発のための費用分担契約での，継続中の貢献の価値算定において，一般にコストは独立企業原則適用の信頼に足る根拠にならないとする。

このように，改訂後のガイドラインでは，各参加者の貢献の価値をコストをもって算定することが一般に独立企業原則に沿わないことが明示されている。

(5) 調整的支払いなど

また，改訂ガイドラインは，ある参加当事者の貢献が当該参加当事者の期待利益に対する持分と整合的でない場合には，独立企業原則の下，かかる参加当事者と他の参加当事者との間で調整的支払いが必要となるなど関連する規定を設けている。

4 費用分担契約への参加，脱退及び解消

改訂ガイドラインは費用分担契約への参加，脱退及び解消について以下のとおり規定する。

一般に，費用分担契約における当事者の変更があった場合，参加当事者の貢献と期待利益の配分の再検証が必要となる。新たに既存の費用分担契約の参加当事者となった者は，完成されたあるいは仕掛り状態の無形資産や資産など，その者が参加する以前の費用分担契約に基づく活動の結果についての持分を取得することがある。そのような場合，実質的には既存の当事者からの従前の費用分担契約に基づく活動の結果についての持分の一部の当該新たな参加当事者への移転が発生することとなる。そのような移転には独立当事者間価値に基づく対価が支払われなければならない。そのような対価をバイイン対価と呼ぶ。

バイイン対価は前記のような持分の独立当事者間価格によって決定されなけ

ればならない。新たな参加当事者が無形資産又は資産を費用分担契約の枠組に新たに拠出する場合には，当該拠出に対する対価とバイイン対価とは相殺することができる。

　費用分担契約からある参加当事者が脱退する場合にも同様の視点での調整が必要となる。参加当事者の脱退に際しては，当該参加当事者から他の参加当事者への実質的な期待利益の持分の移転が生じることになるが，このような移転に対する対価をバイアウト対価と呼ぶ。

　費用分担契約が解消される場合，各参加当事者は費用分担契約の結果に対する持分を有することとなる。かかる持分は各参加当事者の貢献の価値と整合的なものでなければならない。

5　費用分担契約の設計及び文書化における推奨事項

　ガイドラインでは，一般に関連者間の費用分担契約は以下の条件を満たす必要があるとされている。

・費用分担契約の参加当事者は，費用分担契約の活動それ自体から相互にまた応分の利益を享受できる企業のみであること
・取決めにおいては，費用分担契約の活動の結果についての各参加当事者の持分及び利益配分の性質及び範囲を特定すること
・費用分担契約に関する貢献，調整的支払い及びバイイン対価の支払い以外には，費用分担契約の過程で得られる特定の持分又は無形資産，有形資産もしくは役務に関する権利のための金銭支払いは行わないこと
・取決めにおいて，調整的支払いの規定及び参加当事者間の期待利益に対する持分の重要な変更を反映するための合理的期間経過後の貢献の配分の変更のための規定を予め規定しておくこと
・費用分担契約への参加当事者の参加及び脱退並びに費用分担契約の解消の際に必要に応じた調整（バイイン対価又はバイアウト対価の支払いの可能性を含む）が行われること

　また，費用分担契約に関する文書化についての規定が置かれている。

Ⅷ む　す　び

　以上のとおり，行動計画8-10報告書によって，行動計画その他においてかねてより指摘されていた様々な類型の国際的租税回避のための手当てや解釈指針が新規に導入された。

　但し，本稿で述べたとおり，一部の論点については引き続きの検討がなされることになっており，また，行動計画8-10報告書によっていったんの結論を見た論点に関しても実際の適用場面でどう適用されどう解釈されるのか，また，各国国内法においてどのような具体的な取扱いがなされるのかが不明確な部分があることも否定できない。

　これらの点も含め，行動計画8-10報告書の各論点については，今後のOECDにおける検討，各国の法改正及び税務当局実務の積み重ねが待たれるところである。

10 行動13：移転価格文書化

中村　真由子

I　は じ め に

　OECD/G20によるBEPSプロジェクトのうち，行動13「移転価格関連の文書化の再検討」（Re-examine transfer pricing documentation）については，文書化に関する法令遵守の負担という点で企業に与える影響が大きく，また特に新たに導入された国別報告書については，これまで各税務当局にとってブラックボックスであった多国籍企業のグローバルな経済活動の配分を透明化するという点において国際租税の世界におけるゲームチェンジャーとなり得るインパクトの大きな取組みである。

　行動13についての検討は，2014年9月に移転価格文書化の基本的枠組みと各文書の記載内容を示した『Guidance on Transfer Pricing Documentation and Country-by-Country Reporting, Action 13: 2014 Deliverable』（移転価格文書化及び国別報告書に関する指針，行動13：2014年成果物）が，2015年2月に国別報告書の実施に関する指針を示した『Action 13: Guidance on the Implementation of Transfer Pricing Documentation and Country-by-Country Reporting』（行動13：移転価格文書化及び国別報告書の実施に関する指針）が，2015年6月に国別報告書提出に係るモデル法案や国別報告書の交換に係る税務当局間の合意モデルを示した『Action 13: Country-by-Country Reporting Implementation Package』（行動13：国別報告書実施パッケージ）が公表されていたが，2015年10月の最終報告書『Transfer Pricing Documentation and Country-by-Country Reporting, Action 13-2015 Final Report』（以下「最終報告書」という）において，これまでの報告書の内容をまとめた移転価格文書化及び実施に係る包括的なパッケージが示された[1]。また，国別報告書の実施段階において生じた解

釈上の疑問に対応するため，『Guidance on the Implementation of Country-by-Country Reporting: BEPS Action 13』（BEPS 行動 13：国別報告書の実施に関する指針，以下「国別報告書の実施に関する指針」という）も公表された（2016 年 6 月公表，同年 12 月並びに 2017 年 4 月及び 7 月更新）[2]。

　本稿においては，まず最終報告書において示された移転価格文書化の枠組みについて概要を説明するとともに，かかる報告書を受けて日本において平成28 年度税制改正により導入された移転価格税制に係る文書化制度について紹介することとしたい。

II　最終報告書の概要

1　移転価格文書化の枠組み

　移転価格の文書化については，これまで OECD 移転価格ガイドラインの第5 章において規定されていたが，移転価格文書化のパッケージとして提供されるべき文書の一覧等は示されていなかった。BEPS プロジェクト行動 13 においては，多国籍企業のコンプライアンスに係るコストも考慮に入れつつ，税務管理に対する透明性を高めるための移転価格文書化に関するルールを発展させること，かかるルールには，多国籍企業に対して所得，経済活動，各国で支払った税金についてのグローバルな配分に係る情報を共通の様式で提供させることを含めることが求められていた。かかる要請を受けて，最終報告書においては，OECD 移転価格ガイドライン第 5 章の全面改訂という形で，マスターファイル，ローカルファイル，国別報告書という三層構造の文書化の枠組みが提示されている（なお，この改訂を統合した OECD 移転価格ガイドライン 2017 年版が同年 7 月に公表されている）。

---

1)　OECD ウェブサイト《http://www.oecd.org/tax/transfer-pricing-dccumentation-and-country-by-country-reporting-action-13-2015-final-report-9789264241480-eコ.htm》参照。

2)　OECD ウェブサイト《http://www.oecd.org/tax/beps/guidance-on-the-implementation-of-country-by-country-reporting-beps-action-13.pdf》参照。

10 行動 13：移転価格文書化

(1)　移転価格文書化の目的

最終報告書においては，文書化の目的として以下の3つが提示されている。

①　納税者が関連者間取引における価格その他の条件設定と税務申告を適切に検討することを確保する

②　税務当局に移転価格のリスク評価の実施に必要な情報を提供する

③　税務当局による税務調査の適切な実施に有用な情報を提供する

　もっとも，税務当局に対して移転価格リスク評価に有用な情報を提供することと，納税者の法令遵守に係る負担のバランスをとることも重要な考慮要素とされている。

(2)　移転価格文書化の三層構造

　移転価格の文書化は，多国籍企業グループの活動の全体像に関する情報を記載した (i)「マスターファイル」，関連者間取引における独立企業間価格を算定するための詳細な情報を記載した (ii)「ローカルファイル」，多国籍企業グループの国別の所得，納税額等を記載した (iii)「国別報告書」の三層構造のアプローチをとることとされている。これらの3つの文書において，納税者は一貫した移転価格のポジションを記載することが求められており，かかる文書により税務当局に移転価格リスク評価や税務調査の決定に有用な情報が提供され，税務当局が移転価格その他の軽課税国への人為的な利益移転を特定しやすくなるものとされている。

(i)　マスターファイル

　マスターファイルは，多国籍企業のグローバルな事業活動及び移転価格の方針に関するハイレベルな情報を記載するもので，関連する全ての税務当局に提供するものとされている。

　マスターファイルに含まれる情報は，多国籍企業の「青写真」を提供するものであり，(a)多国籍企業グループの組織構造，(b)多国籍企業の事業の概要，(c)多国籍企業の無形資産，(d)多国籍企業間の金融活動，(e)多国籍企業の財務状態及び納税状況の5つのカテゴリーに分類される。具体的には，以下の情報が含まれるべきとされている。

295

(a) 組織構造	・多国籍企業の法的構造及び所有関係のストラクチャーと事業体の所在地を示した図
(b) 事業概要	・営業利益の重要なドライバー（源泉） ・グループの売上順に主要な5つ，及びグループ売上高の5%以上を占める製品及び／又は役務提供のサプライチェーンの概要。図表等の形式で説明されてもよい ・多国籍企業グループ内の企業間の重要な役務提供取決め（R&Dサービスを除く）に関するリスト及び概要説明，重要な役務を提供する主要な拠点の機能の説明，及びサービスコストの分配とグループ間の役務提供の価格決定に関する移転価格の方針 ・上記2点目に関する，主要な製品及び役務提供の主要な地理的マーケットの説明 ・文書による簡潔な機能分析（グループ内企業の価値創造（Value creation）に対する主な貢献の説明，つまり，果たしている主な機能，負担している重要なリスク及び使用している重要な資産） ・対象年度における重要な事業再編取引，事業買収，事業売却の説明
(c) 無形資産	・無形資産の開発，所有，活用に関する多国籍企業の包括的戦略の概要（主要な研究開発施設と研究開発マネジメントの所在地を含む） ・移転価格の目的上重要な多国籍企業グループの無形資産（グループ）及びそれらの法的な所有事業体リスト ・無形資産に関係する事業体間の重要な契約リスト（費用分担契約，主要な研究の役務提供契約，ライセンス契約を含む） ・研究開発と無形資産に関するグループ内移転価格方針の概要 ・対象年度中における無形資産の重要な持分の譲渡に関する概要説明（関係する事業体，所在地国及び対価を含む）
(d) 金融活動	・グループの資金調達方法の概要（非関連者との重要な資金調達取決めを含む） ・多国籍企業グループ内で主要な金融機能を果たす企業の特定（当該企業の設立に係る法施行国（どの国の法律に基づき設立されたか）及び実質管理地国の情報を含む） ・金融取決めに係るグループ内の一般的な移転価格方針の概要説明
(e) 財務状態及び納税状況	・対象年度の多国籍企業の連結財務諸表，用意されていなければ財務報告，規制，管理会計，税務，その他の目的で作成されたもの ・多国籍企業グループにおける既存の国内事前確認（ユニラテラルAPA）及び国家間の所得配分に関するその他の税務ルーリングのリストと簡単な説明

(ⅱ) ローカルファイル

　マスターファイルが多国籍企業のハイレベルな全体像を提供するものであるのに対して，ローカルファイルは，特定の関連会社間取引に関する詳細な情報を各国ごとに提供するものとされている。すなわち，ローカルファイルは，ある国の企業とその国外関連企業との取引に係る移転価格分析にフォーカスしたもので，当該取引に係る財務情報，比較可能性分析，最も適切な移転価格算定

296

手法の選定及び適用についての情報が含まれる。具体的には，以下の情報が含まれるべきとされている。

対象事業体	・対象事業体の経営ストラクチャー，組織図及び対象事業体の経営報告先となる者及び当該者の主要事務所の所在国に係る説明 ・当年度又は直近の年度において対象事業体の関与又は影響のあった事業再編や無形資産譲渡に関する説明，対象事業体に影響を与えた取引の説明を含む，対象事業体の事業と事業戦略の詳細な説明 ・主要な競合先
関連者間取引	事業体が関与する重要な関連者間取引カテゴリーごとに，以下の情報を提出する。 ・各関連者間の重要な取引（製造に関する役務の調達，商品購入，役務提供，ローン，資金調達及び契約履行保証，無形資産ライセンス等）と取引背景の説明 ・対象事業体が関与する関連者間取引カテゴリーごとに，関連者間支払い及び受取り額（製品，サービス，ロイヤルティ，金利等の支払い及び受取り，国外の支払者または受取者の納税地ごとに記載） ・関連者間取引カテゴリーごとの関連者間取引に係る関連者の特定と，関連者間の関係 ・対象事業体により締結された全ての重要な関連者間契約書のコピー ・文書化された関連者間取引価格カテゴリーごとの納税者及び関連者の詳細な比較可能性及び機能分析，前年との比較を含めた記載 ・取引カテゴリーごとの最適な移転価格算定手法及びその算定手法を選択した理由の説明 ・必要に応じて，どの関連者を検証対象企業としたかの明示及びその理由の説明 ・移転価格算定手法を適用するに当たっての重要な前提条件の要約 ・必要に応じて，複数年度検証を行う理由の説明 ・もしあれば，選定された比較対象取引（外部又は内部）の一覧と説明。移転価格分析において依拠する独立企業の関連財務指標情報（比較対象取引の選定方法及び情報源に関する説明を含む） ・差異調整の説明，差異調整の実施対象（検証対象企業か比較対象取引かあるいはその両方か）の明示 ・選定された移転価格算定手法の適用に基づき，関連者間取引が独立企業原則に則り価格付けされたと結論付ける理由の説明 ・移転価格算定手法の適用に当たって利用された財務諸表のサマリー ・対象税務管轄地が参加していない，上記の関連者間取引に関連する既存の国内事前確認（ユニラテラル APA）及び二国間／多国間 APA 及び，その他の税務ルーリングのコピー
財務情報	・対象事業体の対象年度の財務諸表。もしあれば，監査済財務諸表を提供し，なければ未監査財務諸表を提供する ・財務諸表に基づく移転価格算定手法の適用に当たって使用された財務情報と切出工程表 ・分析で使用された比較対象取引の関連財務データのサマリーとその情報源

(iii) 国別報告書（CbC レポート）

　国別報告書は，多国籍企業が事業を行っている税務管轄全体の所得，納税額，経済活動の場所のグローバルな配分に関する情報を記載するものであり，ハイレベルな移転価格のリスク分析に有用なものである。但し，国別報告書の情報は，個々の取引及び価格に関する機能分析及び比較可能性分析に基づいた詳細な移転価格分析の代替として用いるべきではなく，移転価格が適切か否かの決定的な証拠とはならないこと，税務当局が国別報告書記載の所得のグローバル配分をもとに移転価格の更正を行うべきではないこととされている。

　最終報告書においては国別報告書の標準様式も提示されており　当該様式において示されている記載項目は以下のとおりである。

表1：税務管轄ごとの所得，納税額及び経済活動の配分概観	・総収入（非関連者／関連者／合計） ・税引前利益（損失） ・法人税額（納付税額ベース） ・法人税額（当期発生分） ・資本金 ・利益剰余金 ・従業員数 ・有形資産額（現金及び現金等価物を除く）
表2：税務管轄ごとに集約した多国籍企業グループを構成する全事業体一覧	税務管轄ごとに構成事業体を記載し，主な事業活動（研究開発，知的財産管理，調達，製造，販売，一般管理サポート，非関連者への役務提供，グループ内資金調達，財務管理サービス，保険，株式その他の資本の保有，休眠中，その他）にチェック
表3：追加情報	必要と考えられる追加の情報や国別報告書の必須情報への理解を円滑にする説明等を記載

　なお，新興国（アルゼンチン，ブラジル，中国，コロンビア，インド，メキシコ，南アフリカ，トルコ）は，追加的に取引の情報（関連者間の利子支払い，ロイヤリティ支払い，役務提供に係る対価など，マスターファイル及びローカルファイルでは入手できない税務当局の管轄外の取引に係るデータ）を国別報告書に含めることを要求しており，BEPS プロジェクト参加国は 2020 年までに追加情報を含めるべきか再検討することとされている。

10 行動 13：移転価格文書化

(3) コンプライアンスに関する論点

(i) 同時文書化（Contemporaneous documentation）

納税者は，取引時に合理的に入手可能な情報に基づき，独立企業原則（arm's length principle）に従って税務上の移転価格を決定するよう努力すべきであり，価格設定前に移転価格の適切性を検討し，税務申告時に財務成績の独立企業間性（arm's length nature）を確認するものとされている。

(ii) 文書の作成時期（Time frame）

文書の作成時期の実務については各国間で異なるが，ローカルファイルは対象事業年度の税務申告時までの完成を求めることがベストプラクティスであり，マスターファイルについては，多国籍企業グループの最終親会社の税務申告時までにレビューされ，必要に応じて更新するものとされている。国別報告書については，一部の国で財務情報が対象事業年度の税務申告を終えるまで最終化されない可能性があるため，かかる場合は，国別報告書の完成期限を最終親会社の事業年度の終了日から1年まで延長されるものとされている。

(iii) 重要性

全ての関連者間取引にローカルファイルに記載する重要性があるわけではないため，各国において，文書化の必要性の判断基準となる重要性の基準を設けるべきであり，また，中小企業には大企業に求める文書化の量を求めないことが望ましいものとされている。但し，国別報告書は事業規模を問わず，多国籍企業グループの事業体が存在する全ての税務管轄を含める必要がある。

(iv) 文書の保存

納税者は，親会社及び現地法により求められる合理的な期間を超えて文書の保存を義務付けられるべきではなく，税務当局は過年度の文書を探すことの困難性を念頭に，かかる文書の調査の要請を適切な理由がある場合に制限すべきであるとされている。

299

（ⅴ）　文書の更新頻度

　一般的には，マスターファイル，ローカルファイル，国別報告書は毎年見直され更新されるべきとされているが，多くの場合，事業の概要や機能分析，比較対象の概要は毎年大きくは変わらない。納税者の負担軽減のため，税務当局は，事業状況に変化がない限り，ローカルファイルに記載する比較対象のデータベースの検索を3年ごとの更新にすることができるが，独立企業原則を確実に適用するため，比較対象の財務データは毎年更新されるべきものとされている。

（ⅵ）　言語

　文書化の言語は現地法で規定されるが，現地語への翻訳は時間及び費用を要するため，広く使用される言語で作成された移転価格文書の提出を認めることが望ましいとされている。税務当局が翻訳を必要とする場合，可能な限り負担とならないよう，翻訳の具体的な要請を行い，翻訳に十分な時間を与えるべきとされている。

（ⅶ）　罰則

　移転価格文書化の効率的な運用のため，罰則を規定する場合は，多国籍企業がアクセスできないデータの不提出に罰則を適用しないよう考慮すべきとされている。但し，罰則を適用しないことは独立企業原則に合致しない所得の更正ができないことを意味するものではないとされ，また，他のグループ企業が移転価格関連の法令遵守の責任を負っているという現地企業の主張は文書不提出の理由として十分ではなく，文書不提出に係る罰則を免れるべきではないとされている。

　また，納税者による文書提出を促す別の方法として，罰則の免除・軽減や立証責任の転換も挙げられている。

（ⅷ）　守秘性（Confidentiality）

　税務当局は，マスターファイル，ローカルファイル，国別報告書の文書パッケージに含まれた秘密情報の非公開が確保されるよう合理的な手段を講じ，移

10 行動13：移転価格文書化

【図表10-1】 マスターファイル及びローカルファイルの共有チャート

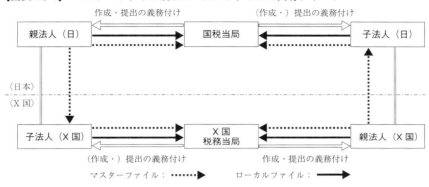

※ 2015年10月23日第24回税制調査会資料より作成
(注) 親法人・子法人は，自社の取引に関するローカルファイルを作成して，所在地国の税務当局にそれぞれ提出する。

転価格文書に記載された情報の秘密を保持すべきとされている。

(ix) その他

現地の比較対象（local comparables）が合理的に入手できる場合においては，通常，地域の比較対象（regional comparables）の使用よりも現地の比較対象の使用が求められるものとされている。

また，移転価格文書化において，特に移転価格リスク評価の段階で外部監査人や第三者の証明が求められたり，コンサルティング会社の利用が義務付けられるのは望ましくないものとされている。

2 移転価格文書化及び国別報告書の実施に関する指針

(1) マスターファイル及びローカルファイル【図表10-1】

マスターファイル及びローカルファイルについては，各国の法令又は行政手続を通じて実施され，各管轄の税務当局の要請に応じて直接提出されることとなる。BEPSプロジェクトの参加国は，マスターファイル及びローカルファイルに係る法令又は行政手続の導入に際して，守秘性及び移転価格ガイドライン第5章別紙Ⅰ及びⅡに示された標準記載項目の使用を検討することに合意して

いる。

(2) 国別報告書

(i) 実施時期

初回の国別報告書提出の対象年度は 2016 年 1 月 1 日以降に開始する事業年度とすることが推奨されているが，国別報告書の作成と提出に事業年度終了から 1 年の期間が与えられることを考慮すると，最初の国別報告書は 2017 年 12 月 31 日までに提出されることとなる（12 月末決算の場合）。

なお，国内法制の整備に時間を要する可能性があることも認識され，最終親会社の居住地国において国別報告書の提出を求めるモデル法制も提示されている（後記（v））。

(ii) 国別報告書の提出が求められる多国籍企業グループ

国別報告書は，全ての多国籍企業グループが毎年提出を求められることが推奨されているが，前事業年度の連結グループ年間総収入が 7 億 5000 万ユーロ（1 ユーロ 130 円換算で約 975 億円）又は国内通貨で同等の数値未満の多国籍企業グループについては，提出義務を免除されるものとされている。これにより，約 85 〜 90％の多国籍企業グループが提出対象から外れるが，それでも提出義務を負う多国籍企業グループは法人総収入全体の 90％を占めることとなる。

なお，為替変動によりある国の法制では免除基準に該当するが他国では免除基準に該当しないという事態が生じ得るが，OECD により 2016 年 6 月に公表された「国別報告書の実施に関する指針」Ⅳ.1. において，最終親会社の居住地国において免除基準に該当する場合，多国籍企業グループは現地子会社を通じて国別報告書の提出を求められるべきではないとされている。7 億 5000 万ユーロという免除基準の適切性については，2020 年の国別報告書のレビューの際に再度検討されることとなる。

上記以外に国別報告書提出の免除規定は設けられず，特に特定の産業や投資ファンド，会社形態でない事業体（non-corporate entities）や非公開会社についての免除は設けられるべきではないとされている。

（iii）　国別報告書取得及び使用のための条件

BEPS プロジェクトの参加国は，国別報告書取得及び使用のための条件として，(a) 守秘性（Confidentiality），(b) 整合性（Consistency），(c) 適切な使用（Appropriate Use）を合意している。

(a) 守秘性（Confidentiality）：管轄国は，情報の守秘性を保護しなければならず，国別報告書の守秘性は，少なくとも税務行政執行共助条約や租税情報交換条約により提供される情報と同等の保護を保持しなければならないものとされている。

(b) 整合性（Consistency）：管轄国は，居住者である多国籍企業グループの最終親会社に国別報告書を作成・提出させる法制を採用するよう最大限努力すべきであり，また，移転価格ガイドライン第 5 章別紙Ⅲの標準様式を使用し，国別報告書において追加情報を要請しないものとされている。

(c) 適切な使用（Appropriate Use）：管轄国は，国別報告書を概括的（high-level）な移転価格リスク評価に用いなければならず，また他の BEPS 関連のリスク評価にも用いることができるが，国別報告書のデータに基づいた所得配分を根拠に所得の更正を行ってはならないものとされている。但し，国別報告書のデータを多国籍企業の移転価格又は他の税務項目の更なる調査の根拠として用いることは妨げられない。

（iv）　国別報告書の政府間交換メカニズムの枠組み【図表 10-2】【図表 10-3】

基本的な枠組みとしては，多国籍企業グループの最終親会社の居住地国が当該最終親会社から国別報告書の提出を適時に求め，多国籍企業が事業活動を行っている国（かつ上記（iii）の条件を満たした国）と自動的に情報交換を行うこととなる（「条約方式」）。

管轄国が情報を提供できない場合（(a)最終親会社の居住地国が国別報告書の提出を求めていない，(b)国別報告書の情報交換の合意が適時になされていない，(c)合意がなされていても情報交換が実際にはなされなかったことが立証された場合）には，第 2 の方法として，現地の子会社を通じた提出（「子会社方式」）か，最終親会社を代理する多国籍企業のグループの他の構成員に国別報告書を提出させ，自動情報交換を行う方法が適当とされている。

(v)　実施パッケージ

　国別報告書の実施パッケージにおいては，(a)多国籍企業グループの最終親会社の居住地国に国別報告書の提出を義務付けるモデル国内法，(b)国別報告書の自動交換に係る当局間のモデル協定（税務行政執行共助条約に基づく多国間協定，租税条約に基づく二国間協定，租税情報交換条約）が提示されている。これらの概要は以下のとおり。

（a）　モデル国内法
　　第1条　定義
　　第2条　提出義務：居住者である最終親会社（Ultimate Parent Entity）の提出義務（第1項），子会社方式による提出義務（第2項）のほか，同一国に所在する子会社が複数ある場合の子会社方式（指定された子会社が提出），国別報告書を提出する代理親会社（Surrogate Parent Entity）の指名があった場合の子会社方式の不適用が規定されている。
　　第3条　通知：居住者である多国籍企業グループの構成員（Constituent Entity）は，自らが最終親会社又は代理親会社であるか否か，そうでない場合は国別報告書の提出義務を負う構成員及びその居住地国を通知する旨が規定されている。
　　第4条　国別報告書
　　第5条　提出時期
　　第6条　国別報告書情報の使用と守秘
　　第7条　罰則：モデル条項は規定されておらず，各国の既存の移転価格文書化に係る罰則制度を延長させることが想定されている。
　　第8条　実施時期

（b）　モデル協定
　　第1条　定義
　　第2条　多国籍企業グループに関する情報交換
　　第3条　情報交換の実施時期と方法

10 行動13：移転価格文書化

【図表10-2】 国別報告書（CbCレポート）の共有チャート（条約方式）

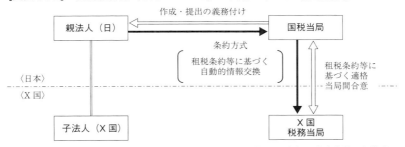

※ 2015年10月23日第24回税制調査会資料より作成

【図表10-3】 国別報告書（CbCレポート）の共有チャート（子会社方式）

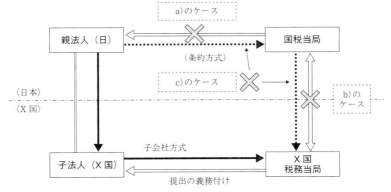

※ 2015年10月23日第24回税制調査会資料より作成

(参考)　国別報告書について，第2の方式（子会社方式）での共有が補完的に認容される場合（モデル国内法第2条（ⅱ））
次のいずれかのケースに該当すること
a) のケース：親法人所在地国が当該親法人に国別報告書の提出を義務付けていない場合
b) のケース：発効済みの適格な権限ある当局間の合意（CA合意）がない場合
c) のケース：体系的な不履行(Systemic Failure)が認められる場合

第4条　コンプライアンスと執行についての協調
第5条　守秘，情報のセーフガード及び適切な使用
第6条　協議
第7条　修正

第 8 条　合意条件

第 9 条　事務局の役割（モデル多国間協定のみ）

　また，次のステップとして，国別報告書の電子交換に対応するため XML（Extensible markup language）スキーマ及びユーザーガイドを展開するものとされており，2016 年 3 月に XML Schema 及び『Country-by-Country Reporting XML Schema: User Guide for Tax Administrations and Taxpayers』が公表されている[3]。

Ⅲ　日本における移転価格税制に係る文書化制度

1　これまでの日本における移転価格文書化制度

　日本においては，移転価格税制との関連で文書化の義務は直接的には規定されていなかったが，租税特別措置法（以下「租特法」という）66 条の 4 第 6 項及び第 8 項において，間接的な形で文書化制度が設けられていた。すなわち，課税当局が独立企業間価格を算定するために必要と認められる一定の書類を求めた場合に納税者が遅滞なく提示又は提出しなかった場合，推定課税及び同業者調査をすることが可能とされており，納税者としては，推定課税等を受けるリスクを軽減するため，国外関連取引を実行する際に文書化を行っておくことが重要と解されていた。

2　平成 28 年度税制改正

　BEPS プロジェクトの勧告を踏まえ，我が国においても平成 28 年度税制改正において移転価格税制に係る文書化制度が整備された。すなわち，直前会計年度の連結総収入金額 1000 億円以上の多国籍企業グループ[4]（以下「特定多国籍

---

3)　OECD ウェブサイト《http://www.oecd.org/tax/country-by-country-reporting-xml-schema-user-guide-for-tax-administrations-and-taxpayers.htm》参照。

4)　企業グループ（租特法 66 条の 4 の 4 第 4 項 1 号，租税特別措置法施行令（租特令）39条の 12 の 4 第 2 項）のうち，企業グループの構成会社等の居住地国が二以上あるもの，及び企業グループの全ての構成会社等の居住地国が同一である場合に，その居住地国以外の国又は地域に所在するその企業グループのいずれかの構成会社等に係る恒久的施設等を

306

⑩ 行動13：移転価格文書化

企業グループ」）の構成会社等である内国法人及び恒久的施設を有する外国法人
は，最終親会社等に関する情報を記載した「最終親会社等届出事項」，国別報
告書に該当する「国別報告事項」及びマスターファイルに該当する「事業概況
報告事項」を国税電子申告・納税システム（e-Tax）で国税当局に提供しなけ
ればならないこととされた（租特法66条の4の4及び66条の4の5）。この改正は，
2016年4月1日以後に開始する最終親会計年度[5]に係る報告（届出）事項につ
いて適用することとされている。

なお，最終報告書において示された国別報告書の免除基準の数値は7億
5000万ユーロであったが，日本においては今後の為替変動にかかわらず連結
総収入金額1000億円が免除基準となる[6]。最終報告書においてかかる連結総
収入金額以外の免除基準は設けないこととされているため，海外売上や国外取
引が少ない場合であっても，恒久的施設を含め居住地国が複数あることにより
多国籍企業となる場合は，最終親会社等届出事項，国別報告事項及び事業概況
報告事項についての提供義務が生じることとなる。

適用時期についても，最終報告書において規定された国別報告書の実施時期
（2016年1月1日以降に開始する最終親会計年度）から3か月遅れることとなり，
かかる期間に日本の海外子会社が子会社方式により海外税務当局から国別報告
書の提出を求められる事態も懸念されるが，OECDの「国別報告書の実施に
関する指針」V.1.においては，多国籍企業グループの最終親会社が国別報告
書の提供が義務付けられる最終親会計年度よりも前の最終親会計年度に係る国
別報告書の提供を自主的に行う場合，その多国籍企業グループの他の構成員は
子会社方式により国別報告書の提供が求められないとされている。これを受け

　　通じて行われる事業から生じる所得に対し，その居住地国以外の国又は地域において課さ
　　れる法人税又は法人税に相当する税があるものをいう（租特法66条の4の4第4項2号，
　　租特令39条の12の4第3項）。
　5)　最終親会社等の財産及び損益の計算の単位となる期間をいう（租特法66条の4の4第
　　4項7号）。
　6)　前記Ⅱ2(2)(ii)で述べたとおり，OECDによる「国別報告書の実施に関する指針」に
　　従えば，最終親会社の居住地国が日本である多国籍企業グループは，日本において免除基
　　準を充足すれば，海外の法制において為替変動により国別報告書の免除基準を充足しない
　　こととなっても，子会社方式により国別報告書の提出を求められないこととなる。

て，国税庁は，最終親会社等又は代理親会社等に該当する内国法人が，2016年1月1日から2016年3月31日までの間に開始する最終親会計年度の国別報告事項を所轄税務署長に自主的に提供した場合には，一定期間内に租税条約等の情報交換の仕組みを通じて，その多国籍企業グループの他の構成会社等の居住地国の税務当局にその国別報告事項が提供されるものとしている[7]。

また，ローカルファイルについては，これまでの「独立企業間価格を算定するために必要と認められる書類」についての規定を改正し，一の国外関連者との取引について (i) 国外関連取引の合計金額が50億円以上又は (ii) 無形資産取引の合計金額が3億円以上である法人が，確定申告書の提出期限までに作成を義務付けられることとなり，いわゆる同時文書化義務が規定されることとなった。かかる改正については，2017年4月1日に開始する事業年度分の法人税について適用することとされている。

(1) 最終親会社等届出事項

特定多国籍企業グループの構成会社等である内国法人又は恒久的施設を有する外国法人は，最終親会社等[8]及び代理親会社等[9]に関する情報（名称，本店所在地，法人番号，代表者の氏名等）を記載した最終親会社等届出事項を，報告対象となる会計年度の終了の日までに，e-Tax により，所轄税務署長に提供しなければならない（租特法66条の4の4第5項）。これは，国内の国別報告事項の提供義務者及び国外の国別報告書提出義務者を適切に把握する観点から求めら

---

7) 最終親会社等届出事項について2017年3月31日まで，国別報告事項については2018年3月31日までに提供した場合。2016年10月付国税庁「国別報告事項を自主的に提供した場合の取扱いについて」国税庁ウェブサイト《https://www.nta.go.jp/shiraberu/ippanjoho/pamph/pdf/kunibetuhoukoku_01.pdf》参照。

8) 企業グループの構成会社等のうち，その企業グループの他の構成会社等に係る議決権の過半数を自己の計算において所有していることその他の事由により，当該他の構成会社等の財務及び営業又は事業の方針を決定する機関を支配しているもの（「親会社等」）であって，その親会社等がないもの（租特法第66条の4の4第4項第5号，租特令第39条の12の4第5項）。

9) 特定多国籍企業グループの最終親会社等以外のいずれか一の構成会社等で，国別報告事項又はこれに相当する事項を当該構成会社等の居住地国（最終親会社等の居住地国以外の国又は地域に限る）の税務当局に提供するものとして最終親会社等が指定したもの（租特法66条の4の4第4項6号）。

10 行動 13：移転価格文書化

れるものであり[10]，最終報告書において示された国別報告書のモデル国内法第 3 条の通知を念頭に置いたものと考えられる。

なお，最終親会社等届出事項を提供すべき内国法人及び恒久的施設を有する外国法人が複数ある場合には，特例として，これらの法人のうちいずれか一の法人が，報告対象となる会計年度の終了の日までに，e-Tax により，最終親会社等届出事項を代表して提供する法人に関する情報を当該一の法人に係る所轄税務署長に提供した場合には，代表となる法人以外の法人は，最終親会社等届出事項を提供する必要がなくなるものとされている（租特法 66 条の 4 の 4 第 6 項）。

(2) 国別報告事項（CbC レポート／国別報告書）

（i）　最終親会社等又は代理親会社等に該当する特定多国籍企業グループの構成会社等[11]である内国法人は，国別報告事項を，報告対象となる会計年度の終了の日の翌日から 1 年以内に，e-Tax により，所轄税務署長に提供しなければならない（租特法 66 条の 4 の 4 第 1 項）。この場合，当該国別報告事項は，租税条約等に基づく情報交換制度により，構成会社等の居住地国の税務当局へ提供されることとなる（「条約方式」）。

（ii）　最終親会社等又は代理親会社等が外国に所在する場合は，原則として，条約方式により当該最終親会社等又は代理親会社等が居住地国の税務当局に提出した国別報告事項に相当する情報が当該外国の税務当局から日本の国税当局に提供されるため，特定多国籍企業グループの構成会社等である内国法人及び恒久的施設を有する外国法人には国別報告事項の提供義務が生じない。但

---

10)　大蔵財務協会編『改正税法のすべて　平成 28 年版』（大蔵財務協会，2016 年）589 頁。

11)　企業グループの連結財務諸表にその財産及び損益の状況が連結して記載される会社等，企業グループの連結財務諸表において重要性を理由として連結の範囲から除かれる会社等，企業グループにおける支配会社等の株式等を金融商品取引所等に上場するとしたならば作成されることとなる連結財務諸表にその財産及び損益の状況が連結して記載される会社等，企業グループにおける支配会社等の株式等を金融商品取引所等に上場するとしたならば作成されることとなる連結財務諸表において重要性を理由として連結の範囲から除かれる会社等（租特法 66 条の 4 の 4 第 4 項 4 号，租特令 39 条の 12 の 4 第 4 項，租税特別措置法施行規則（租特規）22 条の 10 の 4 第 8 項）。

309

し，最終親会社等（代理親会社等を指定した場合には，代理親会社等）の居住地国の税務当局が国別報告事項に相当する情報の提供を日本に対して行うことができないと認められる以下(a)～(c)の場合には，特定多国籍企業グループの構成会社等である内国法人又は恒久的施設を有する外国法人は，国別報告事項を，報告対象となる会計年度の終了の日から1年以内に，e-Tax により，所轄税務署長に提供しなければならない（「子会社方式」。租特法第66条の4の4第2項，租特令39条の12の4第1項)[12]。

(a) 最終親会社等（代理親会社等を指定した場合には代理親会社等。(b)(c)について同じ）の居住地国（租税条約等の相手国等に限る。(b)(c)について同じ）において，最終親会計年度に係る国別報告事項に相当する事項の提供を求めるために必要な措置が講じられていない場合。なお，かかる場合とは，国別報告事項に相当する事項の提供を義務付ける制度が実施されていない場合をいい[13]，最終親会社等の居住地国において国別報告事項に相当する事項の提供の義務が免除されている場合はこれに含まれないこととされている（租税特別措置法関係通達66の4の4-3)[14]。

(b) 財務大臣と最終親会社等の居住地国の権限ある当局との間の適格当局間合意[15]がない場合

---

[12] この場合においても，国別報告事項を提供すべき内国法人及び恒久的施設を有する外国法人が複数ある場合の特例が規定されている。租特法第66条の4の4第3項。

[13] 但し，最終報告書において国別報告書の法制化に際して他国の国内法制手続に要する時間を考慮すべきと勧告されていることを踏まえ，本文(a)又は(b)に該当する場合であっても，平成28年4月1日～平成29年3月31日までの間に開始する最終親会計年度に係る国別報告事項については子会社方式による提供を要しないこととされている（租特令附則23条，大蔵財務協会編・前掲（注10）587頁）。

[14] かかる解釈は，前記Ⅱ2(2)(ii)で述べた「国別報告書の実施に関する指針」において示されている。

[15] 国別報告事項又はこれに相当する情報を相互に提供するための財務大臣と我が国以外の国又は地域の権限ある当局との間の国別報告事項等の提供時期，提供方法その他の細目に関する合意であって，各最終親会計年度終了の日の翌日から1年を経過する日において現に効力を有するものをいう（租特令39条の12の4第1項2号）。なお，適格当局間合意に署名した国又は地域のリストは OECD のウェブサイトに掲載されている《https://www.oecd.org/tax/automatic-exchange/about-automatic-exchange/CbC-MCAA-Signatories.pdf》。

（c）　最終親会計年度の終了の日において，最終親会社等の居住地国が，我が国が行う国別報告事項の提供に相当する情報の提供を我が国に対して行うことができないと認められる国・地域として国税庁長官に指定されている場合

国別報告事項の様式は【図表10-4】のとおりであるが，最終報告書において示された国別報告書の様式と同様である。

なお，国別報告事項は，OECD がスキーマ及びユーザーガイドを公表した XML の形式により提供される必要があるが，XML での作成が困難な企業もあることを想定して，CSV（Comma-Separated Value）の形式で作成された国別報告事項を XML に変換して e-Tax で提供することも可能とする予定であり，CSV の具体的な仕様書については，国税庁により e-Tax のホームページにおいて公表される予定とされている[16]。

(3)　事業概況報告事項（マスターファイル）

特定多国籍企業グループの構成会社等である内国法人又は恒久的施設を有する外国法人は，事業概況報告事項を，報告対象となる会計年度の終了の日の翌日から1年以内に，e-Tax により，所轄税務署長に提供しなければならない（租特法第66条の4の5第1項）[17]。事業概況報告事項の報告項目については，【図表10-6】のとおりであり，おおむね最終報告書に規定された記載項目と同様である。

なお，マスターファイルについては最終報告書において統一した免除基準が示されていないため，直前会計年度の連結総収入金額が1000億円未満の多国籍企業グループで日本において事業概況報告事項の報告が免除される場合であっても，海外子会社の所在国においては免除対象とはならず作成が義務付けられる場合があることとなる。反対に，最終親会社等の居住地国において直前会計年度の連結総収入金額が7億5000万ユーロであり国別報告事項の提供が

---

16)　飯田淳一「移転価格税制に係る文書化制度に関する改正について」租税研究806号（2016年）14頁。

17)　同様に，事業概況報告事項を提供すべき内国法人及び恒久的施設を有する外国法人が複数ある場合の特例が規定されている。租特法66条の4の5第2項。

[図表 10-4]　国別報告事項の提供様式

表1　居住地国等における収入金額、納付税額等の配分及び事業活動の概要

Table 1.　Overview of allocation of income, taxes and business activities by tax jurisdiction

多国籍企業グループ名 : Name of the MNE group :
対象事業年度 : Fiscal year concerned :
使用通貨 : Currency used :

居住地国等 Tax Jurisdiction	収入金額 Revenues			税引前当期利益 (損失) の額 Profit (Loss) before Income Tax	納付税額 Income Tax Paid (on Cash Basis)	発生税額 Income Tax Accrued – Current Year	資本金の額 Stated Capital	利益剰余金の額 Accumulated Earnings	従業員の数 Number of Employees	有形資産 (現金及び現金同等物を除く) の額 Tangible Assets other than Cash and Cash Equivalents
	非関連者 Unrelated Party	関連者 Related Party	合計 Total							

表 2　居住地国等における多国籍企業グループの構成会社等一覧

Table 2.　List of all the Constituent Entities of the MNE group included in each aggregation per tax jurisdiction

多国籍企業グループ名　Name of the MNE group :
対象事業年度　Fiscal year concerned :

居住地国等 Tax Jurisdiction	居住地国等に所在する構成会社等 Constituent Entities Resident in the Tax Jurisdiction	居住地国等が構成会社等の所在地と異なる場合の居住地国等 Tax Jurisdiction of Organisation or Incorporation if Different from Tax Jurisdiction of Residence	主要な事業活動　Main business activity(ies)											
			研究開発 Research and Development	知的財産の保有又は管理 Holding or Managing Intellectual Property	購買又は調達 Purchasing or Procurement	製造又は生産 Manufacturing or Production	販売、マーケティング又は物流 Sales, Marketing or Distribution	管理、運営又はサポート・サービス Administrative, Management or Support Services	非関連者への役務提供 Provision of Services to Unrelated Parties	グループ内金融 Internal Group Finance	規制金融サービス Regulated Financial Services	保険 Insurance	株式・その他の持分の保有 Holding Shares or Other Equity Instruments	休眠会社 Dormant	その他 Other
	1.														
	2.														
	3.														
	1.														
	2.														
	3.														

表 3　追加情報

Table 3.　Additional Information

多国籍企業グループ名　Name of the MNE group :
対象事業年度　Fiscal year concerned :

（必要と考えられる追加の情報や国別報告事項に記載された情報の理解を円滑にする説明等を英語で記載してください。）

Please include any further breif information or explanation you consider necessary or that would facilitate the understanding of the compulsory information provided in the Country-by-Country Report.

1　構成会社等の事業活動の性質について、「追加情報」の欄に明記してください。

　Please specify the nature of the activity of the Constituent Entity in the "Additional Information" section.

※　国税庁ウェブサイト〈http://www.nta.go.jp/shiraberu/ippanjoho/pamph/pdf/takokuseki_03.pdf〉参照。

免除される場合であっても，円に換算した場合[18]に1000億円以上となる場合は，当該多国籍企業グループの日本における構成会社は事業概況報告事項（及び最終親会社等届出事項）を提供する義務が生ずることとなる。

　また，マスターファイルについては国別報告書と異なり税務当局間の情報交換方式は採用されておらず，各現地子会社がそれぞれ提出義務を負うこととなる点にも留意が必要である。

【図表10-5】 最終親会社等届出事項，国別報告事項及び事業概況報告事項の概要

	最終親会社等届出事項	国別報告事項	事業概況報告事項
提供義務者	特定多国籍企業グループの構成会社等である内国法人又は恒久的施設を有する外国法人	《条約方式》特定多国籍企業グループの構成会社等である内国法人（最終親会社等又は代理親会社等に限る） 《子会社方式》特定多国籍企業グループの構成会社等である内国法人（最終親会社等又は代理親会社等を除く）又は恒久的施設を有する外国法人	特定多国籍企業グループの構成会社等である内国法人又は恒久的施設を有する外国法人

---

18) 　多国籍企業グループの連結財務諸表が外国通貨で表示される場合，直前の最終親会計年度終了の日の電信売買相場の仲値により円換算を行うこととされている（租税特別措置法関係通達66の4の4-2)。

10 行動 13：移転価格文書化

	最終親会社等届出事項	国別報告事項	事業概況報告事項
届出／報告項目	最終親会社等及び代理親会社等の①名称，②本店又は主たる事務所の所在地（最終親会社等の居住地国が外国である場合は本店若しくは主たる事務所又はその事業が管理され，かつ，支配されている場所の所在地），③法人番号，④代表者の氏名（租特規22条の10の4第9項）	特定多国籍企業グループの構成会社等の事業が行われる国又は地域ごとの①収入金額，税引前当期利益の額，納付税額，発生税額，資本金の額又は出資金の額，利益剰余金の額，従業員の数及び有形資産（現金及び現金同等物を除く）の額②構成会社等の名称，構成会社等の居住地国と本店所在地国が異なる場合のその本店所在地国（本店所在地国と設立された国又は地域が異なる場合には，設立された国又は地域）の名称及び構成会社等の主たる事業の内容③上記事項について参考となるべき事項（租特規22条の10の4第1項）	特定多国籍企業グループの組織構造，事業の概要，財務状況その他の租特規22条の10の5第1項各号に掲げる事項
提供期限	最終親会計年度終了の日までに e-Tax により所轄税務署長に提供	最終親会計年度終了の日の翌日から1年以内に e-Tax により所轄税務署長に提供	
提供義務の免除	直前の最終親会計年度の連結総収入金額が1000億円未満の多国籍企業グループ		
言　語	―	英語（租特規22条の10の4第4項）	日本語又は英語（租特規22条の10の5第2項）
罰　則	―	正当な理由がなく期限内に税務署長に提供しなかった場合には，30万円以下の罰金	
提出方法	電子データ (e-Tax)		
適用開始	2016年4月1日以後に開始する最終親会計年度		

【図表 10-6】　事業概況報告事項の記載項目 (租特規 22 条の 10 の 5 第 1 項)

1 号：特定多国籍企業グループの構成会社等の名称及び本店又は主たる事務所の所在地並びに当該構成会社等の間の関係を系統的に示した図

2 号：特定多国籍企業グループの構成会社等の事業等の概況として次に掲げる事項

イ　当該特定多国籍企業グループの構成会社等の売上，収入その他の収益の重要な源泉

ロ　当該特定多国籍企業グループの主要な 5 種類の商品若しくは製品又は役務の販売又は提供に係るサプライ・チェーン（消費者に至るまでの一連の流通プロセスをいう。ハにおいて同じ。）の概要及び当該商品若しくは製品又は役務の販売又は提供に関する地理的な市場の概要

ハ　当該特定多国籍企業グループの商品若しくは製品又は役務の販売又は提供に係る売上金額，収入金額その他の収益の額の合計額のうちに当該合計額を商品若しくは製品又は役務の種類ごとに区分した金額の占める割合が 100 分の 5 を超える場合における当該超えることとなる商品若しくは製品又は役務の販売又は提供に係るサプライ・チェーンの概要及び当該商品若しくは製品又は役務の販売又は提供に関する地理的な市場の概要（ロに掲げる事項を除く。）

ニ　当該特定多国籍企業グループの構成会社等の間で行われる役務の提供（研究開発に係るものを除く。ニにおいて同じ。）に関する重要な取決めの一覧表及び当該取決めの概要（当該役務の提供に係る対価の額の設定の方針の概要，当該役務の提供に係る費用の額の負担の方針の概要及び当該役務の提供が行われる主要な拠点の機能の概要を含む。）

ホ　当該特定多国籍企業グループの構成会社等が付加価値の創出において果たす主たる機能，負担する重要なリスク（為替相場の変動，市場金利の変動，経済事情の変化その他の要因による利益又は損失の増加又は減少の生ずるおそれをいう。），使用する重要な資産その他当該構成会社等が付加価値の創出において果たす主要な役割の概要

ヘ　当該特定多国籍企業グループの構成会社等に係る事業上の重要な合併，分割，事業の譲渡その他の行為の概要

3 号：特定多国籍企業グループの無形固定資産その他の無形資産（以下第 7 号までにおいて「無形資産」という。）の研究開発，所有及び使用に関する包括的な戦略の概要並びに当該無形資産の研究開発の用に供する主要な施設の所在地及び当該研究開発を管理する場所の所在地

4 号：特定多国籍企業グループの構成会社等の間で行われる取引において使用される重要な無形資産の一覧表及び当該無形資産を所有する当該構成会社等の一覧表

5 号：特定多国籍企業グループの構成会社等の間の無形資産の研究開発に要する費用の額の負担に関する重要な取決めの一覧表，当該無形資産の主要な研究開発に係る役務の提供に関する重要な取決めの一覧表，当該無形資産の使用の許諾に関する重要な取決めの一覧表その他当該構成会社等の間の無形資産に関する重要な取決めの一覧表

6 号：特定多国籍企業グループの構成会社等の間の研究開発及び無形資産に関連する取引に係る対価の額の設定の方針の概要

7 号：特定多国籍企業グループの構成会社等の間で行われた重要な無形資産（当該無形資産の持分を含む。以下この号において同じ。）の移転に関係する当該構成会社等の名称及び本店又は主たる事務所の所在地並びに当該移転に係る無形資産の内容及び対価の額その他当該構成会社等の間で行われた当該移転の概要

8 号：特定多国籍企業グループの構成会社等の資金の調達方法の概要（当該特定多国籍企業グループの構成会社等以外の者からの資金の調達に関する重要な取決めの概要を含む。）

9 号：特定多国籍企業グループの構成会社等のうち当該特定多国籍企業グループに係る中心的な金融機能を果たすものの名称及び本店又は主たる事務所の所在地（当該構成会社等が設立に当たつて準拠した法令を制定した国又は地域の名称及び当該構成会社等の事業が管理され，かつ，支配されている場所の所在する国又は地域の名称を含む。）

10 号：特定多国籍企業グループの構成会社等の間で行われる資金の貸借に係る対価の額の設定の方針の概要

10 行動 13：移転価格文書化

11 号：特定多国籍企業グループの連結財務諸表（連結財務諸表がない場合には，特定多国籍企業グループの財産及び損益の状況を明らかにした書類）に記載された損益及び財産の状況

12 号：特定多国籍企業グループの居住地国を異にする構成会社等の間で行われる取引に係る対価の額とすべき額の算定の方法その他当該構成会社等の間の所得の配分に関する事項につき当該特定多国籍企業グループの一の構成会社等の居住地国の権限ある当局のみによる確認がある場合における当該確認の概要

13 号：前各号に掲げる事項について参考となるべき事項

(4) 独立企業間価格を算定するために必要と認められる書類（ローカルファイル）

国外関連取引を行った法人は，当該国外関連取引に係る独立企業間価格を算定するために必要と認められる書類を確定申告書の提出期限までに作成又は取得し，保存しなければならない（租特法 66 条の 4 第 6 項）。

【図表 10-7】 ローカルファイルの概要

作成義務者	国外関連取引を行った法人
作成等期限	確定申告書の提出期限
作成書類	独立企業間価格を算定するために必要と認められる書類 （租特規 22 条の 10 第 1 項各号に掲げる書類）
保存期間・保存場所等	原則として，確定申告書の提出期限の翌日から 7 年間，国外関連取引を行った法人の国内事務所で保存（租特規 22 条の 10 第 2 項）
同時文書化義務の免除	次の場合には，当該事業年度の一の国外関連者との国外関連取引について，同時文書化義務を免除 ① 当該一の国外関連者との間の前事業年度（前事業年度がない場合には当該事業年度）の取引金額（受払合計）が 50 億円未満，かつ ② 当該一の国外関連者との間の前事業年度（前事業年度がない場合には当該事業年度）の無形資産取引金額（受払合計）が 3 億円未満である場合
提出期限	調査において提示又は提出を求めた日から一定の期日（①同時文書化対象取引については，ローカルファイルについて 45 日以内の調査官の指定する日まで，独立企業間価格を算定するために重要と認められる書類について 60 日以内の調査官の指定する日まで，②同時文書化免除取引については独立企業間価格を算定するために重要と認められる書類について 60 日以内の調査官の指定する日まで）
使用言語	指定なし：但し，日本語以外で記載されている場合には，必要に応じ日本語による翻訳文の提出を求める場合があるとされている。
罰　則	なし。但し，当局の要請後一定の範囲内の当該職員の指定する日までに文書提出がない場合の推定課税及び同業者調査あり。

317

提出方法	紙（電磁的記録含む）
適用開始	2017 年 4 月 1 日以後に開始する事業年度

【図表 10-8】　ローカルファイルの各書類（租特規 22 条の 10 第 1 項：下線が改正による追加事項）

1 号：法第 66 条の 4 第 1 項に規定する国外関連取引（以下この項において「国外関連取引」という。）の内容を記載した書類として次に掲げる書類

イ　当該国外関連取引に係る資産の明細及び役務の内容を記載した書類

ロ　当該国外関連取引において法第 66 条の 4 第 1 項の法人及び当該法人に係る国外関連者（同項に規定する国外関連者をいう。以下この項において同じ。）が果たす機能並びに当該国外関連取引において当該法人及び当該国外関連者が負担するリスク（為替相場の変動，市場金利の変動，経済事情の変化その他の要因による当該国外関連取引に係る利益又は損失の増加又は減少の生ずるおそれをいう。ロにおいて同じ。）に係る事項（当該法人又は当該国外関連者の事業再編（合併，分割，事業の譲渡，事業上の重要な資産の譲渡その他の事由による事業の構造の変更をいう。ロにおいて同じ。）により当該国外関連取引において当該法人若しくは当該国外関連者が果たす機能又は当該国外関連取引において当該法人若しくは当該国外関連者が負担するリスクに変更があった場合には，その事業再編の内容並びにその機能及びリスクの変更の内容を含む。）を記載した書類

ハ　法第 66 条の 4 第 1 項の法人又は当該法人に係る国外関連者が当該国外関連取引において使用した無形固定資産その他の無形資産の内容を記載した書類

ニ　当該国外関連取引に係る契約書又は契約の内容を記載した書類

ホ　法第 66 条の 4 第 1 項の法人が，当該国外関連取引において当該法人に係る国外関連者から支払を受ける対価の額又は当該国外関連者に支払う対価の額の明細，当該支払を受ける対価の額又は当該支払う対価の額の設定の方法及び当該設定に係る交渉の内容を記載した書類並びに当該支払を受ける対価の額又は当該支払う対価の額に係る独立企業間価格（同項に規定する独立企業間価格をいう。以下この条において同じ。）の算定の方法及び当該国外関連取引（当該国外関連取引と密接に関連する他の取引を含む。）に関する事項についての我が国以外の国又は地域の権限ある当局による確認がある場合（当該法人の納税地を所轄する国税局長又は税務署長による確認がある場合を除く。）における当該確認の内容を記載した書類

ヘ　法第 66 条の 4 第 1 項の法人及び当該法人に係る国外関連者の当該国外関連取引に係る損益の明細並びに当該損益の額の計算の過程を記載した書類

ト　当該国外関連取引に係る資産の販売，資産の購入，役務の提供その他の取引に係る市場に関する分析（当該市場の特性が当該国外関連取引に係る対価の額又は損益の額に与える影響に関する分析を含む。）その他当該市場に関する事項を記載した書類

チ　法第 66 条の 4 第 1 項の法人及び当該法人に係る国外関連者の事業の内容，事業の方針及び組織の系統を記載した書類

リ　当該国外関連取引と密接に関連する他の取引の有無及びその取引の内容並びにその取引が当該国外関連取引と密接に関連する事情を記載した書類

2 号：法第 66 条の 4 第 1 項の法人が国外関連取引に係る独立企業間価格を算定するための書類として次に掲げる書類

イ　当該法人が選定した法第 66 条の 4 第 2 項に規定する算定の方法，その選定に係る重要な前提条件及びその選定の理由を記載した書類その他当該法人が独立企業間価格を算定するに当たり作成した書類（ロからホまでに掲げる書類を除く。）

ロ　当該法人が採用した当該国外関連取引に係る比較対象取引（法第 66 条の 4 第 2 項第 1 号イに

318

規定する特殊の関係にない売手と買手が国外関連取引に係る棚卸資産と同種の棚卸資産を当該国
外関連取引と同様の状況の下で売買した取引，施行令第39条の12第6項に規定する比較対象取
引，同条第7項に規定する比較対象取引，同条第8項第1号イに規定する比較対象取引，同号ハ
（1）に規定する比較対象取引，同項第2号に規定する比較対象取引，同項第3号に規定する比較
対象取引，同項第4号に規定する比較対象取引及び同項第5号に規定する比較対象取引をいう。
以下この号において同じ。）（法第66条の4第2項第1号ニに掲げる準ずる方法に係る比較対象
取引に相当する取引，施行令第39条の12第8項第6号に掲げる方法に係る比較対象取引に相当
する取引及び法第66条の4第2項第2号に定める方法に係る比較対象取引に相当する取引を含
む。以下この号において「比較対象取引等」という。）の選定に係る事項及び当該比較対象取引
等の明細（当該比較対象取引等の財務情報を含む。）を記載した書類
ハ　当該法人が施行令第39条の12第8項第1号に掲げる方法又は同項第6号に掲げる方法（同項
第1号に掲げる方法に準ずる方法に限る。）を選定した場合におけるこれらの方法により当該法
人及び当該法人に係る国外関連者に帰属するものとして計算した金額を算出するための書類（ロ
及びホに掲げる書類を除く。）
ニ　当該法人が複数の国外関連取引を一の取引として独立企業間価格の算定を行った場合のその理
由及び各取引の内容を記載した書類
ホ　比較対象取引等について差異調整（法第66条の4第2項第1号イに規定する調整，施行令第
39条の12第6項に規定する必要な調整，同条第7項に規定する必要な調整，同条第8項第1号
イに規定する必要な調整，同項ハ（1）に規定する必要な調整，同項第2号に規定する必要な調
整，同項第3号に規定する必要な調整，同項第4号に規定する必要な調整及び同項第5号に規定
する必要な調整をいう。以下この号において同じ。）（法第66条の4第2項第1号ニに掲げる準
ずる方法に係る差異調整に相当する調整，施行令第39条の12第8項第6号に掲げる方法に係る
差異調整に相当する調整及び法第66条の4第2項第2号に定める方法に係る差異調整に相当す
る調整を含む。以下この号において「差異調整等」という。）を行った場合のその理由及び当該
差異調整等の方法を記載した書類

Ⅳ　結　　語

　行動13により，移転価格文書化を通じた多国籍企業に対する情報開示の要
請が強化されることとなった。特に，これまで各国税務当局にとって入手困難
であった国別報告書の各国別の情報は，各国税務当局にとっては多国籍企業に
対する課税への重要な足がかりであり，多国籍企業にとっては課税リスクの増
大を意味することとなる。多国籍企業としては，文書化を通じて不用意に課税
リスクを増加させないよう，本社において海外子会社を含めたグループ全体の
実態把握・マネジメントを行った上で，マスターファイル，ローカルファイル，
国別報告書の各文書間で整合性・一貫性のある文書を作成するよう留意する必
要がある[19]。

　BEPSプロジェクトでは，移転価格文書化に関する法制の統一により多国籍

企業の負担軽減に配慮されている面もあるが，標準様式以上の情報を税務当局が要請することにより現地子会社が不当に親会社の情報開示を求められたり，文書化により得た情報を用いてより強硬な移転価格課税が行われたりと，多国籍企業に対する過大な負担増加となる懸念は払拭できない。子会社方式による国別報告書の提出や国別報告書のデータを用いた課税についての制限は最終報告書においても特記されているところではあるが，今後の各国における移転価格文書化制度の法制化及び執行が適正に行われるか注視していく必要があろう。

---

19)　その他移転価格文書化に係る実務上の留意点については，太田洋「新移転価格文書制度についての実務上の留意点」月刊国際税務 37 巻 1 号（2017 年）36 頁及び同「施行が迫る移転価格文書化に関する実務上の留意点」朝日新聞社ウェブサイト　法と経済のジャーナル Asahi Judiciary 西村あさひのリーガル・アウトルック（2017 年 3 月 1 日掲載）《http://judiciary.asahi.com/outlook/2017010100001.html》を参照されたい。

◇編著者紹介◇

中 里 　 実（なかざと　みのる）（編著，[1]）

　1978 年　　東京大学法学部卒業
　現　在　　東京大学大学院法学政治学研究科教授
〈著　作〉
『デフレ下の法人課税改革』（有斐閣，2003 年），『タックスシェルター』（有斐閣，
2002 年），『キャッシュフロー・リスク・課税』（有斐閣，1999 年），『金融取引と課税
——金融革命下の租税法』（有斐閣，1998 年），『国際取引と課税——課税権の配分と
国際的租税回避』（有斐閣，1994 年），「制定法の解釈と普通法の発見——複数の法が
並存・競合する場合の法の選択としての『租税法と私法』論（上・下）」ジュリスト
1368 号・1369 号（2008 年），Japanese Law: An Economic Approach（with J. Mark
Ramseyer, University of Chicago Press, 1998），その他

太 田 　 洋（おおた　よう）（編著，[2]，[3]）

　1991 年　　東京大学法学部卒業
　1993 年　　司法修習修了（45 期）
　2000 年　　ハーバード・ロースクール卒業（LL.M.）
　2000〜2001 年　　デベボイス・アンド・プリンプトン法律事務所（ニューヨーク）
　　　　　　　　　勤務
　2001〜2002 年　　法務省民事局付（任期付任用公務員）（法務省民事局参事官室にて，
　　　　　　　　　平成 13 年・14 年商法改正・商法施行規則の立案作業に関与）
　2004〜2005 年　　一橋大学大学院国際企業戦略研究科講師
　2005〜2008 年　　京都大学法科大学院非常勤講師
　2007 年　　経済産業省「新たな自社株式保有スキーム検討会」委員
　2013〜2016 年　　東京大学大学院法学政治学研究科教授
　現　在　　弁護士，ニューヨーク州弁護士，西村あさひ法律事務所メンバーパート
　　　　　　ナー，日本取締役協会幹事，経済産業省「我が国企業による海外 M&A
　　　　　　研究会」委員，金融審議会専門委員，（株）リコー社外監査役，日本化薬
　　　　　　（株）社外取締役，電気興業（株）社外取締役
〈著　作〉
『種類株式ハンドブック』（共編著，商事法務，2017 年），『経済刑法』（共著，商事法
務，2017 年），『会社法実務相談』（共編著，商事法務，2016 年），『M&A・企業組織
再編のスキームと税務〔第 3 版〕』（編著，大蔵財務協会，2016 年），『新株予約権ハ

ンドブック〔第3版〕』（共編著，商事法務，2015年），『平成26年会社法改正と実務
対応〔改訂版〕』（共編著，商事法務，2015年），『企業取引と税務否認の実務』（共編
著，大蔵財務協会，2015年），『クロスボーダー取引課税のフロンティア』（共編著，
有斐閣，2014年），「有利発行に関する課税問題」金子宏＝中里実＝J.マーク・ラム
ザイヤー編『租税法と市場』（有斐閣，2014年）所収，『論点体系　金融商品取引法
(1)・(2)』（共編著，第一法規，2014年），『タックス・ヘイブン対策税制のフロンティ
ア』（共編著，有斐閣，2013年），『移転価格税制のフロンティア』（共編著，有斐閣，
2011年），『新しい持株会設立・運営の実務——日本版ESOPの登場を踏まえて』（監
修・共著，商事法務，2011年），『M&A法務の最先端』（共編著，商事法務，2010年），
『国際租税訴訟の最前線』（共編著，有斐閣，2010年），「金銭債権の回収不能に基づ
く貸倒損失——劣後債権についての貸倒損失認識時期の問題を手掛かりとして」金子
宏先生古稀祝賀記念論文集『公法学の法と政策（上）』（有斐閣，2000年）所収，そ
の他

伊藤　剛志（いとう　つよし）（編著，4）

1999年	東京大学法学部卒業
2000年	司法修習修了（53期）
2007年	ニューヨーク大学・ロースクール卒業（LL.M.）
2007〜2008年	シンプソン・サッチャー・アンド・バートレット法律事務所（ニューヨーク）勤務
2016年〜	東京大学大学院法学政治学研究科　客員准教授
現　在	弁護士，ニューヨーク州弁護士，西村あさひ法律事務所・名古屋事務所代表

〈著　作〉

「公正処理基準に従った収益の計上——流動化取引の裁判例の考察」中里実ほか編集
代表・増井良啓＝太田洋＝吉村政穂編『現代租税法講座(3)企業・市場』（日本評論社，
2017年）所収，『租税法概説〔第2版〕』（共編著，有斐閣，2015年），『企業取引と税
務否認の実務』（共編著，大蔵財務協会，2015年），『クロスボーダー取引課税のフロ
ンティア』（共編著，有斐閣，2014年），「プライベート・エクイティ・ファンドと組
合課税」金子宏＝中里実＝J.マーク・ラムザイヤー編『租税法と市場』（有斐閣，
2014年）所収，『タックス・ヘイブン対策税制のフロンティア』（共編著，有斐閣，
2013年），『移転価格税制のフロンティア』（執筆分担，有斐閣，2011年），「法人税法
68条と更正の請求」水野忠恒ほか編『租税判例百選〔第5版〕』（有斐閣，2011年）
所収，"Japan Chapter"（Tax on Finance Transactions），"PLC Cross-border Hand-
books Tax on Transactions 2014/15"（Co-author, Practical Law Company, 2014），
『国際租税訴訟の最前線』（執筆分担，有斐閣，2010年），「確定申告に関する錯誤の
主張」水野忠恒ほか編『租税判例百選〔第4版〕』（有斐閣，2005年）所収，その他

◇執筆者紹介◇

（研究者）

渕　圭吾（ふち　けいご）（**6**）

　1998 年　　東京大学法学部卒業
　現　在　　神戸大学大学院法学研究科教授

〈著　作〉

『所得課税の国際的側面』（有斐閣，2016 年），『租税法概説〔第 2 版〕』（共編著，有斐閣，2015 年），その他

藤谷　武史（ふじたに　たけし）（**5**）

　1999 年　　東京大学法学部卒業
　2009 年　　ハーバード・ロースクール卒業（S.J.D.）
　現　在　　東京大学社会科学研究所准教授

〈著　作〉

「国際租税法の法源と規範構造」中里実ほか編集代表・渕圭吾＝北村導人＝藤谷武史編『現代租税法講座(4)国際課税』（日本評論社，2017 年），『グローバル化と公法・私法関係の再編』（共編著，弘文堂，2015 年），「所得税の理論的基礎の再検討」金子宏編『租税法の基本問題』（有斐閣，2007 年）所収，「非営利公益団体課税の機能的分析——政策税制の租税法学的考察(1)～(4・完)」国家学会雑誌 117 巻 11=12 号，118 巻 1=2 号・3=4 号・5=6 号（2004～2005 年），その他

（弁護士）

野田　昌毅（のだ　まさき）（**3**）

　2000 年　　東京大学法学部卒業
　2001 年　　東京大学大学院法学政治学研究科修士課程修了
　2002 年　　司法修習修了（55 期）
　2006～2008 年　　成蹊大学法科大学院非常勤講師（租税法担当）
　2009 年　　バージニア大学ロースクール卒業（LL.M.）
　2009～2010 年　　Sullivan & Cromwell 法律事務所（ニューヨーク）勤務
　2010 年　　ニューヨーク州弁護士登録
　2010～2011 年　　楽天株式会社国際部出向
　2012 年～　　成蹊大学法科大学院非常勤講師（租税法担当）
　2014～2016 年　　東京大学法学部非常勤講師（民法基礎演習担当）

現　在　　弁護士，ニューヨーク州弁護士，西村あさひ法律事務所パートナー
〈著　作〉

Getting the Deal Through - Private Equity 2017（Japan Chapter, Transactions, 共著），Practical Law Tax on Corporate Transactions Global Guide 2016/2017（Japan Chapter, 共著），『M&A・企業組織再編のスキームと税務〔第3版〕』（共著，大蔵財務協会，2016年），『新株予約権ハンドブック〔第3版〕』（共著，商事法務，2015年），『クロスボーダー取引課税のフロンティア』（共著，有斐閣，2014年），『国際仲裁と企業戦略』（共著，有斐閣，2014年），『論点体系　金融商品取引法(1)(2)』（共著，第一法規，2014年），The Tax Dispute & Litigation Review - Second Edition（Japan Chapter, 共著），『会社法実務解説』（共著，有斐閣，2011年），『金商法大系Ⅰ公開買付け(1)』（共著，商事法務，2011年），その他

水 島　　淳（みずしま　あつし）（[9]）
2004年　　東京大学法学部卒業
2005年　　司法修習修了（58期）
2007〜2010年　　成蹊大学法科大学院非常勤講師（租税法担当）
2013年　　スタンフォード大学経営大学院卒業（MBA）
2012〜2014年　　WHILL, Inc.設立・ビジネスディレクター就任（カリフォルニア州）
2014年〜　　成蹊大学法科大学院非常勤講師（租税法担当）
現　在　　弁護士，西村あさひ法律事務所パートナー，株式会社マクロミル社外取締役，一般社団法人 SPACETIDE 理事
〈著　作〉

「取得時効と課税」中里実ほか編『租税判例百選〔第6版〕』（有斐閣，2016年）所収，『租税法概説〔第2版〕』（共著，有斐閣，2015年），『企業取引と税務否認の実務』（共著，大蔵財務協会，2015年），『移転価格税制のフロンティア』（共著，有斐閣，2011年），「『グーグル税』——課税による著作物創作者保護の可能性」ウェブサイト『法と経済のジャーナル Asahi Judiciary』（朝日新聞社，2011年）掲載，"New Developments in Japan's CFC Rules: Liberalisation, Expansion, and Clarification" The Euromoney Corporate Tax Handbook 2011（Co-author, Euromoney Institutional Investor PLC, 2010），その他

園 浦　　卓（そのうら　たく）（[7]）
2000年　　東京大学法学部卒業
2001年　　司法修習修了（54期）
2007年　　ニューヨーク大学ロースクール卒業（LL.M.）

執筆者紹介

2001〜2013 年　　長島・大野・常松法律事務所勤務
2007〜2008 年　　ロープス・アンド・グレイ法律事務所（ボストン）勤務
現　在　　西村あさひ法律事務所弁護士，ニューヨーク州弁護士
〈著　作〉
『ファイナンス法大全（上）〔全訂版〕』（共著，商事法務，2017 年），「日本 IBM 事件判決の検討」経理研究 59 号（中央大学経理研究所，2016 年），『企業取引と税務否認の実務』（共著，大蔵財務協会，2015 年），『クロスボーダー取引課税のフロンティア』（共著，有斐閣，2014 年），その他

中村　真由子（なかむら　まゆこ）（⑩）
2006 年　　東京大学法学部卒業
2008 年　　東京大学法学政治学研究科法曹養成専攻修了
2009 年　　司法修習修了（新 62 期）
2010〜2015 年　　西村あさひ法律事務所勤務
2016 年　　ニューヨーク大学ロースクール卒業（LL.M. in Corporation Law）
2017 年　　ニューヨーク大学ロースクール卒業（LL.M. in International Taxation）
現　在　　弁護士，ニューヨーク州弁護士
〈著　作〉
『企業取引と税務否認の実務』（共著，大蔵財務協会，2015 年），『クロスボーダー取引課税のフロンティア』（共著，有斐閣，2014 年）『金商法大系 I 公開買付け(1)』（共著，商事法務，2011 年），その他

飯永　大地（いいなが　だいち）（③）
2012 年　　東京大学法学部卒業
2014 年　　司法修習修了（67 期）
現　在　　西村あさひ法律事務所弁護士
〈著　作〉
「富裕層の海外移住と国外転出時課税制度の創設」月刊国際税務 35 巻 6 号（共著，2015 年），その他

325

◇事 項 索 引◇

あ 行

一般出国税　71
インバージョン・ゲイン　46
インバージョン対策合算税制　37, 63

か 行

外国税額控除事件　3
価値評価困難な無形資産　271
関係者　91, 108
間接 D/NI ミスマッチ　84
簡略アプローチ　283, 284, 286
関連性アプローチ　145
企業結合型インバージョン　23, 26
機能の分析　261
キャッシュボックス　257
金融商品　86
国別報告事項　307, 309
国別報告書　298, 302, 309
経済的観察法　9, 14
契約の分割　202
恒久的施設　226
コーポレート・インバージョン　22
国外所得免除方式　118, 122
国外転出時課税制度　67, 70
個別濫用防止規定　164, 202
コミッショネア　227
コモディティ取引　265

さ 行

最終親会社等届出事項　307, 308
閾値要件　127
事業概況報告事項　307, 311
仕組み取引　91, 107
実質的活動要件　140
実質的事業活動テスト　31, 45
支配関係要件　124
支配グループ　96, 108
私法上の法形式の選択可能性の濫用　2, 6
出国税　215
取得した知的財産権の扱い　149
主要目的テスト　164
準備的又は補助的活動　242

条約漁り　168
所得相応性基準　271, 279, 280
スキニーダウン配当　39, 47, 51
スピンバージョン取引　40
制限出国税　71
セービング・クローズ　213
先行買収ルール　49
全支出　148
全所得　148
全世界所得課税方式　118, 122
租税回避　2

た 行

第三国ルール　44, 52
代替支払　86, 89
武富士元専務巨額課税事件　68
単独型インバージョン　22, 24
超過利潤分析　129
低付加価値グループ内役務　283, 284
適格合併等の範囲等に関する特例　37, 63
適格支出　147
当該企業の名において　231
導管取引　195
特定の合併等が行われた場合の株主等の課税の
　　　特例　37, 64
特典制限条項　164, 168
特別優遇税制　219
独立企業原則　254, 255
独立代理人　239
共に行動する者　108
取引単位利益分割法　266

な 行

二重居住者　102, 206
二重算入収入　96, 101, 103
納税猶予期間　71, 74

は 行

バイアウト対価　291
ハイアリング・アウト　203
バイイン対価　290
ハイブリッド移転　86, 87
ハイブリッド控除　105

327

ハイブリッド事業体　94
ハイブリッド支払者　94, 100
80% インバージョン対処規定　30, 31
比較可能分析　259
評価困難な無形資産　279
費用分担契約　287

ま　行

マスターファイル　295, 311
無形資産　272
無視される支払い　94

や　行

8 つの主要要素　144
有害税制　140
4 つの主要要素　143

ら　行

リスク管理　263, 288
リスクの分析　261
リバース・ハイブリッド　96
ルーリング　141, 152

ローカルファイル　296, 317
60% インバージョン対処規定　30, 31

A〜Z

Cadbury Schweppes 判決　119, 123
cash box strategy　38
categorical analysis　129
CFC 支配権喪失戦略　33, 55
CFC 税制の構成要素　121
Check-the-Box 規則　120
DCF 法　277
D/D ミスマッチ　84
D/NI ミスマッチ　84
entity アプローチ　130
excess profit analysis　129
full-inclusion　128
hopscotch ローン　33
partial-inclusion　129
PPT: Principal Purpose Test　185
substance analysis　129
transactional アプローチ　130

BEPS とグローバル経済活動
BEPS and Global Business Activities

2017年11月15日　初版第1刷発行

編著者	中 里　　実
	太 田　洋
	伊 藤　剛 志
発行者	江 草　貞 治
発行所	株式会社 有 斐 閣

郵便番号 101-0051
東京都千代田区神田神保町2-17
電話 (03)3264-1314〔編集〕
　　 (03)3265-6811〔営業〕
http://www.yuhikaku.co.jp/

印刷・萩原印刷株式会社／製本・牧製本印刷株式会社
©2017, M. Nakazato, Y. Ota, T. Ito. Printed in Japan
乱丁・落丁本はお取替えいたします。
★定価はカバーに表示してあります。
ISBN 978-4-641-22727-9

[JCOPY] 本書の無断複写(コピー)は、著作権法上での例外を除き、禁じられています。複写される場合は、そのつど事前に、(社)出版者著作権管理機構〔電話03-3513-6969, FAX03-3513-6979, e-mail:info@jcopy.or.jp〕の許諾を得てください。